"互联网＋"
战略绩效管理

秦杨勇◎著

中国财富出版社

图书在版编目（CIP）数据

"互联网+"战略绩效管理／秦杨勇著．—北京：中国财富出版社，2016.8

ISBN 978－7－5047－6191－0

Ⅰ.①互…　Ⅱ.①秦…　Ⅲ.①企业绩效—企业管理　Ⅳ.①F272.5

中国版本图书馆 CIP 数据核字（2016）第 142709 号

策划编辑	白　柠	**责任编辑**	白　昕　杨　曦		
责任印制	方朋远	**责任校对**	梁　凡　张营营	**责任发行**	张红燕

出版发行	中国财富出版社	
社　　址	北京市丰台区南四环西路 188 号 5 区 20 楼	**邮政编码**　100070
电　　话	010－52227568（发行部）	010－52227588 转 307（总编室）
	010－68589540（读者服务部）	010－52227588 转 305（质检部）
网　　址	http://www.cfpress.com.cn	
经　　销	新华书店	
印　　刷	北京京都六环印刷厂	
书　　号	ISBN 978－7－5047－6191－0/F·2617	
开　　本	710mm×1000mm　1/16	**版　　次**　2016 年 8 月第 1 版
印　　张	20.25	**印　　次**　2016 年 8 月第 1 次印刷
字　　数	342 千字	**定　　价**　46.00 元

序

当 Google（谷歌）规模很小还在起步的时候，它引入并坚持使用了一种新型的战略绩效管理工具——OKR。Google 将 OKR 运用成熟并将其在全球推广。OKR 虽然是 Google 将其发扬光大，但是它最初并非是 Google 发明的，而是由 Intel（英特尔）公司原创的，后来被 Oracle（甲骨文公司）、Google 和 LinkedIn（领英）等公司所运用。如今很多硅谷高科技公司都在使用 OKR，因为它十分简单、有效，尤其适应今天"互联网＋"时代快速变化的外部环境。

OKR 全称是 Objectives and Key Results，即目标与关键成果法，OKR 是一套定义和跟踪重点目标及其完成情况的管理工具和方法。Objectives 是目标，Key Results 是关键成果（所谓关键成果就是驱动目标（O）实现的几个关键事件成果）。OKR 要求公司、部门、团队和员工不但要设置目标（O），而且要明确完成目标的具体行动。在 OKR 工具操作环境下，员工首先要制订几个目标（O），然后设定一系列关键结果（KRs）用来衡量是否已经实现目标（O）。OKR 强调它不是用来做绩效考核而是进行绩效的监督与管理。

这就是"互联网＋"时代大背景下风靡一时的战略绩效管理工具！它能促使企业的战略绩效管理更加适应"互联网＋"时代背景下瞬息万变的外部环境，它能极大地激发出底层员工的创造力，帮助企业更有效地提升战略执行力，更高效地执行公司战略。

而在 OKR 出现之前，管理学界一直没有放弃对战略执行的执着追求：著名管理大师彼得·德鲁克的 MBO（目标管理）在推动企业在战略执行领域进步上，有着不可磨灭的贡献，有人因此而评价：在彼得·德鲁克的 MBO 之前，企业是没有管理的；KPI（关键绩效指标）考核强调从企业战略的视角，运用 KPI 指标实现企业战略的落地，该工具被大部分管理咨询公司所广泛推广；而 BSC（平衡计分卡）从一个突破财务局限性的绩效考核工具已经发展为战略管理的工具；EVA（经济增加值模型）对 BSC 四个维度的批判也推动了 BSC 实操方法的发展……

战略绩效管理的工具在 20 世纪开始纷纷传入中国。然而中国有着自己复杂的文化背景与内部环境的挑战，回顾中国过去十年的管理咨询发展历程，我们似乎不难看到国际级咨询公司在世界发达国家中能够行之有效的咨询模式，在中国却"屡战屡败"的案例，这些都是中国管理咨询业值得去反思、学习的经验与教训。而今天的中国已进入了一个"互联网 +"的时代，因此对于战略执行的研究与运用，中国的管理咨询业必须依靠自己的力量，探索出真正适合自己企业的、具有实战意义的战略执行操作方法与管理工具，这样才是对 MBO、BSC、KPI、EVA、OKR 等"中国之旅"的最有价值的推动。

企业永远是管理知识的炼狱，上海佐佳企业管理咨询公司（以下简称"佐佳咨询"）一直致力于中国企业战略执行能力提升的积极探索，不断研究各种战略绩效管理工具的融合，对 MBO、BSC、KPI、EVA、OKR 等在操作方法上的适应性进行了反思与整合，即吸取各种方法的精髓并将它们在操作中融合：我们将战略地图分析思路与利益相关者理论结合，突破四个维度的局限性；将目标管理的绩效循环与计分卡操作组合起来；将 KPI 指标的实操检验纳入绩效管理的操作系统；将 OKR 的方法在"互联网 +"的时代背景下，运用于传统企业研发创业部门的战略绩效管理……

盲目地寻求方法的时髦而失去实操性是管理咨询顾问的一大职业禁忌，在大量咨询案例成功与失败的经验与教训的基础上，佐佳咨询根据中国企业基础管理系统薄弱的特点，对 MBO、BSC、KPI、EVA、OKR 等工具的操作进行调整，并将其与其他管理系统的变革，如流程优化、组织设计、培训管理、薪酬管理等相连接，这些都在服务过的企业中得到了肯定与认可。

佐佳咨询一直跋涉在自己专业道路上并引领着中国企业战略执行的变革。本书介绍的战略绩效管理方法与工具是佐佳咨询多年的专业积累，除了介绍 BSC、MBO、KPI 等传统工具外，还重点介绍了 OKR 的实践操作，以及各种战略绩效管理工具的融合。自 2005 年我的第一本专著《平衡计分卡与绩效管理》上市以来，我接到了全国各地企业的咨询电话，首先要感谢他们对我的信任！在和他们的交往中，我越来越感受到他们关注的更多的是操作细节，而不是什么时髦的理论框架。我欣喜地看到：管理咨询，中国的企业越来越务实了！

本书的读者对象主要是企业，特别是中国企业的创业者与经理人、企业管理顾问、战略绩效管理实务的研究者。本书也可以作为 MBA（工商管理硕士）的课外辅导读物，涉及的领域有战略管理、集团管控、流程与组织架构设计、人力资源等。

无论是今天还是将来，我真诚地期望它能够给你和你的企业带来帮助；我也盼望这套丛书能够对 BSC、MBO、KPI、EVA、OKR 等的"中国之旅"有一定的推动作用；我也热切期待理论界、咨询界和企业界的朋友们和我就战略绩效管理的专题进行深入的探讨。我们的官方网站是 www. zuojiaco. com，我们的联系方式是 021 – 51688731。

上海佐佳企业管理咨询有限公司
首席管理顾问
秦杨勇
2016 年 5 月 1 日于中国上海

目　录

1

"互联网+"时代的
中国企业战略执行挑战

导 引

今天的中国"互联网+"无所不在，"互联网+"正重塑一切传统行业，这是每一个中国人正面临的"大冲击"，也是中国企业所面临的"大冲击"。在这场"大冲击"中，有些企业能拥抱"互联网+"，积极培育公司的整体互联网思维与能力，主动进行战略执行体系的自我颠覆与变革，加速总部、分子公司与"互联网+"相融合，实现"互联网+"与集团核心技术、商业模式的无缝隙链接，必然能够创建"互联网+"时代公司经营的"蓝海"。

1.1 "互联网+"的大时代背景与意义

今天所有的中国人都不可避免地站在了互联网的风口上，"互联网+"的时代不可阻挡地来临了，它创造了人类新的需求，改变了我们与世界互动的方式！

首先，互联网表现为社交工具，人们可以通过互联网浏览各种新闻，登录主题论坛，使用QQ、MSN（即时通信）等聊天工具进行沟通交流；其次，互联网则发展成为交易平台，支付宝、B2C（商对客电子商务模式）、B2B（企业对企业）、O2O（线上到线下）、P2P（个人对个人）、众筹乃至比特币

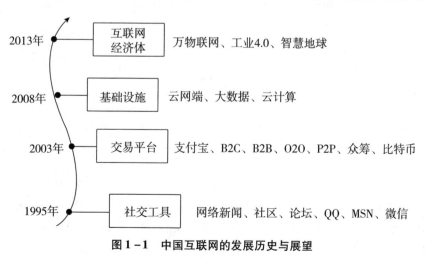

图1-1 中国互联网的发展历史与展望

的出现，标志着互联网在新时期被赋予了全新的历史使命，它似乎要对所有行业的商业模式进行摧枯拉朽式的彻底颠覆；再次，互联网作为云网端、大数据、云计算等基础设施，打破传统世界信息与数据在时间、地域、空间上的传播局限，实现了信息与数据的透明化，使得人类可以对互联网产生的大数据进行有效地整合利用；最后，互联网与智能化制造技术的完美结合催生了万物联网伟大梦想的诞生，美国的制造业回归、德国工业4.0、中国两化融合似乎在昭示着世界将进入美妙的智慧地球时代。

展望未来，"互联网＋"对众多的行业都将产生颠覆性的冲击，在这个大时代背景下，传统企业必须认真思考如何进行"互联网＋"。

1.1.1　互联网＋零售业

传统时代零售商品信息在商家与消费者之间处于不对称状态，消费者无法通过一个高效的平台快速地了解到商品的全面信息，这使得客户价值没有似今天这样在"互联网＋"时代被放大。而互联网作为交易平台出现后，完全打破了商品信息不对称的状态，商家所提供的商品与服务信息已经变得高度透明化，消费者了解信息也十分的便捷，足不出户，利用互联网平台即可实现。互联网的这一强大功能极大地降低了消费者获取商品与服务信息的成本，每一个消费者都非常容易知道这个世界上有何种同类的、相互竞争的商品与服务，这些商品与服务的特点是什么。这使得消费者更加容易判断哪些商品与服务的价格背离了其价值。互联网还大量地传递着消费者的体验信息，例如在大众点评网上，一次糟糕的消费者体验极有可能会通过互联网放大、快速传播，给商家的商品与服务带来差评的口碑，对未来的销售产生致命的打击。所以在"互联网＋"时代，消费者的体验与评价已经变得越来越被商家所重视。

回顾互联网作为交易平台的发展，我们可以发现"互联网＋"作为独特的工具对传统零售业产生了极大的冲击。根据阿里巴巴报告统计，2014年全国网络零售交易额达到了2.78万亿元，比过去7年增长了105倍；而根据麦肯锡咨询公司2013年《线上购物推动中国经济增长》的报告，网络零售交易总额中有61%源自替代传统的线下消费，仅有39%是源自零售消费总量的增长。

案例 1–1 看中国电商如何"干掉"沃尔玛

佐佳咨询点评：沃尔玛，这个世界 500 强之首的超级巨头。它创造的零售产业的多业务组合模式成了哈佛教材的经典案例，成为全球众多企业竞相模仿的对象。最令人敬佩的是，它甚至曾经改变了传统零售企业的赢利模式。然而就是这样的一个国际优秀企业，却因为电商业务与实体业务发展的不协同等原因，其经营规模有所下降。由此我们可以看出任何一个企业如果不保持战略创新的勤奋，就极有可能走向衰落。当然，我们仍旧期待这个全球标杆企业的再次振作，演绎下一个商界传奇！

背景延伸阅读（证券日报记者 贾丽 2014 年 12 月）

沃尔玛中国公司对总部办公室架构进行了调整，年底前，沃尔玛还将继续裁员。沃尔玛方面表示，此次拟裁减岗位大概占沃尔玛总员工数的 0.2%，东北大区大连区域办公室将被取消，营运区域划分也从 6 个减为 5 个。新改组的 33 个营运分区中，安徽将划归华东区管理。裁员仅是沃尔玛大规模整合下的一项措施。未来两年沃尔玛还将持续关店，并或伴随着规模性裁员。

沃尔玛如今作为全球规模最大的零售巨头，在整个产业链的整合使其名声大噪。在下游沃尔玛以低价扩大自有品牌市场占有率，在上游其建设了采购基地，建立一条包括供应商、物流、卖场在内的绿色供应链，淘汰中间环节。沃尔玛甚至计划在 3 年内让中国百万农民参加到"农超对接"的项目中。

然而今年以来沃尔玛在中国关闭的实体店数量大增。沃尔玛预计将在包括去年的 3 年时间里关闭 30 余家门店。而这一预测在按期实现。仅今年 3 月，沃尔玛在全国有 6 家门店被关闭，年初至今，沃尔玛已关闭 10 余家店。

裁员仅是沃尔玛今年来大规模调整下的冰山一角。

一边不断在华收缩实体店，另一边沃尔玛宣称再增设 110 个新址，而这一行为亦正在遭到业内人士质疑。去年 10 月，正在北京进行访问的沃尔玛全球总裁兼首席执行官麦道克和沃尔玛中国总裁兼首席执行官高福澜共同宣布，未来三年，沃尔玛将加速在中国的发展，新设 110 个新址，包括商场及配送中心。

沃尔玛通过统一大规模采购，直接买断购货，然而一旦供应商成本提高，将使原本处在微利阶段的沃尔玛整体受影响，其物流成本的降低短期也难以实现。保证低价销售水平，企业必然要从价值链考虑降低物流成本和采购成本，如果不理性，就很容易爆发食品安全问题，导致形象受损，业绩持续下滑。在目前电商对零售业快速冲击的阶段，沃尔玛这一赢利模式的隐患已经显现。

分析人士认为，沃尔玛全球策略目前较为统一，因地制宜策略并没有很明显，中国经济发展与几十年前已不可同日而语，而沃尔玛的策略和战略却没有从根本上调整，这种滞后性，将让沃尔玛在未来几年内不得不采取收缩战略，沃尔玛美国物流、IT（互联网技术）优势在中国难以发挥，在华调整步伐沉缓。

再来看看，沃尔玛重点电商平台——1号店。

沃尔玛进入中国电商领域之初，触角全面展开，欲冲击中国本土B2C厂商。在美国市场，沃尔玛线上销售仅次于亚马逊甚至超越过，然而在中国市场，沃尔玛在电商领域遭遇危机。

沃尔玛去年网络销售额增长30%，达到100亿美元，亚马逊这一增幅为20%。在中国市场，沃尔玛面临着来自阿里巴巴、京东等中国本土电商的强大威胁。

两年前，沃尔玛为加速本土电商化，在电商领域形成1号店、山姆会员商店网上商城和自己开发的新网购平台三个模式，不过，沃尔玛把电商平台重点放在了1号店上。

目前零售企业都是两条腿走路，沃尔玛电商在中国市场布局目前主要依靠1号店，而1号店商品种类太少。今年1号店市场占有率下降。国美在线、苏宁易购等电商网站在后台采购上均与实体门店发挥协同效应，从而有效降低成本。沃尔玛电商1号店与沃尔玛超市协同不足，自然限制沃尔玛整体发展。沃尔玛在中国电商领域步伐太慢，发展思路不清晰。其跨国模式决定其受总部统一调配，全球发展规划集成体系显得不够灵活，线上线下商品种类多年来缺乏突破。

业内人士认为，定位综合卖场超市的沃尔玛在中国市场上十几年如一日地提供中低端商品，但其对于很多可以带来更高营业额的中高端商品从来不涉及，然而在中国市场，消费者对高端商品需求巨大。拥有上万平方米的沃尔玛大卖场，在商品结构上存在严重问题，与中国一、二级市场消费需求增长严重不匹配。

一个规模如此之大的企业，如果营业额快速发展，利润不断增长，就算业务流程烦琐，需要调整和裁员也是合理的。目前沃尔玛市场门店都在萎缩，业绩主要依赖电商业务增长，而电商市场份额也在下降，这是非常危险的。业绩的下滑，伴随的裁员和关店就不难理解了。

1.1.2 互联网+广告业

首先，"互联网+广告"对传统广告业产生了强大的冲击。与传统广告媒介相比，随着互联网与移动互联网用户人数规模的快速扩张，互联网广告传播范围也快速扩展，同时由于互联网的便捷性使得受众在获得广告信息方面十分快捷。随着互联网普及率的提高，目前我国互联网网民数量快速增长。可以说互联网已经成为当前我国应用相对广泛的信息传播工具。中国网民数量的不断增长，为互联网广告业的快速发展奠定了受众基础，赋予了互联网广告传播范围广泛的重要特性。同时互联网广告在传播的过程中，突破了传统广告在时间、地点上的束缚，使其拥有了更为广阔的发展空间。与此同时，互联网广告能够实现循环性且不间断的传播功能。

其次，"互联网+广告"针对性极强。互联网广告媒体与传统的广告媒体相比，具有较强的针对性。传统广告在传播的过程中，只是根据商品的性能特点进行宣传，并没有固定的受众群体，也没有明确的传播目标，对时间、地点以及受众选择上都没有明确的划分，只是不断地强调传播的频率来实现其传播的效应。互联网广告媒体则有效地规避了这一问题的发生，找钢网是针对钢铁贸易咨询的广告交易平台，苏宁易购则是以日常消费品为主的广告购物平台，携程网、去哪儿网则为航空公司、酒店提供了广告消费的服务等。

再次，"互联网+广告"的互动效果明显。传统广告只关注了单一宣传路径的传播影响范围，在过去的几十年里，特别强调通过传播范围的扩大来提升广告辐射面积与影响力。传统广告的这种单向传播方式，只是商家向消费群体单向宣传的、一种缺乏必要互动的推广。而"互联网+广告"不仅实现了商家向消费者的宣传推广，还实现了商家与消费者以及消费者群体内部的互动。例如，当前商家可以通过用户购买评论来获得消费者的反馈意见，从而针对自身存在的不足进行完善，而消费者之间也可以通过评论来获得关于商品的相关信息。

最后，"互联网＋广告"稳定且持久。因为互联网能够将商家的宣传、广告信息进行长久性保存，这种持久性还体现在商家可以进行适时的信息修改与维护，实现受众群体广而告之的持续性。而传统广告传播形式保持持久性的费用极高。例如电视媒体广告，其在传播过程中，根据商家支付费用标准进行定位，且时间有限。

"互联网＋广告"的上述特征，必然促使传统的单向沟通广告向精确的、互动式的互联网广告发展。例如百度、淘宝、大众点评、携程等，使得精准、互动成为现实。同时"互联网＋广告"具有强大的大数据分析功能，其强大的数据分析平台，能够通过互联技术手段获取、挖掘大数据，帮助商家追踪、研究网络消费者的偏好习性。

1.1.3 互联网＋新闻业

"互联网＋新闻"使得每个网民都成为"记者"，每个网民既可能是新闻受众，亦有可能是新闻记者、编辑。互联网时代的这一新闻特性标志着新闻业已经进入全新的"自媒体"时代。"自媒体"时代其新闻渠道控制力被快速削弱，新闻已经快速实现透明化，任何一家新闻媒体都很难独揽新闻信息、控制舆论。新闻传播渠道也发生了巨大改变，从传统的纸质、电视、广播转变到网络门户，而随着移动互联网的快速发展，新闻渠道进而从网络门户转变到微博、微信等自媒体。

"互联网＋新闻"时代的新闻从业者需要掌控的不是新闻渠道而是新闻内容，例如某些新闻媒体平台为了获取并掌控新闻的内容给作者直接分成，因为这些新闻媒体平台知道未来新闻的改变仍然会发生，但是无论新闻业如何改变，新闻的时效性与内容质量的高要求都不会变，互联网时代仍旧需要好的、稀有的、更快速高效的新闻。

"互联网＋新闻"时代的新闻快速、高效也将是新闻工作者所面临的巨大挑战之一，互联网的"自媒体"时代的新闻封锁已经十分困难，大多数人的手机都有摄像、文字编辑、上传、微信传播等功能，而互联网尤其是移动互联网的传播不再有统一的渠道。不论新闻工作者如何加强自身的协同传播速度，仍旧避免不了一个高速公路连环追尾新闻会从在高速公路上的人的手机中发出。

"互联网＋新闻"时代的特性，要求传统媒体企业拥有"互联网＋"的思维。

首先，必须坚守新闻真实与客观优势。加强专业化新闻队伍建设，掌控真实、高质量的新闻内容，继续保持并依赖长期形成的品牌影响力，这是网络媒体在短期内难以超越的。传统媒体可以在一定程度上保证新闻的真实性、客观性，能够正确地引导舆论。特别是对于政治新闻等严肃性新闻，传统媒体更是处于垄断地位。

其次，大力进行新闻媒体细分融合。国内众多的报纸、杂志、广播、电视台都有自己的网站，甚至建立了自己的博客、播客、微博、官方微信、新闻手机客户端，这是传统媒体企业在互联网领域的积极探索。

最后，开展新闻持续地深度挖掘。互联网"自媒体"时代的难题不是新闻传播技术，而是新闻内容的深度、持续地挖掘。传统媒体可深入到问题本质，进行重点新闻的追踪报道，努力挖掘信息的深度，深挖新闻背后的新闻。

1.1.4 互联网＋制造业

"互联网＋制造业"时代最具有标志性的影响事件就是中国政府提出的"两化融合"号召。所谓"两化融合"即信息化与工业化的融合。其主要内涵不仅在于利用信息技术改造企业的研发、产品设计、工艺设计、生产管理、产品检测和市场供销等环节，而且更要从先进制造技术角度思考振兴中国的制造业，淘汰落后产能，引进智能化、3D（三维）打印、先进材料等先进制造技术，促进中国制造业工业由制造大国向制造强国转变。

"两化融合"主要是在技术、产品、业务、产业四个方面进行融合。也就是说，两化融合包括技术融合、产品融合、业务融合、产业衍生四个方面。

技术融合是指工业技术与信息技术融合。"中国制造2025"指出工业技术与信息技术融合后会催生新的技术的出现，工业技术与信息技术融合推动技术创新。例如，汽车制造技术和信息技术融合产生的汽车电子技术，工业和计算机控制技术融合产生工业控制技术。

产品融合是指信息技术渗透到工业产品中，增加产品的技术含量。例如，普通机床加上数控系统之后就变成了数控机床，传统家电采用了智能化技术之后就变成了智能家电，普通飞机模型增加控制芯片之后就成了遥控飞机。信息技术含量的提高使产品的附加值大大提高。

业务融合是指信息技术应用到企业研发设计、生产制造、经营管理、市场营销等各个环节，推动企业业务创新和管理升级。例如，计算机管理方式改变了传统手工台账，极大地提高了管理效率；信息技术应用提高了生产自动化、智能化程度，生产效率大大提高；网络营销成为一种新的市场营销方式，受众大量增加，营销成本大大降低。

产业衍生是指两化融合可以催生出的新产业，形成一些新兴业态，如工业电子、工业软件、工业信息服务业。工业电子包括机械电子、汽车电子、船舶电子、航空电子等；工业软件包括工业设计软件、工业控制软件等；工业信息服务业包括工业企业 B2B 电子商务、工业原材料或产成品大宗交易、工业企业信息化咨询等。

放眼全球，德国工业 4.0、美国制造业回归、法国新工业战略、英国制造 2050、日本科技工业联盟、印度物联网等，以信息物联为基础的"第四次工业革命"序幕拉开。（如图 1 - 2 所示）

国家	实施战略	战略内容
德国	工业4.0	• 以CPS（信息物理系统）平台为纽带，实现物联网、务联网和人联网三网合一，以销售信息的数据化、智慧化为起点，通过研发、设计、供应、制造、仓储等的智能化，提供快速、有效、个性化的产品供应。旨在提升德国制造业的智能化水平，建立具有适应性、资源效率及人因工程学的智慧工厂，在商业流程及价值流程中整合客户及商业伙伴。其技术基础是网络实体系统及物联网。传统的行业界限将消失，并会产生各种新的活动领域和合作形式
美国	美国再工业化亦称制造业回归	• 以3D打印技术及产业为代表，以抢占先进制造业制高点为目的，以高新技术为依托，发展高附加值的制造业，如先进制造技术、新能源、环保、信息等新兴产业，进而重新拥有强大竞争力的新工业体系，以推动美国制造业的脱胎换骨，催生新的生产方式，造就类似信息革命的大趋势，搬起第四次工业革命
法国	新工业	• 提振本国制造业，提出"新工业法国"战略，梳理三大领域34个项目作为工业复兴的支点，范围涵盖了大数据、云计算、新一代高速列车、电动飞机、智能纺织以及未来工厂，计划用10年时间重振工业强国雄风
英国	制造2050	• 与"制造之后进行销售"的传统制造不同，提出"服务+再制造（以生产为中心的价值链）"，主要致力于四个方面：更快速、更敏锐地响应消费者需求；把握新的市场机遇；可持续发展；加大力度培养高素质劳动力
日本	科技工业联盟	• 日本提出了"利用大数据、人工智能和IoT（物联网）等改革产业结构"，用IoT引领制造业务模式发生巨变，跨越企业和加速发展产业框架的标准化
印度	物联网	• 为吸引海外制造业企业，印度推行"印度制造"计划，同时还实施了"数字印度"构想，2014年10月，印度政府公布了"物联网政策"，提出了到2020年使国内相关产业达到150亿美元的目标。物联网产业为"印度制造"和"数字印度"搭建了桥梁

图 1 - 2　全球"互联网 + 制造业"的发展趋势

1.2 观点PK①：绩效主义毁了索尼

案例1-2 绩效主义毁了索尼

文章来源（原文刊登于日本《文艺春秋》2007年1月刊，作者天外伺郎为索尼公司前常务董事、作家）

2006年索尼公司迎来了创业60年。过去它像钻石一样晶莹璀璨，而今却变得满身污垢、暗淡无光。因笔记本电脑锂电池着火事故，全球使用索尼产锂电池的约960万台笔记本电脑被召回，估计更换电池的费用将达510亿日元。

PS3游戏机曾被视为索尼的"救星"，在上市当天就销售一空。但因为关键部件批量生产的速度跟不上，索尼被迫控制整机的生产数量。PS3是尖端产品，生产成本也很高，据说卖一台索尼就亏3.5万日元。索尼的销售部门预计，2007年3月进行年度结算时，游戏机部门的经营亏损将达2000亿日元。

多数人觉察到索尼的不正常恐怕是在2003年春天。当时据索尼公布，一个季度就出现约1000亿日元的亏损。市场上甚至出现了"索尼冲击"，索尼公司股票连续两天跌停。坦率地说，作为索尼的旧员工，我当时也感到震惊。但回过头来仔细想想，从发生"索尼冲击"的两年前开始，公司内的气氛就已经不正常了。身心疲惫的职工急剧增加。回想起来，索尼是长期内不知不觉慢慢退化的。

一、"激情集团"消失了

我是1964年以设计人员的身份进入索尼的。因半导体收音机和录音机的普及，索尼那时实现了奇迹般的发展。当时企业的规模还不是很大，但是"索尼神话"受到了社会的普遍关注。从进入公司到2006年离开公司，我在索尼愉快地送走了40年的岁月。

我46岁就当上了索尼公司的董事，后来成为常务董事。因此，对索尼近年来发生的事情，我感到自己也有很大的责任。伟大的创业者井深大的影响为什么如今在索尼荡然无存了呢？索尼的辉煌时代与今天有什么区别呢？

---

① PK是Player Killing的缩写,意为对决。

首先，"激情集团"不存在了。所谓"激情集团"，是指我参与开发 CD 技术时期，公司那些不知疲倦、全身心投入开发的集体。在创业初期，这样的"激情集团"接连开发出了具有独创性的产品。索尼当初之所以能做到这一点，是因为有井深大的领导。

井深大最让人佩服的一点是，他能点燃技术开发人员的心中之火，让他们变成为技术献身的"狂人"。在刚刚进入公司时，我曾和井深大进行激烈争论。井深大对新人并不是采取高压态度，他尊重我的意见。

为了不辜负他对我的信任，我当年也同样潜心于研发工作。比我进公司更早，也受到井深大影响的那些人，在井深大退出第一线后的很长一段时间内，仍以井深大的作风影响着全公司。当这些人不在了，索尼也就开始逐渐衰败。从事技术开发的团体进入开发的忘我状态时，就成了"激情集团"。要进入这种状态，其中最重要的条件就是"基于自发的动机"的行动。比如"想通过自己的努力开发机器人"，就是一种发自自身的冲动。与此相反就是"外部的动机"，比如想赚钱、升职或出名，即想得到来自外部回报的心理状态。如果没有发自内心的热情，而是出于"想赚钱或升职"的世俗动机，那是无法成为"开发狂人"的。

二、"挑战精神"消失了

今天的索尼职工好像没有了自发的动机。为什么呢？我认为是因为实行了绩效主义。绩效主义就是："业务成果和金钱报酬直接挂钩，职工是为了拿到更多报酬而努力工作。"如果外在的动机增强，那么自发的动机就会受到抑制。

如果总是说"你努力干我就给你加工资"，那么以工作为乐趣这种内在的意识就会受到抑制。从 1995 年左右开始，索尼公司逐渐实行绩效主义，成立了专门机构，制定非常详细的评价标准，并根据对每个人的评价确定报酬。

但是井深大的想法与绩效主义恰恰相反，他有一句口头禅："工作的报酬是工作。"如果你干了件受到好评的工作，下次你还可以再干更好的工作。在井深大的时代，许多人为追求工作的乐趣而埋头苦干。

但是因实行绩效主义，职工逐渐失去工作热情。在这种情况下是无法产生"激情集团"的。为衡量业绩，首先必须把各种工作要素量化。但是工作是无法简单量化的。公司为统计业绩，花费了大量的精力和时间，而在真正的工作上却敷衍了事，出现了本末倒置的倾向。

因为要考核业绩，几乎所有人都提出容易实现的低目标，可以说索尼精神的核心即"挑战精神"消失了。因实行绩效主义，索尼公司内追求眼前利益的风气蔓延。这样一来，短期内难见效益的工作，比如产品质量检验以及"老化处理"工序都受到轻视。"老化处理"是保证电池质量的工序之一。电池制造出来之后不能立刻出厂，需要放置一段时间，再通过检查剔出不合格产品。这就是"老化处理"。至于"老化处理"程序上的问题是否是上面提到的锂电池着火事故的直接原因，现在尚无法下结论。但我想指出的是，不管是什么样的企业，只要实行绩效主义，一些扎实细致的工作就容易被忽视。

索尼公司不仅对每个人进行考核，还对每个业务部门进行经济考核，由此决定整个业务部门的报酬。最后导致的结果是，业务部门相互拆台，都想方设法从公司的整体利益中为本部门多捞取好处。

三、团队精神消失了

2004年2月底，我在美国见到了"涌流理论"的代表人物奇凯岑特米哈伊教授，并聆听了他的讲演。讲演一开始，大屏幕上放映的一段话是我自进入索尼公司以来多次读过的，只不过被译成了英文。"建立公司的目的：建设理想的工厂，在这个工厂里，应该有自由、豁达、愉快的气氛，让每个认真工作的技术人员最大限度地发挥技能。"这正是索尼公司的创立宗旨。索尼公司失去活力，就是因为实行了绩效主义。

没有想到，我是在绩效主义的发源地美国，聆听用索尼的创建宗旨来否定绩效主义的"涌流理论"。这使我深受触动。绩效主义企图把人的能力量化，以此做出客观、公正的评价。但我认为事实上做不到。它的最大弊端是搞坏了公司内的气氛。上司不把部下当有感情的人看待，而是一切都看指标、用"评价的目光"审视部下。

不久前我在整理藏书时翻出一封信。那是我为开发天线到东北大学进修时，给上司写信打的草稿。有一次我逃课跑去滑雪，刚好赶上索尼公司的部长来学校视察。我写那封信是为了向部长道歉。实际上，在我身上不止一次发生过那类事情，但我从来没有受到上司的斥责。上司相信，虽然我贪玩，但对研究工作非常认真。当时我的上司不是用"评价的眼光"看我，而是把我当成自己的孩子。对企业员工来说，需要的就是这种温情和信任。过去在一些日本企业，即便部下做得有点出格，上司也不那么苛求，工作失败了也敢于为部下承担责任。另外，尽管部下在喝酒的时候说上司的坏话，但在实际工作中仍非常支持上司。后来强化了管理，实行了看上去很合理的评价制度。于是大家都极力逃避责任。这样一来就不可能有团队精神。

四、创新先锋沦为落伍者

不单索尼，现在许多公司都花费大量人力和物力引进评价体制。但这些企业的业绩似乎都在下滑。索尼公司是最早引进美国式合理主义经管理论的企业之一。而公司创始人井深大的经管理念谈不上所谓"合理"。1968年10月上市的单枪三束彩色显像管电视机的开发，就是最有代表性的例子。

当时索尼在电视机的市场竞争中处于劣势，几乎到了破产的边缘。即便如此，井深大仍坚持独自开发单枪三束彩色显像管电视机。这种彩色电视机画质好，一上市就大受好评。其后30年，这种电视机的销售一直是索尼公司的主要收入来源。

但是，"干别人不干的事情"这种追求独自开发的精神，恐怕不符合今天只看收益的企业管理理论。索尼当时如果采用和其他公司一样的技术，立刻就可以在市场上销售自己的产品，当初也许就不会有破产的担心了。

投入巨额费用和很多时间进行的技术开发取得成功后，为了制造产品，还需要有更大规模的设备投资，亦需要招募新员工。但是，从长期角度看，索尼公司积累了技术，培养了技术人员。此外，人们都认为"索尼是追求独特技术的公司"，大大提升了索尼的品牌形象。

更重要的是，这种独自开发能给索尼员工带来荣誉感，他们都为自己是"最尖端企业的一员"而感到骄傲。单枪三束彩色显像管电视机之所以能长期成为索尼公司的收入来源，是因为技术开发人员怀着荣誉感和极大热情，不断对技术进行改良。

具有讽刺意味的是，因单枪三束彩色显像管电视机获得成功而沾沾自喜的索尼，却在液晶和等离子薄型电视机的开发方面落后了。实际上，井深大曾说过："我们必须自己开发出让单枪三束彩色显像管成为落伍产品的新技术。"包括我自己在内的索尼公司高管都没有铭记井深大的话。

如今，索尼采取了极为"合理的"经营方针。不是自己开发新技术，而是同三星公司合作，建立了液晶显示屏制造公司。由这家合资公司提供零部件生产的液晶电视机"BRAVIA"非常畅销，从而使索尼公司暂时摆脱了困境。但对于我这个熟悉索尼成长史的人来说，总不免有一种怀旧感，因为索尼现在在基础开发能力方面，与井深大时代相比存在很大差距。今天的索尼为避免危机采取了临时抱佛脚的做法。

五、高层主管是关键

今天的索尼与井深大时代的最大区别是什么呢？那就是在"自豪感"方面的差别。当年创始人井深大和公司员工都有一种自信心：努力争先，创造历史。当时索尼并不在意其他公司在开发什么产品。某大家电公司的产品曾被嘲讽为"照猫画虎"，今天索尼也开始照猫画虎了，一味地左顾右盼，无法走在时代的前列。

在我开发"爱宝"机器狗的时候，索尼的实力已经开始衰落，公司不得不采取冒险一搏的做法，但是出现亏损后，又遭到公司内部的批评，结果不得不后退。今天的索尼已经没有了向新目标挑战的"体力"，同时也失去了把新技术拿出来让社会检验的胆识。在导致索尼受挫的几个因素中，公司最高领导人的态度是其中最根本的原因。

在索尼充满活力、蓬勃发展的时期，公司内流行这样的说法："如果你真的有了新点子，来。"也就是说那就背着上司把它搞出，与其口头上说说，不如拿出真东西来更直接。但是如果上司总是以冷漠的、"评价的眼光"来看自己，恐怕没有人愿意背着上司干事情，那是自找麻烦。如果人们没有自己受到信任的意识，也就不会向新的更高的目标发起挑战了。在过去，有些索尼员工根本不畏惧上司的权威，上司也欣赏和信任这样的部下。

所以，能否让职工热情焕发，关键要看最高领导人的姿态。索尼当年之所以取得被视为"神话"的业绩，也正是因为有井深大。但是，井深大的经营理念没有系统化，也没有被继承下来。也许是因为井深大当时并没有意识到自己经营理念的重要性。

我尝试着把井深大等前辈的经营理念系统化、文字化，出版了《经营革命》一书。在这本书中，我把井深大等人的经营称为"长老型经营"。所谓"长老"是指德高望重的人。德高望重者为公司的最高领导人，整个集团会拧成一股绳，充满斗志地向目标迈进。

在今天的日本企业中，患抑郁症等疾病的人越来越多。这是因为公司内有不称职的上司，推行的是不负责任的合理主义经营方式，给职工带来了苦恼。

不论是在什么时代，也不论是在哪个国家，企业都应该注重员工的主观能动性。这也正是索尼在创立公司的宗旨中强调的"自由，豁达，愉快"。

过去人们都把索尼称为"21 世纪型企业"。具有讽刺意味的是，进入 21世纪后，索尼反而退化成了"20 世纪型企业"。我殷切希望索尼能重现往日辉煌。

索尼（SONY）前常务董事天外伺朗的《绩效主义毁了索尼》我早在2008 年就阅读过，当时笔者认为只不过是管理学界百家争鸣而已，加上由于平时在全国各地到处讲学、开展管理咨询项目，所以一直没有当真。直到今天有几个国有企业集团高层和我旧事重提，才使得我对这篇文章重新关注起来。对于这篇文章我的观点是：绩效主义毁了索尼，为何成就了三星，成就了中国的华为？

众所周知索尼公司是由井深大在东京创立的，索尼公司的前身是东京通信工业株式会社。在此后近半个世纪的时间里，索尼公司通过推出一个又一个革命性的电子产品，确立了世界闻名的"技术的索尼"品牌形象。索尼公司也是（1995 年）最早引入美国绩效管理模式的日本企业。但是这家曾经创造过日本品牌神话的企业，却在本世纪初开始了衰退——不断地创造索尼的亏损新纪录，这个亏损纪录一直延续到现在。

索尼前常务董事天外伺朗将索尼失败的重要原因归结为绩效主义，他指出："索尼连续 4 年出现亏损，去年更亏损 64 亿美元。为什么？我认为，是绩效主义毁了索尼。"

天外伺朗认为绩效主义毁了索尼的理由首先是绩效主义导致了索尼公司"激情集团"的消失。由于引入绩效考核即公司那些不知疲倦、全身心投入开发的团体已经不存在了，索尼的技术团队现在主要受赚钱、升职或出名等外部动机影响；其次绩效主义导致挑战精神的消失，由于索尼引入绩效考核制度导致公司内部追求眼前利益的风气蔓延，几乎所有人都不愿意提出具有挑战性的目标；最后是绩效主义导致团队精神的消失，由于绩效考核使得索尼公司变得臃肿，上下级之间的温情和信任感不复存在。

真的是绩效主义毁了索尼吗？

首先，我们来看看天外伺朗是如何定义绩效主义的，他认为绩效主义就是"业务成果和金钱报酬直接挂钩，职工是为了拿到更多报酬而努力工作"。天外伺朗在文章中还进一步对其定义的绩效主义危害性进行了阐述："绩效主义企图把人的能力量化，以此做出客观、公正的评价。但我认为事实上做不到。它的最大弊端是搞坏了公司内的气氛。上司不把部下当有感情的人看待，而是一切都看指标、用'评价的目光'审视部下。"

由此我们不难看出天外伺朗的所谓的绩效主义本质上是考核主义，而索尼公司推行的绩效实际上是一个为了"对每个人的评价确定报酬"的考核工具，其目的不言而喻是为了评价与报酬。这是一个关于绩效主义的弥天大谎！要理解真正的绩效主义，我们先看看什么是绩效管理。从定义上看绩效管理是一个循环往复的过程，包括绩效目标设定、绩效监督与分馈、绩效考核和绩效回报与激励四个主要的管理环节，其目的是提升员工、部门乃至公司的绩效，进而驱动公司长远战略的实现。而在我们看来，所谓绩效主义则是一个公司对待绩效管理的态度、主张和文化。真正的绩效主义应当是以公司战略为导向，以循环往复的过程为载体的管理的价值主张，它必须积极引导员工、团队并重新点燃公司实现战略激情，而不是扼杀员工工作动力的机器。

索尼公司错误地将绩效考核与绩效管理简单地等同起来，这一次一向强调精细化的大和民族向山姆大叔学习绩效管理时却没有做到精细化，连基本的概念都混淆了。索尼公司应当清醒地意识到：绩效管理不等于绩效考核，当一个企业为了考核、评价员工实施绩效体系的时候，就注定了这个企业一定会从一个失败走向另一个失败。

其次，天外伺朗还指出："因为要考核业绩，几乎所有人都提出容易实现的低目标，可以说索尼精神的核心即'挑战精神'消失了。"如果索尼公司真的"几乎所有人都提出容易实现的低目标",同时公司也用"低的目标去考核每一个人"。那么索尼公司的战略管理体系一定存在着严重的缺陷。记得一位欧洲的朋友曾经和我这样评价日本的企业:"90 年代以后很多日本企业开始逐步地落后了,最大的问题是日本企业战略管理的能力缺失,尽管日本人在精细化管理的方面做得要比美国企业好,但是至少从目前来看,擅长精细化的大和民族确实输给了擅长战略的山姆大叔。"

通过天外伺朗的文章我们可以看出索尼绩效主义其实是一个缺乏战略远见的绩效体系。在绩效管理体系建设时我们首先必须回答的一个问题是:绩效目标与指标来源于什么?是让每一个部门上报比较低的目标,然后再用这些低的目标去考核(我们中国的一些企业在推动绩效管理时也犯着索尼同样的错误)?还是来源于公司战略的分解?佐佳咨询公司在中国推动战略绩效管理体系时强调:企业只有实现了公司战略规划、年度经营计划与预算、绩效考核三者的高效联动,绩效考核才变得有意义。正如德鲁克先生所说的"目标管理必须与战略相联系才有现实的意义"。

天外伺朗还指出"因实行绩效主义,索尼公司内追求眼前利益的风气蔓延。这样一来,短期内难见效益的工作,比如产品质量检验以及'老化处理'工序都受到轻视";"索尼公司不仅对每个人进行考核,还对每个业务部门进行经济考核,由此决定整个业务部门的报酬。最后导致的结果是,业务部门相互拆台,都想方设法从公司的整体利益中为本部门多捞取好处"。

其实天外伺朗所暴露出索尼公司上述绩效问题在中国企业中也同样存在。记得 2005 年我曾在《平衡计分卡与绩效管理》这本专著中提出单一的经济指标考核给企业所带来的致命伤害——一些部门负责人为了追求短期的部门财务业绩而牺牲了公司长远的战略利益,并倡导中国企业引入平衡计分卡来实现短期与长期、动因与结果的绩效平衡。绩效管理要管理、考核的不仅仅是结果性经济目标,更重要的是对产品质量检验、老化处理工序等影响经济指标最终结果形成的过程性指标进行管理。

尽管天外伺朗这篇文章管中窥豹、以偏概全,但还是受到了中国一些反对绩效管理的企业经理的热烈吹捧。他们似乎终于找到了一个可以阻碍在自己企业里引入绩效管理体系的救命稻草,到处散播着"绩效主义毁了索尼"

也有可能"毁了中国企业"的弥天大谎！

当然中国企业也必须清醒地意识到绩效考核是把双刃剑，运用得当它可以提升组织绩效并驱动公司战略目标的实现。但如果在操作中稍有不慎，就会给企业带来负面影响甚至是灾难性的后果。

而索尼公司的绩效主义就是个典型的失败的例子。

1.3 "互联网+"时代下为何需要战略绩效管理

"夫运筹帷幄之中，决胜千里之外"，这似乎已经是这个大时代背景下每个企业家所必须具备的个人特质。企业家这种特质一直隐藏在企业家的能力素质冰山的最低层，它需要企业通过系统的战略规划流程将企业家的这种天生的特质充分地挖掘出来，进而把企业家对未来的战略洞察与远见能力发挥到极致。战略规划已经成为中国企业家们每天都在关注的管理话题，因为外部环境的残酷变换要求我们的企业家们必须更加擅长战略思维，企业竞争基础的改变迫使我们的企业不得不反思自己未来的战略规划。

然而就在中国企业热衷于规划自身战略的时候，欧美的国际级企业似乎更加青睐另外一个观念，那就是：战略规划固然很重要，但是运营执行更是关键！因为他们开始意识到：一个糟糕战略给企业带来的痛苦与灾难是显而易见的，但是好的战略如果遭遇糟糕的运营执行最后结果必然也是失败。

虽然战略规划与运营执行协同的重要性显而易见，但是在中国却有很多企业的高层没有足够重视这个问题：他们开始重视公司的战略规划却忽视运用执行与战略规划的联动。在理顺战略与运营管控流程的逻辑关系上，他们基本都没有花上足够的精力去组织经理们认真地探讨与研究。他们通常这样认为：不管未来的竞争如何激烈，我们只要大方向不偏离，只要有好的思路和想法，我就能在竞争中取胜。这种认识看似正确，实际却是大错特错。一个失误的战略固然会导致企业在全局上的失败，但是再好的战略也需要在运营层面得到正确的执行。有好的战略规划固然很重要，但这不是企业能在开放的国际市场上获得胜利的全部要素。

那么忽视运营执行联动的后果是什么呢？显而易见，尽管战略规划文件写得头头是道却无法和运营执行链接，战略规划的文件通常被锁在文件柜中，战略监控、评价成为"无源之水、无本之木"。最后的结局必然是：由于内部运营执行的挑战导致战略实施遭遇种种困难而束手无策，企业那些伟大的战略远景变成了虚无缥缈的空中楼阁。

近年来全球兴起了战略执行新科学，它重点研究的管理课题就是如何通过战略绩效管理系统的建设帮助公司实现战略规划与运营执行的有效链接。与传统绩效管理视角所不同的是，战略绩效管理体系包含了企业战略规划、经营绩效与员工绩效评价、战略绩效管理运作体系三个方面的重点内容，它强调从战略规划到绩效评价的联动。

为什么战略绩效管理越来越受到众多企业的关注、青睐？佐佳咨询公司发起的中国企业战略绩效管理调查数据显示了战略绩效与战略执行之间的逻辑关系。该次调查报告基于对 856 份有效问卷统计分析，在被调查的 856 家中国企业中，有 710 家企业认为自身的战略执行存在一定问题，大约占受调查总数量的 82.9%。（如图 1 - 3 所示）

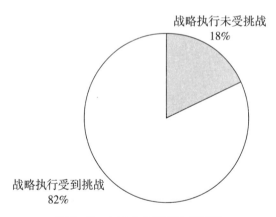

图 1 - 3　中国企业战略执行现状

调查分析表明：战略执行与战略绩效管理状态成十分明显的线性关系，在被调查的、已实施绩效管理的 856 家企业中，有 254 家企业根据企业战略的要求，实施战略绩效管理（占 30% 左右），这 254 家企业中认为其对战略执行有帮助的有 198 家，占 77.9% 的比例；但是在实施一般绩效管理的 556 家企业中，仅有 14% 的企业认为对战略执行有帮助。（如图 1 - 4 所示）

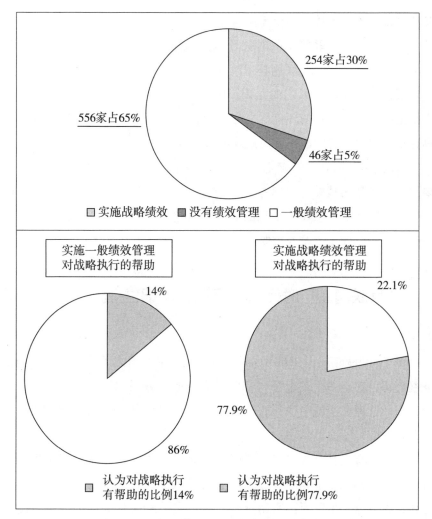

图1-4 不同绩效管理模式实施后对战略执行的影响

佐佳咨询公司的上述调查数据表明：运用专业工具实现战略与绩效对接，正确实施绩效管理与战略执行力的线性关系可见一斑。

"互联网+"时代下，战略绩效管理对战略执行的支持作用更加明显，企业更加需要战略绩效管理。

"互联网+"时代下，企业的外部环境面临着更大的不确定性，造成这种不确定性的动因与"互联网+"时代的跨界冲击相关度非常大。过去传统工业的结构化模式正在"互联网+"时代被无情颠覆，我们可以看到一些公司，如苹果、阿里巴巴、华为，成了家喻户晓的名字，而其他一些公司，如柯达、诸基亚，却走入了困境，甚至无法自拔。

今天所处的"互联网＋"时代环境是那样地充满了不确定性、难以预测性、多边性、复杂性，互联网技术、移动技术、大数据这些直接代表生活方式的术语，也已经成为人们的共识。IBM（国际商业机器公司）的研究报告中直接把我们赖以生存的环境称之为"智慧地球"，认为更加互联互通、更加透彻感知、更深入的智能是智慧地球的根本属性。

"互联网＋"时代的不确定性、难以预测性、多边性、复杂性，决定了企业要更加重视公司战略与绩效描述、监控、评估与修订，以使得企业的行为能够更加适应外部环境快速变化的要求，因此"互联网＋"时代的战略绩效管理运作机制设计显得尤为重要。

1.4 "互联网＋"时代 KPI 已死，OKR 主流

OKR 自 1999 年就由 John Doerr（约翰·杜尔）引入了谷歌，现在大多数互联网公司，甚至一些基金公司都曾经全部或部分采用这个考核方法。最近两年，绩效管理在实施中遇到的诸多挑战成为 HR（人力资源）经理无法回避的问题。

而今天，有人甚至提出"互联网＋"时代 KPI 已死，OKR 成为主流。他们首先对 KPI 模式大加指责，先是拿着《绩效主义毁了索尼》来批判 KPI 绩效考核，再以《KPI 致死：通用汽车的破产启示》来作为论据，最后还指出伟大的微软公司、谷歌和中国商业传奇小米公司都没有 KPI。

案例 1－3 移动互联网时代的公司不需要 KPI

文章来源：王东烽

雷军曾经公开说小米没有 KPI，你可以说他装，但是小米市值到 400 亿美金了；罗振宇说他自带信息，不装系统，随时插拔，自由协作；脱不花说她只发"节操币"，不定 KPI，但是罗辑思维却比任何公司玩得更"嗨"……

KPI 也就是关键绩效指标，来自于跨国大公司。但是移动互联网时代，我认为 KPI 基本可以废弃了。

移动互联网时代已经让所有公司不能吃老本了,因为游戏规则和游戏速度变化了。

移动互联网规则就是粉丝经济,就是体验经济。没有粉丝、没有互动、没有口碑、没有品牌、没有文化的公司将会消亡;速度从互联网时代的平方级加速度变成立方级加速度。

在这样的情况下,所有的公司都必须重新创业,因为一个小公司通过立方级的加速度,可以迅速超越垄断者。这就导致创业是无法吃老本,也无法依赖人海战术的,靠的只能是雷军说的"专注、极致、口碑、快"七字诀,靠的是 Geek(极客)级人才。

这七字诀要想做到,必须充分挖掘团队每个人的内在潜力,而 KPI 这东西是容易让人循规蹈矩、失去灵感、失去自我的核心原因之一。做到这七字诀的人,我认为就是这个时代需要的 Geek 级人才。

Geek 级人才本来就难培养,但是大多数企业土壤滋生的是钝化和麻木。

大家经常会遇到这样的问题,刚刚加入一个公司的时候,你能发现很多产品和管理上的问题。当你融入一段时间,你就会麻木了。你为什么会麻木呢,因为你开始关注领导,关注 KPI 了。就如华为说的,开始面朝领导,屁股对着客户了。

而创业永远是要和客户做朋友的,屁股朝着老板的。老板应该关注什么呢?关注员工背影的轮廓,也就是员工工作的状态和姿势,以及来自客户的满意,也就是结果。

你会说了,不关注 KPI,产品怎么提高啊,服务怎么提高啊?特别简单,关注你的客户就是了,你只要重视客户的意见,你遇到的所有的客户都是你最好的老师,他们的合理要求就是最好的 KPI。也就是说创新或创业,你的 KPI 就是客户满意度,就是口碑。

你可能指望自己员工里面的所谓高手,去发现用户背后的需求,提供一流的产品和服务,但是你的员工不是乔布斯,他们往往发现不了。

没有乔布斯,你可以打造一套基于粉丝的互动体系来代替大家都欠缺的 Geek 级产品经理。你会发现,你的不完美将会时刻有粉丝来提醒你。你甚至可以按照大家挑刺目标的重叠来决定产品和服务迭代的优先级。

当然,大多数巨头仍然喜欢吃老本,仍然喜欢扭扭捏捏,犹抱琵琶半遮面地来搞创新。放不下身段，不屑于和粉丝真正地做朋友。偶尔搞一个用户见面会，基本都搞成明星见面会了。

也有公司说我们公司足够牛，行业细分第一，我们就做专业市场，这波浪潮冲击不到我们；另外学小米和罗辑思维太掉价，我相信我们可以跨过粉丝经济，跨过体验经济，走到下一个阶段去……

是的，有一个公司曾经这样想过，也这样做过，它叫诺基亚。

KPI 真的是毁掉索尼的罪魁祸首吗？互联网时代不需要 KPI？

答案是否定的！

如前所述《绩效主义毁了索尼》中，绩效主义实际是烦琐的、量化的财务 KPI 考核。《绩效主义毁了索尼》的作者偷换了财务 KPI 与 KPI 的概念，索尼公司在实践中将财务 KPI 考核结果与薪酬挂钩，没有区分加分 KPI 与减分 KPI 的区别，使得索尼公司研发人员不再充满创业时的理想与激情，不愿意主动提出研发创新的提案，进而导致索尼的产品变得平庸。所以如果一定要把索尼的失败归咎于绩效管理，那么也只能说索尼对 KPI 绩效管理的错误运用毁了自己，而不是 KPI 绩效本身。

佐佳咨询认为，战略地图与平衡计分卡是一个可以合适解决索尼关注短期财务 KPI 业绩问题的工具。经典的平衡计分卡体系强调包含了结果与动因的平衡。一是结果，即从战略愿景出发，直接分解出财务战略目标（盈利与成长）；二是动因，例如相对于财务战略目标，客户战略目标则是财务战略目标的动因。平衡计分卡的推动能够促使索尼由一个仅仅关注短期财务 KPI 业绩的企业，转换为关注客户、产品、核心能力培育等拥有长远战略视角的伟大企业。

又是什么害了通用？在《绩效致死：通用汽车的破产启示》这本书中，鲍勃认为通用汽车就是被一个绩效 KPI 巨大的陷阱——一种财务报表驱动的管理风格给害了，正是它们毁掉了美国的制造业与创新。他认为企业应该由战略运营主导，而不是财务主导。在他看来，财务主导的经营模式会导致企业创造力低下、产品研发投入缩水等问题，最终侵蚀企业核心竞争力，而业务研发才是长远的发展之道。因此通用汽车破产实际上与 KPI 绩效管理无关，与索尼公司一样混淆了财务 KPI 与 KPI 的区别。

微软与谷歌确实没有 KPI，但是他们却成功实践着名为 OKR（Objectives

and Key Results）的战略绩效管理工具，所谓 OKR 中文翻译的意思就是"目标和关键成果"。这个战略绩效管理工具最早起源于著名的英特尔公司，谷歌公司在引入后一直坚持沿用至今。在 OKR 战略绩效管理工具的运用环境中，部门会按照全年、季度制订 4～5 个目标（O），然后设定一系列"关键结果"（KR），用来衡量目标是否达成。小米高层在接受媒体采访时说："我们不把财务指标例如销售额等当成目标和考核指标，而是鼓励员工以客户为中心——客户对产品体验的满意度就是标准。同时，我们还有很多指标来提升员工和公司，例如做到手机维修一小时内完成，配送速度从三天提升到两天，客户电话接通率 80% 等。"很明显，小米不是没有 KPI，而是它的 KPI 关注客户指标而非财务指标。

既然 KPI 本身没有问题，问题到底出在哪里呢？实际上有人给出了答案，即 KPI 所关注的环节出了问题。前段时间在网上读了一篇文章，这篇文章说很多人为了诟病 KPI 都喜欢举的一个互联网企业案例：一家互联网公司希望用户喜欢他们的产品，KPI 制定者就以"页面浏览量"来衡量"喜欢"。当工程师只是以消极的打工仔心态来完成这个 KPI，自然就会技术处理成"把用户原本可以在一个页面上完成的事情分到几个页面上完成"。现在这么分析的话，我们都能预见到结果是"工程师承接的 KPI 达成了，用户却更讨厌这个产品了"。这个案例恰恰证明了，不是 KPI 本身有问题，而是 KPI 制定者出现了问题。如果把这个 KPI 制定者放到 OKR 语境之下，他一样会把"页面浏览量"设定为关键成果而最终让这家互联网企业的用户感到厌恶。

事实上在 KPI 操作时有针对上面这个案例中问题的解决方案，实践中有一个配套 KPI 的指标叫 GS（工作目标设定）。GS 是指员工在考核期内应该完成的主要工作及其效果；是对工作职责范围内的一些相对长期性、过程性、辅助性和难以量化的关键工作任务完成情况，即过程绩效指标。KPI 方法认为 GS 是支持 KPI 实现的，职位等级越高结果性的 KPI 越多，GS 越少，而职位等级越低，KPI 越少，GS 则越多。所以从这一点上看，KPI 考核与 OKR 有着十分接近的思想理念与实践操作手段。

OKR 和 KPI 两者谁都无法真正地替代对方，因此谁取代谁并不重要，是否是适合企业的战略绩效管理方法，这才是重要的事情。

在实践中佐佳咨询一直强调博采众家之长，将 BSC、MBO、KPI、EVA、OKR 等战略绩效管理的方法结合起来。任何一个公司，都可以运用 BSC 实现战略解码，一部分员工使用 OKR，一部分员工使用 KPI，同时将 MBO、EVA 工具运用于战略绩效管理。我们应该看到，BSC、KPI 的思路是自上而下，首先确定组织目标，然后对组织目标进行分解直到个人目标，然后对个人目标进行量化。而 OKR 的思路是一定程度上的自下而上，个人提出目标，然后汇总成公司的目标。因此操作中要做好自上而下，自下而上的结合。

案例1-4　绩效管理已死？　不要 KPI？别逗了

文章来源：《中欧商业评论》　李海

伟大的谷歌和中国的商业传奇小米公司都没有 KPI。

最近两年，绩效管理成了过街老鼠，人人喊打。先有流传甚广的《绩效主义毁了索尼》，索尼公司前常务董事天外伺郎历数弊端；再有《绩效致死：通用汽车的破产启示》，通用汽车前副总裁鲍勃·卢茨现身说法。然后是传闻伟大的谷歌和中国的商业传奇小米公司都没有 KPI。

对此，我的看法是：别逗了！

是绩效管理毁了它们吗？

《绩效主义毁了索尼》的结论是：绩效主义体现为公司进行烦琐的量化考核，并将考核结果与薪酬、晋升挂钩，泯灭了研发人员的理想和激情，导致产品变得平庸，客户用脚投票，转身去追逐苹果、三星。

全球汽车行业老大的通用汽车在 2009 年破产了，是什么害了通用？鲍勃·卢茨的观点是那些精明、小气、一丝不苟的会计师（bean counters）。他们商学院出身，有 MBA 头衔，在通用乃至整个企业界呼风唤雨。但其远离实业的经历、夸夸其谈的风格、搬弄数字和表格的偏好，使通用和整个企业界偏离了产品和客户至上的轨道，转而追求短期财务绩效。因此，鲍勃开给通用的药方是回归产品和客户至上的汽车狂人（car guys）精神。

前者说明，绩效管理需有度，过犹不及。绩效主义就像市场原教旨主义和社会达尔文主义一样，都"过"了。而通用汽车破产，与绩效管理无关，如果一定要讲"绩效致死"，那也只能归咎于对短期财务绩效的过度执着。

错位的 KPI 关注点

那么，问题到底出在哪里呢？我认为重要的是 KPI 所关注的环节出了问题。

解决关注环节问题，平衡计分卡是一个合适的分析工具。经典的"e 型"平衡计分卡包含了两个绩效循环。一个是近因循环：从战略出发，要达成财务指标（盈利与成长）需上溯到客户环节；要达成客户指标（创造与维持）需上溯至产品环节（质量与成本）；要达成产品指标需上溯至员工环节（利用与探索）。另一个是远见循环：优秀的员工带来伟大的产品，伟大的产品带来满意的客户，满意的客户带来卓越的绩效，最终实现企业的战略目标。

高瞻远瞩的公司将关注点放在了员工和客户环节，强调二者的互动，以创造伟大的产品，进而创造需求和客户，反倒实现了良好的财务绩效，印证了"远就是近"。这种战略思路的转向可以称为"弩形"平衡计分卡：以客户—产品和员工—产品为弩之两翼，以客户—员工为弦，以产品为箭，其指向是财务与战略目标。

"弩形"平衡计分卡在具有两类特征的企业实践中较为常见：一是服务性企业，二是互联网思维的企业。前者的代表是海底捞，其创始人张勇说对门店经理的考核只有两个指标：客户满意度和员工满意度。海底捞的服务员热情但不做作，忙碌而且快乐，还能自主，拔高一点说，似乎是在享受工作。

后者的代表是小米。雷军将互联网思维概括为七个字：专注、极致、口碑、快。这七个字的共同指向是客户体验。在产品开发、发布、预售、改进、售后等各个环节，都有小米的客户深度参与。小米的成功在于把制造业变成了服务业，并且是现场服务业，互联网消除了空间障碍，创造了无所不在的现场感。

绩效之后

管理是通过别人或与别人一起实现组织目标。而绩效考核是实现组织目标的基本手段：与员工一起设置目标，掌握目标进度，适时调整措施或目标，评估目标达成情况，反思并开始下一轮目标循环。所以，没有考核就等于没有管理。

但管理不应止于绩效。绩效之后，是企业文化。一个企业的文化，在大致统一的底色之上，应该有着马赛克一样的多元与斑驳。沙因讲，企业中有三种典型的亚文化：工程师的文化、销售员的文化、管理者的文化。

绩效考核的作用与终极目的，就是形塑统一并多元的企业文化，让员工获得经济回报之外的工作意义感和企业认同感，那么主动性和成长将是应有之义。但工程师和销售员的文化冲突将是永恒的。所以，管理者要做的，不是基于自己的出身或喜好，选择一方，并通过绩效等制度手段强化乃至固化下来。而是保持两种甚至多种互相冲突的文化基因，并审时度势，"用一"而行，"执两"而思。做一个法国心理学托利得所说的智者：测验一个人的智力是否属于上乘，只看脑子里能否同时容纳两种相反的思想而无碍于其处世行事。

结语是：回归常识。有人说，现在是眼球经济，凡事要创新，出语要惊人，出位、出柜各种秀。创新？鼓励（概念创新除外）。出风头？理解。博眼球？未尝不可。但底线是要有常识。所以，还是那句话：绩效管理已死？不要 KPI？别逗了！

1.5　"互联网＋"时代战略绩效管理的推进步骤

"互联网＋"时代下战略绩效管理体系分为五个相互联系、相互影响的操作步骤：

步骤一　前期准备

前期准备工作的主要活动内容有组建变革的团队、编制变革计划、进行前期的调查与宣传等。

变革团队需要得到高层的充分授权，能充分调动企业内部的资源来支持变革。同时变革的团队还必须有人是战略规划和绩效管理设计的技术专家；编制变革计划主要的目的是明确战略绩效管理变革的推进时间表，它能够帮助变革团队明确推进工作的行动安排，确保变革工作有条不紊地进行；宣传与培训的主要作用是向企业的全体员工推介变革的重要意义，以获得企业全体员工的支持。同时还可以让中层干部掌握战略绩效管理设计与操作技巧，以便于在变革中获得他们的帮助；前期调查主要是了解全体员工对变革认同程度并向他们发出变革的信号，它还有利于后期设计人员有针对性地展开设计工作。

步骤二 战略地图与 BSC 开发

一般而言本步骤可以再细分为三个相互支持的工作：战略环境扫描、战略地图与 BSC 开发、战略行动计划编制等工作。

战略环境扫描涉及企业内外环境的扫描，不同类型的企业所需要分析的环境因素可能是不同的，战略环境扫描是有目的地抓住关键战略环境因素，特别是要找出对本企业经营发展前景具有较大影响的萌芽或潜在影响因素；战略地图与 BSC 开发是在完成战略环境的整体扫描后，无论是开发公司战略地图与 BSC，还是开发部门战略地图与 BSC，在实践中我们遗憾地发现一些咨询顾问开发战略图时根本没有开展前期系统的战略分析，简单地和高层访谈后就"照葫芦画瓢"地"绘制"出战略地图，这种方法我们认为是不可取的，也是不负责任的；战略行动计划表编制是在战略地图与 BSC 开发过程中进行的，理论上说图、卡、表是描述战略的三个必备构成文件。战略地图是战略描述的一个集成平台，平衡计分卡则是对战略地图深入进一步解释，战略行动计划表则是对平衡计分卡中罗列出的一个个单项战略行动计划（名称）的进一步演绎。

战略地图、平衡计分卡与战略行动计划表可分为公司、部门、子公司级等不同组织层级。

步骤三 分解部门与员工级的 KPI 或 OKR

部门级与员工级的 KPI 或 OKR，实际上就是经营绩效与员工绩效，"互联网＋"时代 OKR 是将战略转化为经营绩效，再将经营绩效转化为员工个体绩效的载体工具。所谓经营绩效又称组织绩效，即公司绩效、部门绩效，该绩效监控的职能部门一般是计划管理部门即企业经营计划的管理部门；而员工个体绩效则是指个人绩效，例如财务部银行会计的绩效，该绩效监控的职能部门一般是人力资源部门。两者虽然有区别但是又是关联的：员工个体绩效实施得好坏影响到部门乃至公司绩效的实现，而公司当期绩效的实现又影响到公司整体战略的实现。因此通常我们把员工个体绩效看成经营绩效的支持因素。

在"互联网＋"时代下的战略绩效管理操作体系中，公司战略分解为经营绩效、员工个体绩效的过程也可以看成战略地图 BSC 与 KPI、OKR 的链接过程。在这个过程中佐佳咨询整合并简化了上述战略绩效管理工具的操作方法。

步骤四　战略绩效管理运作机制设计

战略绩效管理运作机制就是战略、计划、预算、考核的管理流程与制度，从体系文件上来说包括了战略绩效管理流程、战略绩效管理制度、战略绩效管理表单等三大组成部分。

从内容上来说，战略绩效管理流程与制度主要包括战略地图开发、KPI 或 OKR 分解、公司战略回顾会议、部门 KPI 或 OKR 分析会议等操作程序进行描述。在此过程中尤其应当注意的是企业原有的战略、计划、预算、考核体系，如何和 BSC、KPI、OKR 等操作的融合。例如企业原经济运行分析会议，如何与 OKR 分析会议整合？经营分析报告如何与 BSC 报告整合？

步骤五　战略绩效管理切换运行

最后进入到战略绩效管理切换运行的实施环节，首先要对战略绩效管理体系进行试运行，取得试运行的经验后再开始正式运行。

1.6 　"互联网＋"时代下战略绩效管理实践的成功要素

无论是在过去 KPI、MBO，还是在互联网时代的 BSC、OKR，实施战略绩效管理主客观上都要求有一些内、外部条件支持和保证，其中有一些是必不可少的。强调外部战略环境的适应性、全面预算管理、流程优化、组织架构与职位职责明晰、任职资格体系建设及取得内部人员的支持与配合都是实施战略绩效管理的必要条件。

1.6.1 　强调外部战略环境的适应性

今天所处的"互联网＋"时代环境是那样地充满了不确定性、难以预测性、多边性、复杂性，互联网技术、移动技术、大数据这些直接代表生活方式的术语也已经成为人们的共识。"互联网＋"时代的上述特点，决定了企业要更加重视公司战略与绩效描述、监控、评估与修订，以使得企业的行为能够更加适应外部环境快速变化的要求，因此"互联网＋"时代的战略绩效管理体系能否适应外部环境的快速变化就显得尤为重要。

1.6.2 全面预算管理的支持

全面预算管理是将既定战略目标通过预算的形式加以量化，以确保公司战略目标的最终实现。全面预算不仅包含传统意义上运营预算的各个方面，而且还必须包含战略预算。而战略预算又是战略地图与平衡计分卡所特别关注的。另外，管理者也可以根据预算的实际执行结果进行指导与反馈，并修正原有的计划与目标，确保计划与目标更加符合实际，真正发挥评价与激励的作用；再次，全面预算管理也是进行绩效考核的基础和依据。良好的预算体系有利于指标值精确界定，只有将各个指标的目标指标值与挑战值指标制订得合理，才可以在计划期末进行有效的比较、衡量。

1.6.3 薪酬等回报机制的支持

战略绩效管理不是控制、约束公司员工的工具，尤其在今天的"互联网＋"时代，科学完整的战略绩效管理系统归根结底是为激励并指导员工有效地执行公司战略而设计的，只有与薪酬系统合理地结合，只有科学的薪酬等回报机制的有效支持，战略绩效管理才能有其真正的现实意义。我们知道，在公司战略目标实现的过程中，员工工作的积极性与主动性是实现目标的一个重要驱动因素，而要想充分调动员工的积极性，就必须将员工个人收入、回报与其工作绩效紧密结合在一起。也只有这样才能打破分配上的平均主义，才能将各级员工的个人利益与其对公司的贡献真正挂钩，才能充分调动员工共同主动实现公司战略的积极性。

1.6.4 内部流程优化的支持

BSC、KPI、OKR等战略绩效管理工具实施中，很多指标来自于流程指标的推导。首先确定出公司的战略主题和目标后，就要寻找驱动战略主题与目标实现的关键流程绩效。从本质上说，企业作为一个投入产出的载体，是通过内部运作即流程来实现价值增殖的。所以最终驱动战略主题与目标实现的关键内部驱动要素必然体现在公司的几个重要的流程上。驱动要素的选择一般可以由两种方式获得，一是根据主观经验，二是在流程分析的基础上将各个流程指标罗列出来与各个目标进行一一对比。前者很大程度上是在"拍脑袋",难免会有疏忽、遗漏之处,然而可惜的是很多企业,甚至是很多管理咨询公司仍旧采取这一种方法;后者由于先是进行全面的流程分析,推导出流程指标后,再将其和战略主题或目标一一对应,所以就避免了"拍脑袋"可能产生的疏忽与遗漏。但是采取这种方法的重要前提是进行流程的全面规划和优化,因为只有分清了流程,才能找到对比的依据。

1.6.5 组织、岗位与任职资格的支持

战略绩效管理系统还需要明晰公司的组织架构、岗位职责与任职资格体系。在进行公司指标体系分解时,需要有一个指标分解的依据,而这种依据就是部门使命与职能对公司指标体系的驱动力。也只有把公司能驱动的指标分解到部门才有现实的意义,因为如果公司各个部门的 KRs 与其使命职责毫不相关,就会失去考核的意义,因为他们无法驱动就无法控制考核的结果,而判断部门的驱动力的前提就是组织架构的澄清。只有事先对组织、岗位与任职资格进行必要的梳理,明晰各个部门的使命与职能,才能分解出与各个部门密切相关的指标。

1.6.6 内部理解与配合的支持

首先,公司高层应当充分地倡导,因为高层是公司的大脑和指挥部,他们的行动有:

➢ 主动发起 BSC + OKR 的革命。

➢ 主导公司战略的清晰界定。

➢ 在过程中积极参与和大力支持。

➢ 合理地授权,推进小组应该被赋予足够的资源和权力。

➢ 主动与下级沟通,做好员工的思想教育。

其次,中层的参与也是战略绩效管理实践的重要保证。公司战略制订参谋建议,公司指标体系分解,部门 KRs 分解,下级员工绩效制订,日常的绩效指导与反馈,KPI 信息收集,下级员工考核与回报建议等都需要中层的参与!

最后,基层的理解和配合也是战略绩效管理成功实践的保证。尤其 OKR 的思想特别强调基层创新,要求所有的目标(O)都最好能够来自基层。

2

"互联网+"时代的
战略环境扫描分析

　　有人说"互联网＋"时代的外部环境变化非常快，因此在"互联网＋"时代描述战略是没有意义的。这其实是对"互联网＋"时代战略管理重要意义的一种错误的认知。相反，外部环境的不确定性要求我们要更加重视战略与外部环境的契合度与适应性，这就要求我们找到一个简单、集成、有效的工具来帮助我们描述战略、衡量战略、管理战略，而这个简单、集成、有效的工具就是战略地图与平衡计分卡。传统的、长篇大论式的战略规划文件往往因为晦涩难懂而被束之高阁，这势必给企业未来的战略执行带来灾难性的后果，这种灾难性的后果就是：战略规划文件最终被企业束之于高阁，而企业战略执行则成为无源之水、无本之木。

与单体公司战略环境扫描不同的是，集团战略环境扫描不仅仅关注的是单一的产业环境，它更加关注集团已经涉足及意欲涉足的产业环境，以及这些产业环境的相互影响、依存、支持的关系。迄今为止，介绍战略环境扫描方法、工具的书籍、文章可以说是汗牛充栋。而我们真正需要的是寻找到一个简化的集团战略环境扫描方法，再根据不同集团战略环境扫描与分析的需要，来选择、补充其他战略环境扫描的工具。

集团战略环境扫描四大板块、三大步骤实践方法能有效地帮助我们实现这一目的。

2.1 集团战略环境扫描四大板块

一般而言，集团战略环境扫描分为四个板块、三个步骤。所谓四个板块是指集团战略环境扫描可分为公司（含子集团/子公司）宏观、产业、内部、综合战略环境分析，三个步骤是集团外部战略环境、内部战略环境与 SWOT 分析。

无论怎么编排战略环境分析报告的目录与格式，战略环境扫描的四大板块都会隐含在其中，下面我们分别分板块阐述战略环境扫描的上述内容（如图 2-1 所示）。

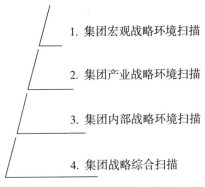

1. 集团宏观战略环境扫描

2. 集团产业战略环境扫描

3. 集团内部战略环境扫描

4. 集团战略综合扫描

图2-1 集团战略环境整体扫描架构

2.1.1 板块一 集团宏观战略环境扫描

集团宏观战略环境扫描主要是分析国家政治、经济、社会、科技、法律等宏观环境的变化与走势对产业竞争格局、产业发展的影响，进而进一步把握其对集团发展的影响。我们尤其需要注意的是集团战略宏观环境及发展趋势不仅仅局限于过去和现在，更重要的是着眼于未来的一个判断，同时尤其重要的是要判断宏观环境对集团所涉足、即将涉足的产业所产生的影响。

应当指出集团宏观战略环境扫描的几个要素分析不能是孤立的，我们需要看到各种因素之间的相互关系。例如美国人口趋势——人口老龄化——影响经济因素（税收制度为日益增多的老龄人口提供利益）等。

在实战操作中，我们可以运用PESTEL这个工具来帮助我们思考四个连贯的问题：

（1）宏观环境目前有什么样的风吹草动？

（2）哪些风吹草动影响集团产业未来发展？

（3）这些影响点会引起集团产业环境的哪些变化？

（4）这些变化又对未来的集团产生什么样的影响？

2.1.2 板块二 集团产业战略环境扫描

集团所涉足产业的特点及集团的产业赢利能力往往受到产业战略环境的影响。产业战略环境要素又包括竞争者（潜在与现实）、顾客与供应商、其他利益相关方等。集团产业战略环境扫描需要我们思考宏观战略环境对集团现在和未来产业的影响，对集团已经和可能涉及的产业进行更为深度的扫描。

该环节的扫描活动将为后期集团战略地图绘制时，进行多元化的业务组合分析提供基础信息。产业战略环境扫描的重要工具是"波特五力"，但是对于多元控股集团运用"波特五力"进行单个产业分析时，还需要考虑到产业与产业之间的关联组合状态，因为其涉及多产业的运作。

集团产业战略环境要扫描以下基本内容：

（1）集团产业现状及未来的发展走势如何？

（2）产业和上下游产业之间的关系如何？

（3）集团涉足的产业竞争强度与态势影响因素如何？

2.1.3 板块三 集团内部战略环境扫描

集团内部战略环境扫描主要是分析集团价值创造各个环节，包括集团战略、人力资源、财务（含财务指标分析）、技术研发、采购、生产、销售、物流等各个环节的现状与资源状况。

上述内容仅仅局限于专业化经营集团内部环境分析，而对于一个多元化的集团不仅仅要分析每个产业内部的价值链，更要分析集团所涉足的各个业务关系。

无论在专业化经营集团还是多元化经营集团的内部环境扫描，都可以运用企业价值链分析工具帮助我们进行战略环境的分析：

（1）集团价值链支持环节关系与优劣势（人力资源、财务、文化、战略体系等）？

（2）集团价值链基础环节即各产业横向战略关系是什么（多元化集团）？

（3）集团价值链基础环节即各产业涉足产业链宽度如何（多元化集团）？

（4）集团价值链基础环节即采购、生产、销售关系与优劣势是什么（专业化经营集团）？

2.1.4 板块四 集团战略环境综合扫描

集团战略环境综合扫描就是将前面分析的结论进行综合整理，讨论集团战略环境的整体态势。它的基本思想建立在集团战略必须：

（1）发挥集团所天生拥有的及可培育的那些优势。

（2）弥补或规避集团内部条件的劣势。

（3）及时把握集团战略环境中出现的机会。

（4）保护集团以避免受到威胁。

集团战略环境综合扫描分析工具是 SWOT 分析，尽管该工具比较简单，但是其却一直十分流行，因为 SWOT 为集团战略决策搭建了简单、清晰的平台。

2.2　集团战略环境扫描三步法

集团战略环境扫描四大板块可以通过很多操作步骤去实现，但是我们需要寻找一个简化、易懂的操作流程，集团战略环境扫描三步法可以为我们提供帮助。该步骤分为三个互相关联的操作环节，涉及四个基本的战略环境扫描分析工具：PESTEL、波特五力、内部价值链、SWOT 分析。

应当指出上述四个基本工具并不能满足所有不同类型的集团战略环境分析的需求。因此集团总部在进行战略环境扫描时，需要根据战略环境分析的现实需要（如专业化经营还是多元经营、集团战略时间与地理跨度等）将其他一些常见的战略环境分析工具（如行业关键成功要素分析、竞争对标分析、企业资源综合分析、业务组合分析等）与该四个分析工具组合起来运用。

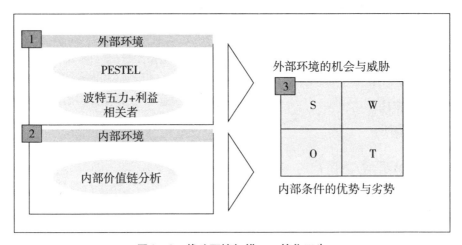

图 2-2　战略环境扫描——简化三步

2.2.1 第一步 集团外部环境扫描

1. 运用 PESTEL 进行集团宏观战略环境扫描

PESTEL 对于大多数学习工商管理的人来说并不陌生，在 MBA 课程中宏观环境又被称为一般环境，进行战略分析一般首先要做的就是进行宏观环境分析。宏观环境分析最常规的分析方法就是 PEST（政治——P、经济——E、社会——S、科技——T）和在此基础上发展的 PESTEL（环保生态——E、法律——L）。进行 PEST 或 PESTEL 分析就是要分析上述环境的现状及未来的发展走势，对集团所涉足的那些产业及产业组合关系、集团本身会产生什么样的有利与不利影响。

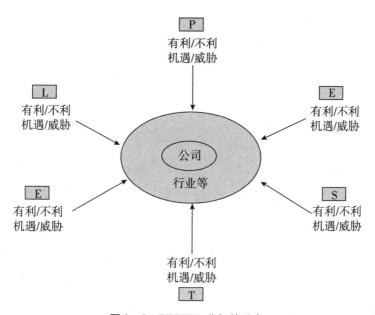

图 2-3 PESTEL 分析的重点

表 2-1 有利于集团宏观战略环境与产业环境的直接关联因素的识别，它是我们下一步进行波特五力分析、SWOT 分析的一个重要依据。

运用 PESTEL 并不仅仅是填写表格那么简单，很多公司在战略规划时还会对政治、经济、社会、科技、环保、法律等维度中每一个因素或指标进行"二维分析"，最后根据分析的结果填写 PESTEL 分析总表。

表 2－1   PESTEL 分析

内容	与行业的相关因素	具体的变化与趋势	机会	威胁	可能对策
政治	• 对高科技产业的投资政策				
经济	• GDP（国内生产总值） • 加入 WTO（世界贸易组织） • 地区经济发展				
社会	• 人口数量 • 家庭户数 • 人口年龄结构				
科技	• 本产业技术变化 • 竞争产业技术变化 • 向产业技术变化				
环保生态	• 环保政策				
法律	• 行业法规				

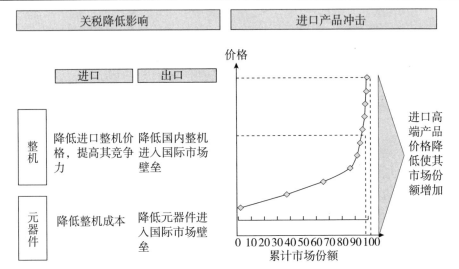

图 2－4   运用二维分析法开展 PESTEL 机遇与威胁分析——法律环境变化对行业影响

案例2-1 "互联网+"顶层设计出炉 国务院明确11个重点

佐佳咨询点评: 互联网时代的战略环境扫描分析首先不能割裂国家的政策环境。2015年6月24日,国务院总理李克强主持召开国务院常务会议通过了《"互联网+"行动指导意见》,明确了推进"互联网+",促进创业创新、协同制造、现代农业、智慧能源、普惠金融、公共服务、高效物流、电子商务、便捷交通、绿色生态、人工智能等若干能形成新产业模式的重点领域发展目标任务,并确定了相关支持措施。

背景延伸阅读: "互联网+"有了顶层设计。2015年6月24日,国务院总理李克强主持召开国务院常务会议,部署推进"互联网+"行动,促进形成经济发展新动能。

"我们过去常说,在信息尤其是互联网领域,发展中国家和发达国家站在了同一条起跑线上。现在,我们很可能就站在这样一条起跑线上。而且,在某些方面,甚至比发达国家拥有更大的优势。"李克强表示。会议通过了《"互联网+"行动指导意见》,明确了推进"互联网+",促进创业创新、协同制造、现代农业、智慧能源、普惠金融、公共服务、高效物流、电子商务、便捷交通、绿色生态、人工智能等若干能形成新产业模式的重点领域发展目标任务,并确定了相关支持措施。会议认为,推动互联网与各行业深度融合,对促进大众创业、万众创新,加快形成经济发展新动能,意义重大。

一、五措并举推"互联网+"

今年的《政府工作报告》,明确提出要制订"互联网+"行动计划,根据国务院工作部署,这一计划由国家发改委牵头,多部委参与起草,是国家层面的顶层规划。

有关部门的汇报材料中,推进"互联网+"行动原来界定在一定领域内,但李克强认为,这些界定很难完全覆盖"互联网+"的活力。

值得注意的是,"互联网+"政策之风劲吹的重要背景之一,是出于中国经济深刻变革的需要。

"从简政放权、放管结合、优化服务,到大众创业、万众创新,再到'互联网+',这是一脉相承的。"李克强说,"这些政策措施落到实处,将会培育中国经济新动能，打造中国未来增长新引擎。"

为了推进"互联网 +"，此次国务院常务会议提出五项支持措施：

一是清理阻碍"互联网 +"发展的不合理制度政策，放宽融合性产品和服务市场准入，促进创业创新，让产业融合发展拥有广阔空间。二是实施支撑保障"互联网 +"的新硬件工程，加强新一代信息基础设施建设，加快核心芯片、高端服务器等研发和云计算、大数据等应用。三是搭建"互联网 +"开放共享平台，加强公共服务，开展政务等公共数据开放利用试点，鼓励国家创新平台向企业特别是中小企业在线开放。四是适应"互联网 +"特点，加大政府部门采购云计算服务力度，创新信贷产品和服务，开展股权众筹等试点，支持互联网企业上市。五是注重安全规范，加强风险监测，完善市场监管和社会管理，保障网络和信息安全，保护公平竞争。用"互联网 +"助推经济保持中高速增长、迈向中高端水平。

二、力促产业跨界融合

专家指出，无论是从此前的数次政策吹风还是此次国务院常务会议对行动计划的部署都释放出这样的信号：以"互联网 +"深度改造传统行业，促进产业跨界升级，进而助力经济转型升级，是国家大力推进"互联网 +"行动计划的深意所在。

国务院常务会议明确推进"互联网 +"促进协同制造、现代农业等 11 个重点领域，促进产业跨界融合。刚刚过去的端午节，传统食品企业五芳斋电商营业额预计达到 1.4 亿元以上，线上占据的市场份额接近 60%。通过互联网改造渠道，这家传统企业寻找到新的爆发点。

复旦大学中国经济研究中心教授寇宗来认为，线上对线下的改造，对中国经济的转型非常重要，通过互联网把原先分散的信息共享起来，能极大提高经济运行的效率，对中国经济是一个很大的机会，也是现在政府大力支持"互联网 +"的一个原因。

"中国有近 7 亿网民，互联网市场巨大。"李克强说，"集众智可以成大事，要充分发挥'中国智慧'的叠加效应，通过互联网把亿万大众的智慧激发出来。"

DCCI 互联网研究院院长刘兴亮今年曾多次在部委和地方政府就"互联

网+"授课，或参与研讨，内容多涉及"互联网+"如何与传统企业结合。

"'互联网+'的本质就是中国经济增长的新引擎，"刘兴亮说，"一方面'互联网+'是信息化的重要组成部分，正在成为国民经济新的增长点，另一方面它与政府工作相结合，可以帮助政府更好地简政放权，提高工作效率。"

比如，"互联网+医疗"已为民众就医提供了便捷、高效的解决方案。根据腾讯研究院数据，全国已有近100家医院通过微信公众号实现移动化的就诊服务和快捷支付，累积超过1200家医院支持微信挂号，服务累计超过300万患者，大大提升了就医效率，节约了公共资源。

李克强总理在会议上表示，推进"互联网+"行动，不仅要有具体措施，更重要的，是要给社会一种发展信心。

2. 运用"波特五力+利益相关者模型"开展产业环境扫描

集团产业环境分析要求分析人员应当重点把握：集团各产业现状及未来的发展走势如何？产业之间和上下游产业之间的关系如何？各产业的竞争态势与强度如何？在此步骤中可运用"波特五力+利益相关者分析"工具进行行业环境扫描的简化操作。"波特五力分析模型"被广泛运用于行业进入取舍的决策，同时也可以运用于战略环境扫描。与单一产业不同的是，在多元化集团运用"波特五力模型"，我们必须要关注产业组合现状，因为"波特五力模型"仅仅是对单一产业内部的竞争态势与强度分析提供了帮助。

由于"波特五力模型"是一个得到广泛流传的战略决策工具，在此我们不再进行详细介绍。在管理咨询的实战中有人提出对"波特五力分析模型"进行改进，增加了其他特殊利益群体（即其他战略利益攸关者）的分析维度，如汽油行业的变化会影响汽车行业的需求与竞争格局等。

在运用"波特五力+利益相关者模型"对行业环境进行详尽的扫描后，你可以填写下面这张波特五力+利益相关者分析总表以简明扼要地陈述行业竞争力量的关键点，把握判断外部行业环境所面临的机遇和威胁。应当注意的是 PESTEL 分析总表是进行模型分析，是填写本表的一个重要参考依据。

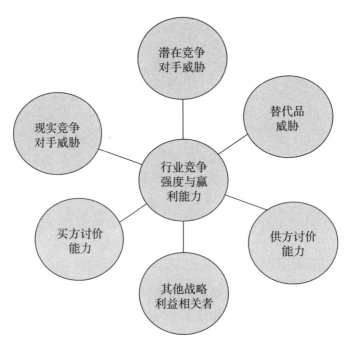

图 2 – 5　波特五力 + 利益相关者分析模型

表 2 – 2　　　　　　波特五力 + 战略利益相关方分析

内容	相关因素	具体的变化与趋势	机会	威胁	可能对策
潜在竞争对手					
替代品					
供方讨价能力					
买方讨价能力					
现实竞争对手					
其他战略利益相关者					

在运用波特五力+利益相关者分析总表进行集团战略环境扫描时,我们同样需要运用二维分析法进行"波特五力与战略利益相关者"的定量数据与定性分析。换句话说,在波特五力+利益相关者分析总表的背后是大量的定量数据分析与定性分析,下面展示的是运用二维分析法进行"波特五力与战略利益相关者"定量数据与定性分析的片段。

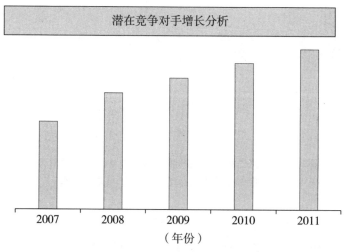

图2-6 运用二维分析法开展波特五力+利益相关者分析
——潜在竞争对手(业务收入增长分析)

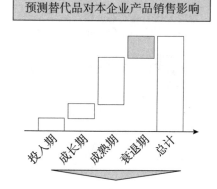

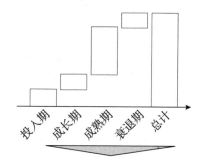

图2-7 运用二维分析法开展波特五力+利益相关者分析
——替代品威胁(消费者需求满足能力对比)

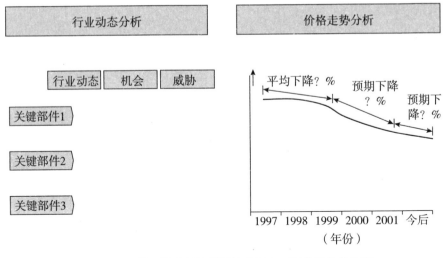

图 2 – 8   运用二维分析法开展波特五力 + 利益相关者分析
——供应讨价能力（供方动态与价格走势分析）

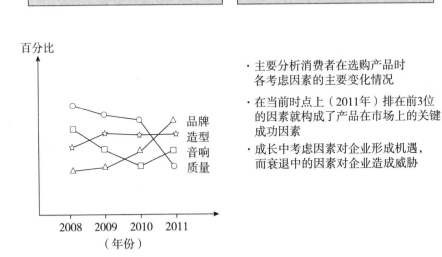

图 2 – 9   运用二维分析法开展波特五力 + 利益相关者分析
——买方讨价能力（购买动机及影响因素）

046

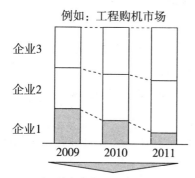

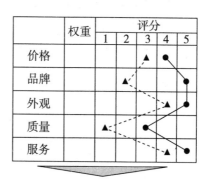

图 2-10 运用二维分析法开展波特五力+利益相关者分析
——现实竞争对手（消费者需求满足能力对比）

案例 2-2 **百度只能眼睁睁地看着谷歌下完这一盘大棋**

佐佳咨询点评：互联网影响的不仅仅是中国更是全球的大环境，因此产业环境的分析要把企业置于整个互联网发展的全球环境中。分析竞争对手也必须拥有互联网国际思维，当百度还在为 Google 搜索引擎退出中国而沾沾自喜，继续推出百度地图、百度国学、百度百科、百度旅游等，并且投资去哪儿网、糯米网的时候，Google 却早就悄悄开启了智慧地球的战略布局。正如文中所说的那样：在 15 年前并驾齐驱、10 年前先后上市的 Google 和百度，已经不在一个维度空间里竞争了。

背景延伸阅读：（物联网智库 水木然）

世界未来的产业格局，可以分为三个维度：一维的传统产业；二维的互联网产业；三维的智能科技产业。

有一种神秘的力量正在崛起，它叫大数据。可以将二维的互联网产业升级成三维的智能科技产业，谷歌就是这一轮升级的引领者。

谷歌收购了一个公司叫 DeepMind，DeepMind 生出了一只阿尔法狗。当人类一直在用自己的逻辑和见识，为世上的各种问题建立因果关系时，它已经可以直接推导出事物之间的必然关系，只需告诉我条件，我直接告诉你结果，不要问为什么！在成果方面，李世石和阿尔法狗之间对战的结果，已经是最好的说明。

机器人来了，人类需要并肩作战，但在此之前，人类必将有一轮内部淘汰赛。不是每一个国家都有资格挑战未来的！

眼下中国的情况是：一维产业正在推倒重建；二维产业被划分完毕（BAT掌控）；三维产业正在形成。高维挑战低维总有优势，所以网店可以冲散实体店，那是因为他们的维度完全不一样。但中国接下来想挑战高维度，开始遇到阻碍。

中国企业是如何出局的？

我们先来对比一下百度和谷歌这两家公司的格局：

1998年9月，拉里·佩奇和谢尔盖·布林成立了Google公司。

2000年1月，李彦宏和徐勇成立百度。

这两家公司均以搜索为主要业务内容，技术相似。

2004年Google上市，2005年百度上市。

十余年后的今天，Google成了全球访问量最高的站点。并在浏览器、云存储、云计算、操作系统、无人车、太空探索、可穿戴设备等智能科技领域取得成就。

2013年谷歌以4亿英镑重金收购了DeepMind这个仅有50多人的小公司，重新取名"Google DeepMind"，正是这家公司才研究出了阿尔法狗。

DeepMind是一家2011年创立于伦敦的英国公司，该公司汇聚了一群异常聪明的天才，专门研究通过模拟神经元的网络来处理数据以解决人工智能问题。此前从未有人研发过具备这种能力的软件：可以从零开始学习，并掌握异常复杂的任务。在2013年年末的一次演示中，谷歌没有任何迟缓和犹豫，立刻将其收购！

而百度这十余年在干什么呢？由于众所周知的原因，在谷歌退出中国之后，百度一直稳居国内搜索引擎的第一把交椅。会当凌绝顶，一览众山小。2015年6月，李彦宏在百度糯米"会员+"战略发布会上表示，百度账上有500多亿元现金，拿200亿元投给糯米。先后推出了百度地图、百度国学、百度百科、百度旅游等，并且投资了去哪儿网、糯米网等尚且处于二维产业的企业，利润增加很快。

可以说，在15年前并驾齐驱、10年前先后上市的Google和百度，差距越来越大，其实公司与公司的不同，主要在格局，这和人是一样的。

水木然点评：百度和谷歌的格局，完全不在一个层次上。百度一直在二维世界里完成各种并购，目的是为了壮大自己的市值。而谷歌一直在三维产业上努力向上延伸，引领世界潮流。

Google在创始之初，官方将公司使命定为"集成全球范围的信息，使人人皆可访问并从中受益（To organize the world's information and make it universally accessible and useful）"。当然，它还有一个非正式口号"不作恶（Don't be evil）"。

百度百科对"百度公司使命"的描述是"让人们最平等、便捷地获取信息，找到所求"，对百度核心价值观的描述是"简单可依赖"，仅此而已。

橘生淮南为橘，生淮北，则可能为枳。谷歌的阿尔法狗对阵李世石热点的火爆，恰恰呼应了前段时间百度贴吧事件的发酵。如今的百度不仅创新乏力，也在遭受道德的谴责，"贴吧门"事件将这家伟大的公司的名誉降到最低点，当然这丝毫妨碍不了它成为中国人搜索引擎的最佳选择，因为它太适应中国这块土壤了。

而Google是一家"10%的人负责赚钱，90%的人负责胡思乱想和科技创新"的公司。这个公司的利润增速每年都只是在10%～20%，比起中国创业板里那些动不动刷出百分之百，甚至百分之几百利润增长的公司，Google的数据一点也不光彩照人，甚至略显寒碜。

但是华尔街的投资者，或者说美国人从不吝啬给它高估值。Google估值一直维持在30倍PE上下。Google股价2004年上市以来一路走高，不考虑分红，上涨14倍，年复合收益率25%。因为美国人知道，Google不只是在赚钱，而是在不断挑战人类极限，它极可能推动整个人类前进。其实，这不仅是企业之争，也是国家之争。因为公司追逐的方向，代表着一个国家的导向、方向与未来。美国人称大数据是未来的石油，未来世界的本质就是数据，一切的竞争归结到最后都是数据的竞争。在生活方面，想想看，你的存款、你的通讯录、你的社交、你的一切都是由一堆数字组成的，如果有人篡改了它们呢？在军事方面，大数据正在逐步取代传统的军事侦察手段，成为军队高层进行决策的重要依据。不仅侦察搜集，作战兵器、战场动态、指挥命令等都是以数据的形式存在，这些瞬息万变海量信息，构成了最基本的战场生态。

所以，真正令我们恐惧的，是机器人身后那个孜孜不倦的运用大数据追寻结果的 Google，以及那个在高科技研发道路上无比坚决、一骑绝尘的国家——美国。

中国的 BAT（百度、阿里巴巴和腾讯），谁来收了它们？

中国曾经错失前三次工业革命，现在第四次工业革命已经席卷而来，中国由于拥有相对独立且超前的互联网产业（即二维产业相对完整），所以能够跟美国一起，引领世界的下一次进步浪潮。这确实是千载难逢的机会，但是我们仍然有需要反思的地方。

中国的二维产业格局，目前被 BAT 三家互联网公司瓜分，过去五年三家巨头共投资了 30 家已上市公司和几百家未上市公司。中国互联网未上市创业公司估值前 30 名的公司中，80% 背后有 BAT 的身影。

也因此，BAT 这三家公司分别掌握着信息型数据、交易型数据和关系型数据的话语权，但关键问题是：它们彼此间并不开放，相互隔离甚至屏蔽。于是，为了建立完整的大数据，它们开始展开竞争——比如阿里巴巴努力通过微博、陌陌试图掌握关系型数据，腾讯和百度则正努力进入交易型数据领域，但都以失败而告终！

互联网时代最大的特征就是资源共享，而这一点在中国却丝毫没有体现。如果没有共享的思维，所谓的大数据就很难实现。这就好比你的社交、交易和感知，一定不是互相分开的，而一旦独立地看待它们，必定是有失偏颇的。

李彦宏曾经激情澎湃："我们这一代中国人，正迎来中华民族伟大复兴的最好机遇。我们不仅向全世界输出最好的中国制造，也开始向全世界输出最前沿的技术和创新。"

马云也有远大的国际化战略目标，"东方的智慧，西方的运作，面向全世界的大市场。"

马化腾虽然一直很低调："成或不成，（腾讯国际化）这辈子就这一个机会了。"

而我只想说：什么时候三家公司能放下短视利益，放大自己的格局，互相取长补短，各尽其才，各取所需，那么中国互联网弯道超车美国的机会就来了！

最后，我们再提一个让人痛心疾首的事吧。

当 Google 收购 DeepMind 时，中国资本也在努力入侵世界。2013 年 2 月，中国的中海油公司花费了 151 亿美元的巨资，在加拿大卡尔加里收购了一家叫尼克森的页岩油气公司。为了获得其股权，中海油还需额外帮尼克森归还 43 亿美元的债务。当时的油价约为 90～100 美元，而尼克森的油砂项目叫作 Long Lake，根据基准指标衡量，该项目是加拿大油砂中心艾伯塔北部产量最低的油砂项目之一。

而现在，油价正在每桶 20 多美元上下痛苦挣扎，已经有人在讨论人类停止开采、使用石油的时间表，可见我们的战略投资是多么的愚昧！不错，资源确实曾经是人类发展的重大资源，然而就在 2015 年 12 月 18 日，英国煤炭控股有限公司的"凯灵利"煤矿正式关闭。至此，300 年前就开始引领英国开始人类工业革命的煤炭被英国人抛弃。

依靠资源去发展是大工业时代的思路，显然已经不再适用这个以"数据"为灵魂的信息时代。况且未来最核心的竞争力是"创新"。而不是独占"资源"，那些因为掌握了某种资源，就可以一本万利、坐享其成的年代一去不返了！

当 Google 在引领世界三维产业的潮流时，我们却还把资源从二维产业逆向回流至一维产业。

中国，究竟什么时候才能真正地觉醒？

2.2.2 第二步 集团内部环境扫描

尽管内部环境扫描的方法与工具大约有几十种，内部价值链分析仍旧是众多战略分析人员十分钟爱的一个战略分析工具。这个同样由著名战略管理学家波特所开发的内部环境扫描工具得到最为广泛的运用。

运用"波特内部价值链"进行公司内部环境的扫描，主要是把握公司在战略管理、企业文化建设、人力资源管理、品牌管理、计划与财务管理、信息化建设与管理、物流管理、市场管理、研发与采购管理、生产制造管理、销售、售后服务等各个环节上优势与劣势。这种优势与劣势包括内部资源、能力等多方面的内容。

应当指出我们不能想当然地认为"内部价值链"就是单体公司的价值链，集团型企业的内部价值链与单体公司有着巨大不同，即使是多元化经营集团与单元经营的产业集团在内部价值链的分布上都存在着差异。

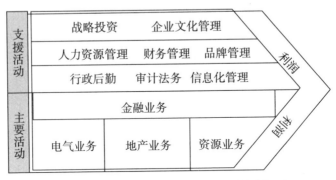

图 2 - 11　某多元控股集团内部价值链规划示意

在运用"波特内部价值链模型"对集团的内部环境进行详尽的扫描后，你可以填写下面这张集团内部价值链优劣势"速写表"，简明扼要地陈述你公司内部环境优劣态势关键点。应当注意的是外部环境分析的结果是填写本表的一个重要参考依据，因为企业优劣势是相对于外部环境而存在。

表 2 - 3　　　　　　　　　　集团内部价值链分析总表

价值链环节	现状分析与描述	机会	威胁	可能对策
战略投资				
企业文化				
人力资源				
财务管理				
技术研发				
……				

运用集团内部价值链分析总表进行公司内部战略环境扫描时，我们还是同样需要运用二维分析法进行"集团内部价值链"的定量数据与定性分析。换句话说，在集团内部价值链分析总表的背后是大量的定量数据分析与定性

分析，图 2-12～图 2-15 展示的是运用二维分析法进行"集团内部价值链"定量数据与定性分析的片段。

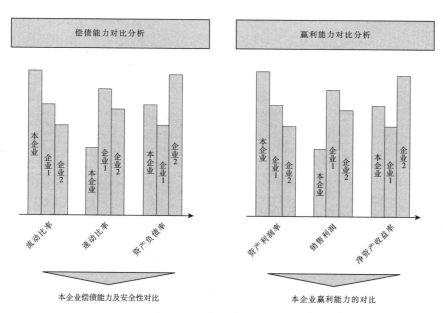

图 2-12 运用二维码分析法开展企业内部价值链分析
——财务职能分析

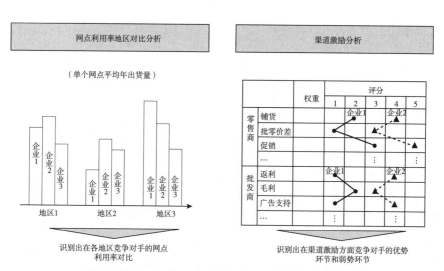

图 2-13 运用二维分析法开展企业内部价值链分析
——营销智能分析（网点利用与渠道分析）

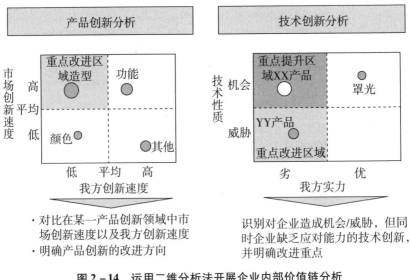

图 2－14　运用二维分析法开展企业内部价值链分析
——技术研发职能分析（产品技术创新分析）

	定义与描述 （可修改）	各类别的部件	值保关注的 关键零部件
大成本 部件	成本占整机成本 10%以上		
战略部件	对整机行业有影响 和控制力的部件		
长周期 部件	采购周期>1.5个月 的部件		
紧缺部件	产能<需求，供应商 实力很强的部件		

图 2－15　运用运用二维分析法开展企业内部价值链分析
——供应讨价能力（关键原材料的定义与识别）

2.2.3 第三步 SWOT 综合分析

完成集团外部与内部环境的扫描后，我们需要开展集团战略环境扫描的综合分析。在这里我们向你推荐的是十分经典的战略环境综合分析的工具。该工具正好能与环境扫描上两步所展示的三张表对接（外部环境扫描的机遇与威胁，内部环境的优势与劣势）。

SWOT 分析工具是一个被普遍采用且比较成熟的战略分析工具，它不仅被运用于集团战略和业务单元战略的分析，还被运用于职能战略的分析。SWOT 分析四个英文字母代表 Strength，Weakness，Opportunity，Threat。意思分别为：S——强项、优势；W——弱项、劣势；O——机会、机遇；T——威胁、对手。从整体上看，SWOT 可以分为两部分：第一部分为 SW，主要用来分析内部条件；第二部分为 OT，主要用来分析外部条件。另外，每一个单项如 S 又可以分为外部因素和内部因素，这样就可以帮助分析者对战略情况有一个较完整的概念。

（1）罗列你公司所面临的 S、W、O、T。SWOT 分析需要罗列你公司所面临的所有外部环境机遇与威胁，内部条件的优势与劣势，这些 S、W、O、T 的信息来源于前面你进行内外部环境扫描的结果，例如竞争分析时对标分析的结果等。

该方法在操作上有一个难以控制的技巧需要注意，那就是很多操作人员在界定一些问题时，往往不知道放在哪个象限内，例如，外部人力资源环境的变化对于人才保留是个威胁，而对于人才吸引又同时是一个机遇。对于类似的问题，操作人员要认真细致地分析，以免发生误判。

（2）对 SWOT 相组合，讨论 SO、ST、WO、WT 策略。在完成 S、W、O、T 的罗列后，你需要进一步将 SWOT 分析进行分解，对 SO——优势与机会、WO——弱势与机会、ST——优势与威胁、WT——劣势与威胁等条件因素进行细化分析，并根据不同的分析得出相应的战略关键举措。

（3）对 SO、ST、WO、WT 策略进行甄别和选择，确定集团目前应该采取的具体策略。由于第二步 SO、ST、WO、WT 分析分别是孤立的，因此在分别确定 SO、ST、WO、WT 的策略后，还有必要在 S、W、O、T 的整个视角范围内进行甄别和选择。即使是第一轮甄别和选择后，仍旧需要再次地、反复地论证其可行性。

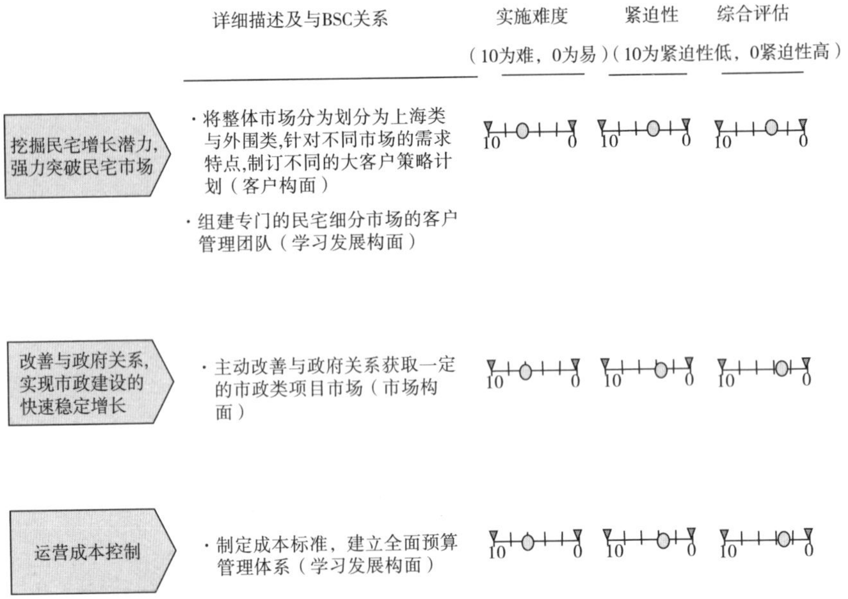

	详细描述及与BSC关系	实施难度	紧迫性	综合评估
		（10为难，0为易）	（10紧迫性低，0紧迫性高）	

挖掘民宅增长潜力，强力突破民宅市场
· 将整体市场分为划分为上海类与外围类，针对不同市场的需求特点，制订不同的大客户策略计划（客户构面）
· 组建专门的民宅细分市场的客户管理团队（学习发展构面）

改善与政府关系，实现市政建设的快速稳定增长
· 主动改善与政府关系获取一定的市政类项目市场（市场构面）

运营成本控制
· 制定成本标准，建立全面预算管理体系（学习发展构面）

图 2 – 16　SWOT 分析战略举措甄选与选择

由此我们可以看出，当你完成 SWOT 综合分析这个步骤后，你实际上有了一部分关键战略举措的雏形与依据了，将 SWOT 分析的结果与战略图对接之处在于：SWOT 分析表的结果可以直接与佐佳顾问独创的内部运营策略分析矩阵表相对接，作为其战略地图绘制分析时的一个依据。

2.3　公司战略环境扫描分析工具

除了我们介绍的四大基本工具外，我们还可以根据战略环境分析的现实需要整合其他工具。在此我们罗列部分工具以供参考。这些工具既可以在战略环境扫描时使用，也可以在业务组合分析等过程中使用。

常见集团战略环境扫描工具还包括：利益相关者分析、行业集中度分析、SCP（Structure-Conduct-Performance，结构—行为—绩效）分析模型、3C（Corporation-Customer-Competition，公司—顾客—竞争对手）分析模型、战略集团分析、行业关键成功因素分析、企业资源与能力分析等。应当指出这些工具既可以在战略环境扫描分析时使用，也可以在集团战略地图绘制决策时使用。

我们在这里罗列的仅仅是众多战略环境扫描分析工具的冰山一角,作为优秀的集团战略规划推动人员要擅长各种工具的使用,了解它们的优缺点,有效把握不同状态下决策工具使用的选择与补充使用。

如表2-4所示,集团战略环境扫描分析工具具有不同的分析功能及用途:

表2-4　　　　　　　集团战略环境扫描分析工具介绍

序号	工具名称	主要功能	一般运用
1	利益相关者分析	弥补产业环境分析的不足:分析与集团战略实施有一定利益关系个人或组织群体,寻找他们对集团战略的要求,以便于做出新的战略决策	外部环境分析
2	行业集中度分析	波特五力分析补充分析工具:行业集中度分析行业前N家企业所占的份额,集中体现产业的市场竞争和垄断程度	外部环境分析
3	SCP分析模型	内外部综合分析补充工具:分析在行业或者企业受到外部环境变迁的冲击时,可能的战略调整及行为变化;强调从对特定行业结构、企业行为和经营绩效三个角度来分析外部冲击的影响	综合分析
4	战略集团分析	波特五力补充分析工具:分析集团涉足产业内的执行同样或类似战略并具有类似战略特征的一组企业。以深入了解现实竞争对手	外部环境分析
5	行业关键成功因素分析	产业环境分析工具:分析决定集团涉足产业的企业获得成功的要素,支持集团核心能力与战略主题确定	外部环境分析
6	企业资源与能力分析	内部价值链补充分析工具:结合价值链模型,对集团整体价值创造过程中的各环节资源与能力状态进行深度分析	内部环境分析

3

"互联网+"时代的
集团战略地图与平衡计分卡

导·引

　　集团公司一般涉足多业务组合运营，其战略地图开发与专业化经营的企业有着巨大差异。这种差异决定了我们必须抛弃传统的战略地图开发思路，用一种全新的思路来看待集团公司层面的战略地图开发。

　　佐佳咨询在与中国的读者交流中发现，几乎所有阅读过 Robert S. Kaplan 和 David P. Norton《战略地图》的读者都会有一个疑问，《战略地图》专著所提及的客户成果度量、销售客户价值主张、产供销内部流程协同等内容，好像都只适合于专业化经营的企业；而对于一个涉足多产业经营的集团公司并不适用，由于集团公司有可能涉足几个甚至十几个产业，难道在一张战略地图上要描述企业所有产业客户的成果度量与价值主张吗？产供销内部流程协同适合于多元化企业内部运营战略分析吗？成本领先、产品领先、全面系统方案、锁定战略适合于多元化企业战略所关注的业务组合、集团公司的赢利模式设计吗？……

欢迎继续互联网时代的战略绩效管理之旅，在本章中我们将重点描述如何开发集团公司的战略地图与平衡计分卡工具，我们将区分多业务与专业化经营的两种完全不同的集团战略。

在开始本章之前我想提醒你注意记住：无论是绘制集团，还是子集团/公司的战略地图，都需要运用传统的战略决策工具，如果你试图抛弃原来的战略决策工具来绘制战略地图，那将是大错特错！

3.1 多业务组合集团战略地图问题清单

集团战略与单体公司战略有着严重不同，《战略地图》专著几乎通篇都侧重于描述专业化经营集团或单体公司的战略规划，而面对一个跨产业的多业务组合集团战略规划，如果仍旧参考《战略地图》专著去"照葫芦画瓢"，只能使得集团战略地图开发走向"失败"，只能使得参考所谓"全球最佳实践标准"开发出的集团战略地图变得十分幼稚、可笑。

多业务组合集团战略规划内容结构，它主要包含三个方面的内容：

（1）集团战略任务系统确定。

（2）确定集团基本战略目标。

（3）集团业务组合与发展规划。

那么上述的内容是如何通过战略地图的平台（图、卡、表）来分析、演绎的呢？这就需要我们在集团战略地图绘制之前澄清战略地图绘制的分析思路。

多业务组合集团战略地图（图3－1中所示自上而下）一般在六个基本问题上寻找答案，以此来演绎集团战略规划的三个基本内容，在集团战略地图开发前我们需要准备多业务组合集团战略地图问题清单：

（1）集团战略任务系统是什么？即集团的使命、价值观与愿景是什么？

（2）集团在战略规划期内所要实现的战略财务目标是什么？（财务维度）

（3）集团的战略利益相关方（内外部客户）有哪些？需要满足他们哪些价值主张的诉求？（客户维度）

（4）集团的业务组合如何支持未来战略发展？母子公司赢利模式如何设计？（内部运营维度）

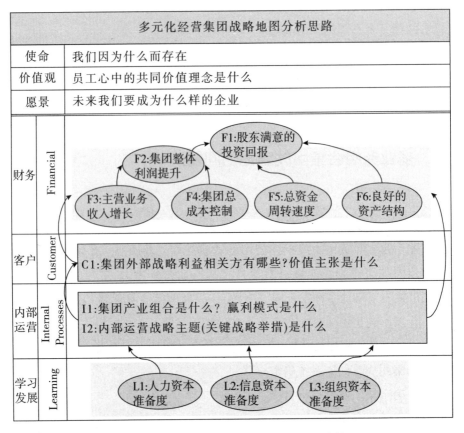

图3－1 多业务组合集团战略地图问题清单

注：上图又称多业务组合集团战略地图分析思路

（5）集团需要培育哪些运营能力？其中有哪些是战略核心能力？（内部运营维度）

（6）集团如何培育战略核心能力？内部运营与学习发展的战略主题、关键举措是什么？（内部运营维度、学习发展维度）

3.2 多业务组合集团战略任务系统设计

集团战略任务系统设计即设计集团使命、愿景和价值观。一般来说我们对使命、价值观与愿景并不陌生，它是在战略管理的教材中出现频率很高的名词。

3.2.1 使命

集团型企业从其组建的伊始，就应当承担相应的责任并履行相应的使命，确定使命是描述集团战略任务系统的第一步。所谓的使命就是公司区别于其他类型的公司而存在的根本原因或目的。它不是集团经营活动具体结果的表述，而是集团战略与运营应当坚持的一种原则。

使命有狭义和广义之分。狭义的使命是以产品为导向的，例如一家准备进入房地产咨询领域的公司可以将其使命定义为"为客户提供房地产服务"。这种表述虽然明晰了集团的基本业务领域，即生存的目的；但是也限制了集团活动范围，如果未来严格按照使命来经营，甚至可能剥夺集团的战略发展机会。

广义的使命则是从公司实际条件出发，将使命高度提高到更高的战略角度来看，你可以从你提供的经营范围开始不断地去问为什么，为什么要提供房地产服务？为了创造美好家园而提供服务。

一个好的集团战略使命应当具备以下四个方面的特征：

✓ 应该明确集团生存的目的。

✓ 应该定义宽泛以允许集团创造性发展。

✓ 应该明确区别于其他企业并长期有效。

✓ 应该清楚明白、容易理解。

集团战略规划活动中，正确地描述使命的真正意义在于，通过使命可以检查集团战略目标是否与集团的使命保持一致，比如 3M 公司提倡"用创新的方法解决尚未解决的问题",那么在设置学习发展类战略目标的时候可能会有"合理化建议数量"这个指标来使得它的使命得到落实,而"削减研发创新开支"可能就违背了使命的要求。

3.2.2 核心价值观

如果说使命是解决方向的问题,那么核心价值观(core value, motto, principal)则是为实现使命而提炼出来并予以倡导的,指导集团总部与分子公司所有员工共同行为的永恒准则。它是一种深藏在员工心中的东西,决定、影响着他们的日常行为,并通过员工日复一日的行为而表现出来;核心价值观也是用以判断集团的组织行为和员工个体行为正确与否的根本原则,它表明了集团总部要提倡什么、反对什么。例如宝洁公司的核心价值观是:领导才能(leadership)、主人翁精神(ownership)、诚实正直(integrity)、积极求胜(passion for winning)和信任(trust)。

事实上,所有的企业组织都应当有自己的价值观。对于中国的集团型企业来说更加重要,因为集团型企业面对着跨地域、国际化的整体经营环境。在这种情况下,我们就更加比以往任何一个时候有必要回答这样一个问题:是什么样的信念与精神支持着我们?当集团在产业与地域进行战略延伸时,就意味着我们将面临不同的文化环境,当我们面对挫折的时候,什么是我们永恒不变的信条?无论我们的员工在哪里,无论他们在国内还是远在国外我们都要让他们知道什么可以做?什么不可以做?应当弘扬什么?自我抑制什么?只有明确了这些才有可能凝聚和引导集团全体员工向着集团设定的目标迈进,也只有明确了这些才有可能使集团员工在西方文化的挑战之下,避免文化信仰危机的发生。

集团战略任务系统中价值观建设最重要的不仅仅是提炼出含有价值观的标语,更重要的是如何真正地将价值观倡导下去。中国集团型企业在核心价值观的建设上应当避免陷入这样一个糟糕的误区:只重视做表面文章,但却忽视了核心价值观的倡导。一些企业互相抄袭核心价值观,却没有真正挖掘自己多年的文化沉淀;而更加常见的就是"墙头核心价值观"的现象——把核心价值观挂在墙上,行为上却在做另外一套。

而事实上集团型企业的价值观提炼必须符合以下标准:

1. 具有多元文化的包容性

企业文化对于集团型企业整体运行的影响是全方位、全系统、全过程的。因为文化本身就是人类中某一群体拥有的一套价值观、信念、规范、态度、习惯以及普遍的生活方式。集团型企业是一个有机体，管理的主体和客体都是人，无论主体、客体都受文化的影响。集团及成员企业的人在工作时表现出的行为源于其所受到的价值观的最直接支配。

跨产业、跨地域的兼并与收购往往是集团业务组合战略实现的重要手段，因此集团价值观的设计必须考虑具有多重文化的包容性，考虑集团整体层面对分支机构文化的统领，又让子集团、子公司、孙公司的文化具有产业、地域、国家等独特的差异特征。

2. 发自肺腑并与战略相协同

核心价值观不是挂在集团总部办公室墙上，锁在文件柜中的那些口号。它必须是能深藏在员工心中且指导员工行为的一个理念准则，这就要求核心价值观必须能被集团全体（至少是大部分）员工所接受并认同。所以核心价值观应当由集团高层真正去倡导，将其体现在身体力行的行为示范上。

同时我们还需要考虑集团文化与不同战略期集团战略要求的协同性。我们需要根据集团战略要求提出新的、适应集团战略发展的新价值观，尽管核心价值观保持一定的稳定性，但是其客观依据环境发生战略的变化后，也要做出相应的集团文化调整。

3. 基于传统积淀并与使命相一致

核心价值观不是去追求时尚，简单跟风、模仿，它应当来自于集团传统的文化沉淀，集团从其组建的第一天起就开始了其核心价值观形成与发展的历程，可以说核心价值观是集团在产生、发展过程中自然形成并散落于内部的各个角落。在核心价值观提炼过程中要善于广泛征求集团员工、历史"英雄人物"并结合关键事件仔细推敲；另外，核心价值观提炼必须考虑集团使命，要使得你的价值观能够支持集团最为根本的存在目的。

3.2.3 愿景

如果说用使命来定义集团存在的目的，用价值观来表述员工共同行为的永恒准则的话，那么我们还要用愿景来定义集团在未来的发展方向。愿景是对集团未来 10 年甚至更长时间最终想成为什么样子的描述，对于集团战略地图绘制过程来说，这也是和使命、价值观同等重要的一个操作步骤。

很多集团公司在设计战略任务系统时会陷入一个专业陷阱：集团战略使命与愿景似乎需要花一定的精力才能够将其区分开来。尽管很多集团高层都很确定自己很了解使命与愿景到底是什么：使命是集团存在的价值与意义，愿景是企业对未来的期望与憧憬。但是在战略任务系统设计的实战中，他们还是会把握不准，甚至在描述时又开始混淆两个概念。

那么如何在设计集团战略任务系统时准确地描述集团的使命与愿景呢？如何不在描述的时候混淆这两个概念呢？其实很简单，只要我们有点小聪明就足以区分集团战略任务系统中两个非常重要的概念，这个小聪明就是从两个方面去检验我们设计的使命与愿景是不是混淆的。

1. 时间着眼点不同

使命是 100 年都不会变化的，而愿景是 20 年就可以调整的。既然 100 年都不会发生变化，使命的描述一般相对比较宽泛，不能限制集团未来的产业发展。如果把使命描述成："为人们提供最优质的机电产品"，那么使命表达的意图就限制了集团未来的产业发展——只能在机电产业中投资。因此相比于愿景来说使命更加宽泛"务虚"，比如迪斯尼乐园的使命就是："带给千百人快乐。"

2. 描述着眼点不同

使命的描述应当基于集团针对战略利益相关方的承诺，一个大型集团型企业更加关注社会、国家、政府、客户等多方利益相关方的价值创造；而愿景则往往关注于产业地位——成为行业或类似企业中什么样级别的企业。例如："保持中国热感应加热设备制造领域的领导者地位。"

案例 3 - 1 Facebook 三大愿景和五大核心价值

佐佳咨询点评：澄清使命、价值观与愿景是企业领导人的首要责任，即使在互联网企业也不例外。Facebook 公司创始人、CEO（首席执行官）马克·扎克伯格曾经在 2012 年就发表公开信，点明 Facebook 的三大愿景和五大核心价值。

公开信全文：Facebook 的创建目的并非成为一家公司。它的诞生，是为了践行一种社会使命：让世界更加开放，更加紧密相连。对于投资者而言，理解这一使命对于我们的意义，理解我们如何做出决定，以及我们为什么从事现在的工作，是一件非常重要的事情。

科技改变了人们传播和消费信息的方式，我们为之感到鼓舞。我们经常谈论印刷媒体和电视等发明——通过提高通信效率，它们使众多社会关键领域产生了深刻变革。它们让更多的人能够发出自己的声音，鼓励进步，改变社会组织方式，使我们更紧密地联系在一起。

今天，我们的社会走到了新的临界点。我们所处的时代，是一个大多数人都能够使用互联网和手机的时代——它们是分享所思、所感和所为的基本工具。Facebook渴望提供服务，使人们拥有分享的力量，帮助他们再一次改造众多核心机构和产业。让每个人紧密连接，能够发出自己的声音，并推动社会的未来变革，是一种迫切需求，也是一个巨大机遇。人类需要建设的技术基础设施的规模亘古未有；我们认为，这是值得关注的最重要的问题。

一、我们希望巩固人与人之间的联系

尽管这一使命博大宽泛，但"风起于青萍之末"，我们将从"两人关系"迈出第一步。人际关系是社会的基本构成单元，是我们发现创意、理解世界并最终获得长久幸福的必经之途。Facebook创造多种工具，帮助人们相互联系，分享观点，并以此拓展人们建立和维护人际关系的能力。人们分享得越多，即便只是与密友或家人分享，文化就越开放，对于他人的生活和观点的理解也就越深。我们认为，它能够创造更多、更强的人际关系，并帮助人们接触到更多不同观点。我们希望通过帮助人们建立关系，重塑信息的传播和消费方式。我们认为，世界信息基础架构应当与社交图谱类似——它是一个自下而上的对等网络，而不是目前这种自上而下的单体结构。此外，让人们自主决定分享哪些内容，是重塑架构的基本原则。截至目前，我们已经帮助逾8亿人建立了超过1000亿个联系；我们的目标是推动这种重塑进程加速向前。

二、我们希望改善人们与企业和经济体系的联系

我们认为，一个更加开放、联系更加紧密的世界，将有助于创建更加强健的经济体系，培育更多提供更好产品和服务的真正意义上的企业。人们分享得越多，他们就能够通过自己信赖的人，获得更多有关产品和服务的信息。

他们能够更加轻松地找到最佳产品，并提高生活品质和效率。在这一过程中，企业获得的益处是：他们能够制造更好的产品——即以人为本的个性化产品。我们发现，与传统商品相比，那些"社交化设计"（social by design）的产品更富有吸引力。我们预计，将有更多产品走上这条道路。

借助 Facebook 开发者平台，成千上万的企业开发出质量更高、社交特性更强的产品。游戏、音乐和新闻行业在 Facebook 平台上取得突破发展，更多行业在"社交化设计"理念的指引下也将迎来变革。

除了制造更好的产品，一个更加开放的世界还将鼓励企业与客户展开直接而可靠的互动。超过 400 万家企业在 Facebook 上开设了企业主页（Pages），与客户进行对话。我们预计，这一趋势将继续发展。

三、我们希望改变人们与政府和社会机构的联系

我们认为，开发帮助人们分享的工具，能够推动民众与政府坦诚而透明的对话，赋予民众更加直接的权利，增强官员的责任感，并为当代一些最为重大的问题提供更好的解决方案。我们看到，人们在获得分享能力后，他们的声音和观点从未如此清晰响亮。这些声音在数量和影响力上都大大提高，无法忽略。我们认为，随着时间的推移，各国政府将更加积极地应对全体民众直接表达的问题和关切，而不是通过部分精英控制的中间机构听取民声民意。我们认为，在这一过程中，世界各国都会出现善待互联网、为民权而奋斗的领导人。他们所争取的权利之一，是获取和分享一切信息的权利。最终，随着更多经济体转向个性化高质量产品，我们预计能够解决创造就业岗位、教育和健康医疗等重大世界问题的社交新服务将出现。我们期待为这一进程尽其所能。

四、我们的使命和业务

如前所述，Facebook 的创建目的并非成为一家公司。我们始终将自己的社会使命、正在开发的服务以及用户放在首要地位。对于一家上市公司而言，这可谓"不走寻常路"。因此，我希望解释其中缘由。我自己编写了 Facebook 的首个版本。从那时起，大量优秀人才加入团队，并将自己的创意和代码融入 Facebook。大多数优秀人才都把开发优秀产品、从事伟大事业放在首要地位，但他们也想赚钱。通过建设人才团队，建立开发者社区、营销市场和投资者群体，我深刻体会到：荟萃精英以解决重要问题的最佳方式，是成立一家资本雄厚、

成长强劲的茁壮企业。一言以蔽之：我们并非为了赚钱而开发服务，而是赚钱以开发更好的服务。我们认为，这是一种很好的做事方法。我意识到，如今越来越多的人希望使用那些眼光不局限于利润最大化的企业所提供的服务。

通过践行自我使命，开发优秀服务，我们将为股东和合作伙伴长期创造最大价值。而这将使我们能够吸引最优秀的人才，提供更多优秀的服务。早晨醒来，我们的第一要务并不是赚钱；但是我们知道，使命必达的最佳方式是建设一家富有价值的强大企业。这也是我们对启动 IPO（首次公开募股）的看法。上市是为了惠及雇员和投资者。我们曾在分发股份时承诺，将竭尽全力提高股票价值，促进股票流通；如今，我们兑现了承诺。在即将成为上市公司之际，我们将对新的投资者做出类似承诺，并付出同等努力。

五、黑客文化

为了建设一家强大的企业，我们努力将 Facebook 打造成优秀人才施展才华的最佳平台，以期对世界施加重大影响。我们培育了独一无二的企业文化和管理方式——黑客文化（Hacker Way）。由于媒体将黑客描绘成入侵电脑为非作歹的人群，这个称呼带有贬义色彩，这是不公平的。事实上，"黑客"仅仅意味着快速开发，或是挑战能力的极限。与许多事情一样，它是一把"双刃剑"；然而，我结识的绝大多数黑客都是理想主义者，希望对世界做出积极贡献。

黑客文化是一种持续改进和衍变创新的做事方法。黑客们认为，优化无止境，产品无完美。当有人说无法改动一丝一毫，或是对现状心满意得时，黑客们却当着别人的面，情不自禁动手修改。黑客们迅速发布小规模更新，并从中汲取经验教训，而不是试图一蹴而就，一劳永逸；他们希望通过长久努力打造最佳服务。为此，我们建成了一个测试框架，无论何时均可测试数千个版本的 Facebook。我们的办公室墙上写着"完成优于完美"，以提醒大家按时"交差"。

黑客也意味着一种亲身实践、积极进取的天然纪律。黑客们不会召开长达数天的马拉松会议，以讨论某个创意是否可行，或是寻找最佳方法；他们会制作原型产品，看看是否行得通。在 Facebook 的办公室里，黑客们的口头禅是："代码胜于雄辩。"

黑客还意味着极度开放和精英为王。黑客们认为，最优秀的创意和实现始终横扫一切，而不是由最善于鼓吹创意或是权力最大的人掌控一切。

为培育黑客文化，我们每隔几个月就会举行一次"黑客马拉松"（hacka-thon）大赛，让人们依照自己的创意开发原型产品。最后，整个团队共同评判这些产品。Facebook 最成功的一些产品就来自于"黑客马拉松"，包括时间线（Timeline）、聊天、视频、移动开发架构以及 HipHop 编译器等。为了保证所有的工程师都融入黑客文化，Facebook 要求所有新入职的工程师（包括那些将来并非主要从事编程工作的经理）参加 Bootcamp（新兵训练）训练营，学习我们的代码库、工具和方法。业内有许多人负责管理工程师团队，并不愿亲自动手编写代码；然而，我们寻找的实践型人才都希望也能够经受 Bootcamp 的检验。

以上案例均与工程有关，但我们可以将这些原则概括为 Facebook 的五个核心价值。

1. 专注于影响力

如果我们希望具有最大影响力，最佳方法是始终专注于解决最重要的问题。这听上去很简单，但我们认为，大多数公司表现糟糕，浪费了大量时间。我们期望 Facebook 的每一个人善于发现最大问题，并力图解决。

2. 迅速行动

迅速行动使我们能够开发更多东西，更快地学习知识。但是，大多数公司一旦成长，发展速度就会大大放慢，因为与行动缓慢导致错失机遇相比，他们更害怕犯错。我们的信念是："迅速行动，打破常规。"如果你从不打破常规，你的行动速度就可能不够快。

3. 勇往直前

开发优秀产品意味着承担风险，这让人恐惧，迫使大多数公司对于冒险望而却步。但是，在瞬息万变的世界中，不愿冒险就注定失败。我们的另一个信念是："最大的风险就是不承担风险。"我们鼓励每个人勇往直前，即使有时这意味着犯错。

4. 保持开放

我们认为，世界越开放越美好。因为人们拥有更多信息，就能够做出更好的决定，对社会施加更好的影响。这也是 Facebook 的运营理念。我们竭力确保 Facebook 的每一个人能够尽可能多地接触到公司各个方面的信息，这样他们就能做出最佳决策，对公司产生最佳影响。

5. 创造社会价值

Facebook 存在的意义，是让世界更加开放和紧密相连，并非仅仅是开办一家公司。我们期望，Facebook 的每一个人，每时每刻都要致力于为世界创造真正价值，并将这一理念融入自己所做的每一件事情。

感谢阅读本信。我们相信，Facebook 有机会在全球发挥重要影响，成为一家常青企业。我期待与大家共创伟业。

佐佳咨询认为集团型企业的战略愿景都应该具备以下特征：

√ 具有分层组合特性

集团战略愿景是对集团在 10～20 年的发展终极目标的一个陈述。由于集团型是由若干独立法人组成的特殊经济体，因为集团战略愿景的制订不同单体公司有严重不同。集团型企业既要考虑集团整体的战略愿景，还要对子集团、子公司乃至孙公司的战略愿景进行深度分析；同时我们还要考虑集团整体战略愿景与子集团、子公司乃至孙公司的战略愿景的互动逻辑关系，它们之间应当是相互支持、相互协同的。

√ 鼓舞人心并可实现

愿景应当是一个鼓舞人心的，展现在集团全体员工面前的目标，这种目标通常会使人不自主地被它的力量所感染。愿景的力量应该是在于它是可实现而又具有挑战性，它既是宏伟的又是激动人心的。有的企业家跟我说愿景实现有一定的难度时，我会问他，假如愿景是那么轻易就可以实现的话，那愿景又怎么会鼓舞人心呢？

√ 描述应当简洁明了

对愿景的描述应当尽量简洁明了，"成为中国一流的，多产业、产融结合发展的大型企业集团"能够让集团所有的员工十分容易记忆和理解。但是我们想想看，当集团总部让他们面对那令人生厌的、长篇大论的战略愿景时，他们还会有激情吗？他们会花几个星期的时间去背诵你的"杰作"吗？所以应当尽量用简洁的句子去描述集团的战略愿景，让它简单、可记并且能切中要害。

√ 应当能吸引利益相关者

企业不关注其他利益相关者就能获得股东价值最大化的日子再也一去不

复返了，集团的战略愿景应当能够有效地吸引集团战略利益相关者的注意力。如果集团的愿景也能够让他们热血沸腾的话，你可以想象他们会在多大程度上支持你？

　　√ 和使命、价值观保持一致

愿景是在使命之下对集团为了发展方向的勾勒，经过一段时间后，集团的愿景可以随着环境的变化而调整，但是使命和价值观则在相当长的时间内不应该是变化的。愿景是集团使命和价值观在特定时期的一种折射，它应当与使命、价值观保持一致，而不应当与使命和价值观相违背。

由于愿景制订出公司期望的经营活动领域、结果，因此它对于设定确认集团战略地图目标与指标都有很大帮助。任何目标、指标都不能与愿景相违背。

以战略地图为平台开展集团战略规划，要求我们将集团战略任务系统的设计结果通过集团战略地图等文件有效地展现出来。下面我们结合案例分析，阐述如何通过战略地图来演绎集团战略任务系统。

案例3-2　北京某控股集团战略地图绘制

北京某控股集团有限公司创建于1979年，经过30多年发展现拥有3家产业子集团（其中2家上市公司），直接、间接控股20多家公司。集团业务呈多元化发展的趋势，主要涉足电气制造、房地产、金融投资三大产业。电气制造专业生产各类电机及电气化成套装备，涉足20大系列将近2000多个品种，在电机及电气化成套装备领域居国内领导地位；主导产品在国内市场占有率达30%以上。房地产业已广泛分布在北京、上海、天津、广州、成都、重庆、厦门等国内多个大中型城市，受到了社会各界和广大消费者的一致好评。金融投资业自2005年以后进入发展阶段，主导创业风险投资、参股地方性商业银行等业务。

近年来集团整体业务进入快速发展阶段，集团通过收购、兼并等手段直接或间接控股着越来越多的子公司。互联网时代行业的颠覆加剧，随着集团组织规模的不断膨胀，控股集团高层发现集团原有的管控手段，已经不能适应集团高速发展的需求。这一问题尤其突出显现在集团战略管控上，由于缺乏一个简单、集成、动态的描述战略的方法与工具，集团战略规划的文件除了能做一些例行的会议报告，大部分时间都被锁在文件柜中；控股集团战略意图无法有效地在内部的各个层面快速传达；控股集团、产业子集团、子公司间无法实现有效的战略协同；战略执行的责任机制与战略规划之间缺乏必要的关联，子公司战略执行力缺乏……

因此北京某控股集团导入战略地图与平衡计分卡，以战略地图为平台来演绎、管理集团战略。为确保战略地图与平衡计分卡的有力推动，控股集团高层专门为此而成立了推进小组。推进小组除了对集团战略环境进行扫描分析外，还组织召开了集团战略地图研讨会，开发出集团层面的战略地图。

在研讨会召开过程中，推进小组广泛征求了集团中高层经理对公司使命、价值观与愿景的修改意见，汇总整理出公司的使命、价值观与愿景，并将其在集团战略地图中展现、演绎出来（如图3-2所示的使命、价值观、愿景部分）。

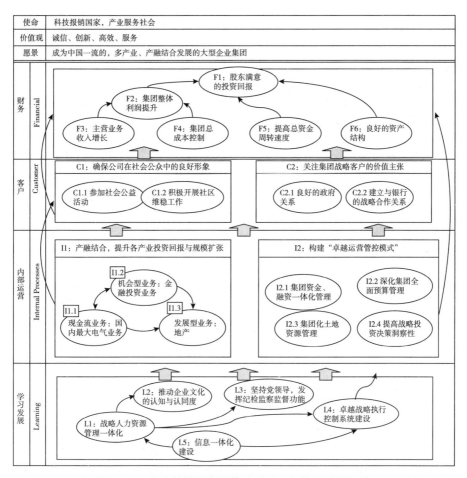

图3-2 北京某控股集团战略地图——战略任务系统

3.3 多业务组合集团战略财务目标设定

设定集团战略财务目标是集团战略地图规划的重要内容。应当指出集团战略财务目标设定与单体公司具有很多不同。由于多业务组合集团战略的多产业、层次化的特点，要求我们不仅仅要考虑集团层面的财务目标，还需要考虑完全不同行业，处于不同商业周期中的子集团/子公司的财务目标的设定；同时我们还要考虑集团整体战略财务目标与子集团/子公司战略财务目标的逻辑关系，它们之间应当是相互支持、相互协同的。

集团战略财务目标设定的方法与工具包括（但不局限于）以下几个方面。

3.3.1 财务目标 3×3 矩阵

平衡计分卡创始人 Kaplan 与 Norton 指出：平衡计分卡不是要废弃财务目标，与此相反，财务目标为战略地图所有其他方面的目标提供了焦点。战略地图中的所有战略目标都有内在的因果逻辑关系，对于集团型企业这种营利型组织来说其战略意图之一是为了获得既定的财务绩效，因此战略财务目标的设定一方面是确定战略预期的财务绩效，另一方面也是确定战略地图其他维度的战略目标。Kaplan 与 Norton 还认为，设定财务目标与指标应当考虑企业所处的生命周期。

对于财务指标 3×3 矩阵原理，一般人都不是很陌生。该理论根据企业的不同生命周期阶段，将其简化划分为三个时期：成长、保持、收割。它可以有效地指导我们设计子集团/子公司的战略财务目标与指标。

当集团权属的子集团/子公司处于成长期时，由于成长期的特点是：处于生命周期的最初阶段，产品或服务有着十分巨大的增长潜力，在这个时候集团需要对该子集团/子公司投入大量的人力、物力与财力来实现增长；需要建设并扩大再生产；需要增强管理能力；需要投资于子集团/子公司内部发展、搞基础设施建设并扩大营销网络；需要培育客户满意度。在成长期子集团/子公司现金流可以是负数；投资回报率可能很低；利润也很可能是负数，因为它的投入可能大于支出。因此在这个时期的子集团/子公司财务目标是增加销售收入，并主要依靠新市场、新客户、新产品与服务。

而当集团权属的子集团/子公司处于保持期的时候，虽然有所投资，但是该子集团/子公司已经开始获得丰厚的利润；在市场占有率方面可能不再增长，而更多地考虑如何维持；投资方向上是为了改变企业管理中的"短板"，如生产能力提升、管理体系的改善提升等。处于这个时期的子集团/子公司都关注与企业获利能力相关的一些财务目标与指标，股东对经营层的要求是投入产出的最大化，所以投资回报率、经济附加值、利润、收入等指标是其典型的衡量指标。

当集团权属的子集团/子公司进入收割期后，则更加关注在前面两个阶段投资的收益。子集团/子公司的大部分投资基本已经停止，其设备与生产能力只要能够维持就不需要任何的扩大生产；即使有一些投资项目其投资回收期也一定很短，该子集团/子公司现金流需要实现最大化的回流。整体财务目标与指标是实现现金流动（在扣除折旧之前）和减少运营资本方面的需要；商业周期理论还认为：对于集团处于不同生命周期的子集团/子公司，都可以尝试从盈利/收入、成本与生产力/效率、资产使用状况三个维度进行考察。盈利/收入是指增加产品与服务的提供、获得新顾客或市场、调整产品与服务的结构以实现增值，以及重新确定产品与服务的价格；而成本与生产力/效率则是指降低产品与服务的所有相关成本，以及在多个SBU经营时有效的资源共享；资产使用指要关注企业的运营资本水平，通过新业务来利用空闲的生产能力、提高资源的使用效率及清除赢利不足的资产等。

应当指出子集团/子公司处于不同的生命周期，战略财务目标在上述三个维度的关注点也是不一样的，推导出的具体指标也应当具有很大的差异。例如，处于高速成长期的企业在盈利/收入方面关注的是销售收入的增长，而处于收割期的企业关注的则是不同产品线的赢利情况。为此财务目标研究人员给出企业在不同生命周期战略财务目标要求的3×3矩阵。

当然集团财务目标在实际的确定中，并非一定要局限在上述三个框架之内，你还可以将目标和指标延伸到会计系统之外例如股票价格、智力资产价值等指标。在集团战略地图的财务设置中，它是滞后/结果性指标，往往会对其他维度战略目标的设置产生重大的影响。

表 3 – 1　　　　　　　　财务类指标选择与企业生命周期的关系

财务指标		战略目标对财务绩效的主要要求		
		收入/盈利	降低成本/提高生产力	资产利用
企业的生命周期	成长期	☐ 销售增长率 ☐ 新品收入占总收入比重 ☐ 新增客户收入占总收入的比重	☐ 每个员工平均营运收入 ☐ 成本费用总额控制	☐ 投资收入率（占销售收入的比重） ☐ 研发投资（占销售收入的比重）
	成熟期	☐ 目标客户市场份额 ☐ 产品线盈利 ☐ 新服务收入占总收入的比重	☐ 成本占竞争对手成本比例 ☐ 成本下降比率 ☐ 非直接成本（如：销售费用）	☐ 流动资金比率 ☐ 资本支出回报率 ☐ 资产利用率
	衰落期	☐ 不同产品线盈利率 ☐ 不同客户盈利率 ☐ 无盈利的客户比重	☐ 单位成本降低	☐ 投资回收率 ☐ 投资金额

3.3.2　杜邦财务模型

杜邦财务模型是由美国杜邦公司所提出的一种最早用于财务分析与评价的工具，该工具能够帮助我们确定集团战略财务目标。

20 世纪 20 年代，杜邦公司首先采用该模型衡量其权属的分子公司的业绩表现，该方法被得到广泛推广并被企业界一直沿用至今。杜邦财务模型以"净资产收益率"为核心的财务指标，通过财务指标的内在联系，系统、综合的分析、评价企业的盈利水平。杜邦财务模型将"净资产收益率"的影响因素进行层层分解，具有很鲜明的层次结构，是典型的利用财务指标之间的关系对企业战略财务目标实现进行综合分析、评价方法。

图 3 – 3 中各项指标的关系为：

净资产收益率 = 总资产收益率 × 权益乘数；

权益乘数 = 1 ÷ (1 – 资产负债率)；

资产负债率 = 负债总额 ÷ 资产总额；

总资产收益率 = 销售利润率 × 总资产周转率；

销售利润率 = 净利 ÷ 销售收入；

总资产周转率 = 销售收入 ÷ 资产总额；

净利 = 销售收入 − 全部成本 + 其他利润 − 所得税；

全部成本 = 销售成本（生产成本）+ 管理费用 + 财务费用 + 销售费用；

资产总额 = 长期资产 + 流动资产；

流动资产 = 其他流动资产 + 现金 + 应收账款 + 存货。

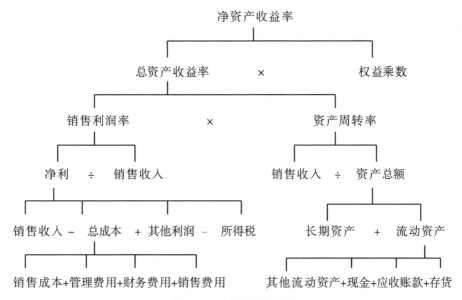

图3-3 杜邦财务模型

杜邦财务模型曾经被广泛地运用于集团、子集团/子公司战略财务目标的设计，我们可以根据集团战略的意图，并结合其他方法、工具选择杜邦财务模型中的财务指标，来综合描述、度量集团战略的财务绩效目标。

3.3.3 经济增加值（EVA）

EVA（Economic Value Added，即经济增加值）是20世纪90年代末期在中国得到广泛传播的一种财务绩效指标，被《财富》杂志称为"当今最热门的财务观念，并将越来越热"。据称，EVA评价体系被可口可乐、西门子等世界500强企业采用，并因此而取得了非凡的财务业绩，著名管理大师德鲁克先生也曾经对EVA评价体系做出过非常肯定的评价。

EVA 的计算公式是在减除资本占用费用后企业经营所产生的剩余价值。与大多数其他绩效指标不同之处在于：EVA 考虑了带来企业利润的所有资金成本。EVA 的假设是：作为一位职业经理，如果你经营的企业所创造的价值不能够抵冲资金成本的话，实际上你没有为股东创造任何价值。

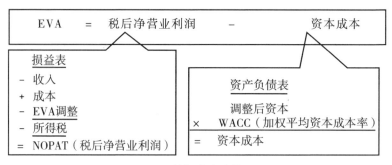

图 3-4　从报表中计算 EVA

图 3-5　用于财务分析的 EVA

事实上 EVA 遵循的基本原理是股东价值最大化，它倡导针对股东价值的集中管理。EVA 是一个有效度量股东价值创造的战略财务目标，在集团战略规划中可以将其设计为集团/子集团/子公司的战略财务目标。我们经常可以发现：在一些跨国集团型企业的集团战略地图中出现了一个处于最上端的战略财务目标，那就是 EVA！

3.3.4　时间序列法

时间序列分析主要应用于集团战略财务目标值的预测。它强调过去和未来的战略财务目标值都是一个时间函数，也就是说战略财务目标值是随着时间的推移而变化的。时间序列分析由两个数列构成：一是时间数列，二是战略财务目标值数列。它根据过去的战略财务目标值的变动轨迹来预测未来的目标值，时间序列法比较适应于集团的产业板块中经营环境较为平稳或增长变异不大的那些产业。

时间序列法进行集团战略财务目标预测的案例如表3－2所示。

表3－2 集团战略财务目标预测表

年份	2011	2012	2013	2014	2015
集团主营业务收入（万元）	31780	37120	46790	66040	89050

运用时间序列法进行战略财务目标值的预测需要建立预测模型，经典的预测模型可分为四种变动因素：直线趋势变动、循环变动型、规律变动型和偶发变动型。

3.3.5 相关分析法

相关分析法是分析KPI指标值和某指标数据之间的对应关系。该方法主要是依据KPI指标和相关指标的对应联系关系来判断未来的指标值，使用该方法有两个重要控制点会影响分析的准确性，一是变量选择的准确性，二是因果关系模型的设计。

所谓变量选择主要是指因变量的参照因素（自变量）的选择是否正确，比如主营业务收入与成本费用等财务目标之间存在互动的正相关关系，所以就有可能根据主营业务收入增长的目标来设定成本费用、利润的目标。相对于主营业务收入，成本费用、利润则属于自变量。再如在计划经济模式下以产定销，产品不愁销路，预测产品销量（因变量）可以选择企业的产能（自变量）来实现；但是在市场经济条件下，子集团/子公司产品销量就不能选择产能来进行对比分析，因为即使拥有了产能，能及时地将产品生产出来，并不代表该子集团/子公司就能实现销售。

所谓因果关系模型设计是指事先设计出一个表现因变量与自变量之间关系的关联模型，例如集团/子集团/子公司成本占主营业务收入比重的公式；再如采取回归分析法（简单一元回归或多元回归）进行预测等。

对于战略财务目标值预测的方法还有很多，例如盈亏平衡分析（量、本、利分析法）；再如在子公司进行财务指标设计时，可以在市场细分基础上进行反向的销售收入预测等。

我们仍以北京某控股集团战略地图绘制为例，来展示如何运用战略地图来演绎、规划集团的战略财务目标。如图 3-6 财务维度 F1、F2、F3、F4、F5、F6 所示，在完成集团战略财务目标的设定后，需要我们将集团战略财务目标设定的结果通过战略地图等文件展现出来。

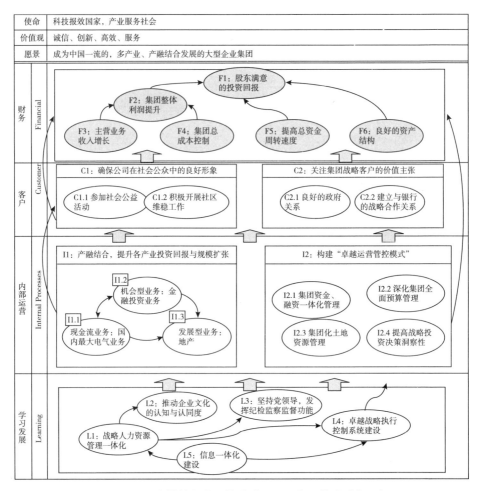

图 3-6　北京某控股集团战略地图——集团战略财务目标

3.4　多业务组合集团战略（利益相关者）客户分析

集团战略客户分析又可称为集团战略利益相关者分析。在探讨该方面的内容之前，我们首先有必要了解管理学发展史上关于企业目标研究两个学派：

新古典产权学派和利益相关者学派。

新古典产权学派认为企业目标是追求财务业绩，强调股东价值最大化理论——企业的目标就是要实现股东的价值，满足股东的投资期望，确保股东投资收益的最大化；与新古典产权学派对应的是利益相关者学派，他们主张企业的利益应当由那些能够影响企业目标实现的团体或个人分享，而这些团体和个人可能包括：出资者、债权人、员工、消费者、供应商、政府等，它强调利益相关者价值最大化，近年来所谓客户价值最大化、员工价值最大化等观点都属于利益相关者学派的一个延伸。

利益相关者的推崇者认为："对于一个企业来说，能否获得长期的生存和繁荣的最好途径是考虑其所有战略利益相关者并满足他们的需求。因此企业在设定自己的目标时，应该考虑到那些对自己来说十分重要的不同利益相关者的需要。其原因是利益相关者能够影响你的组织业绩，他们对你公司的发展有着十分强大的影响力。"

将战略利益相关者纳入战略地图的客户维度分析，源起于利益相关者对平衡计分卡体系的理论批判。利益相关者理论的推崇者质疑平衡计分卡的理由是："无论现在还是将来，对于企业而言能否获得长期生存与繁荣途径是考虑并满足所有重要利益相关者的需求。而一个企业仅仅关注两到三个利益相关者，仍旧缺乏长期生存和繁荣的必要条件，因为处于不同行业的企业，在同一行业中的不同企业，甚至是同一企业在不同的发展阶段要关注的利益相关者是不一样的，从来就不存在能够放之四海皆准的利益相关者标杆，因此计分卡也不应当存在放之四海皆准的所谓'四个维度模板'，四个维度并不能完全、充分地描述、解释企业的战略。"

面对一些利益相关者的质疑，一些平衡计分卡的推崇者将客户的定义进行了延伸：所有与集团战略产生重大影响能力的组织与团体都可以定义为客户，即客户就是集团的战略利益相关者。集团战略地图中的客户不仅仅包括外部的客户、供应商、政府、社区公众等"外部客户"，还可能包括大集团中其他关联子集团、子公司（主要针对大集团的二级子集团/子公司而言）等"内部客户"。对于集团型企业权属的子集团、子公司"内部客户"，我们还需要展开"子集团战略协同分析"（该项工作技巧我们将在介绍业务单元子集团/子公司战略地图绘制时详尽阐述）。

集团战略地图中客户维度的"战略利益相关者"是指除了股东、销售客户等以外的其他战略利益相关者。因为股东价值在财务维度进行了展现，销售客户的价值主张一般在多业务组合集团二级子公司层面战略图中进行思考。

仍以前面的北京某控股集团战略地图绘制为例，如图3-7客户维度C1、C2所示，在集团战略规划中我们需要结合战略利益相关方"价值主张分析"，将部分战略利益相关方的价值需求在战略地图中展现出来。

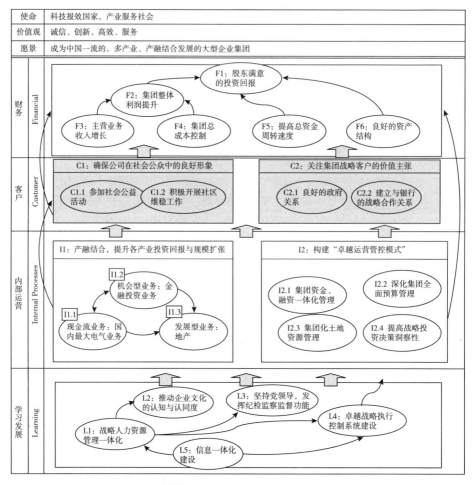

图3-7　北京某控股集团战略地图——集团战略客户分析

3.5 多业务组合集团赢利模式与业务组合设计

绘制多业务组合集团战略地图时，我们需要对集团赢利模式进行设计，对业务组合进行分析、规划，这是集团战略地图财务与客户维度链接分析的第一个内容。有人将其放在客户维度，也有人将其放在内部运营维度进行分析。

中国企业的赢利模式分为隐式和显式两种形态，前者是自发形成的，企业对如何赢利、未来能否赢利缺乏自觉的认识，其赢利模式具有隐蔽性、模糊性、缺乏灵活性的特点；后者则是自觉、理性思考的赢利模式，是企业通过对赢利模式加以自觉思考、设计而成的。企业在单体公司成长阶段，其赢利模式大多是隐式的，随着企业由单体公司不断向集团型企业演变，就必须对自身赢利模式进行理性分析、思考。

多业务组合集团的赢利模式与其业务组合形态有着最直接的关系，产业组合、产融结合都决定了集团盈利的纵深发展。同时集团业务组合分析与集团战略财务目标实现有着最直接的关系，它实际上是对整个集团未来的业务进行评估与规划。如果母公司不甘心做基金经理，仅仅担当为子集团/业务单元提供资源配置服务角色的话，那么母公司必须牵头思考集团战略的业务组合，设计集团整体的赢利模式，并带领子集团/业务单元规划自己的战略。

集团业务组合设计将决定集团战略"有所为而有所不为"。"打造端到端的产业链""依托核心技术资源进行产业渗透""开展产融结合，实现超限发展"等，都是取决于集团对于产业赢利模式的设计。而业务组合的状态主要依赖于业务组合分析。从工具层面来看，业务组合分析工具目前已经发展的比较成熟，例如 IE 分析矩阵图、BCG（波士顿矩阵图）、GE（通用电气矩阵图）、SPACE（战略地位与行动评价矩阵图）。我们分别介绍三种常见的业务组合分析工具。

3.5.1 SPACE 评估矩阵图

SPACE（战略地位与行动评价矩阵）是业务有限级别评估的一个常规评估工具，其操作原理如图 3-8 所示：

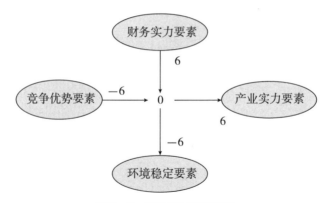

图 3 - 8　SPACE 操作原理

1. SPACE 操作步骤

（1）确定坐标的关键要素。和 SWOT 分析一样，关键要素一般不超过 8 个。

✓ 环境稳定要素：技术变化通货膨胀率、需求变化、竞争产品的价格范围、进入市场的障碍、竞争压力、需求的价格弹性。

✓ 产业实力要素：发展潜力、利润潜力、财务稳定性、技术/资源利用率、资本密集性、进入市场的难度、生产率和生产能力的利用程度。

✓ 竞争优势要素：市场份额、产品质量、产品寿命周期、产品更换周期、顾客对产品的忠诚度。

✓ 财务实力要素：投资报酬、偿债能力、资本需要量与可供性、现金流量、退出市场的难易程度、经营风险。

（2）分别在这四维坐标上按 " +6 - 6"进行刻度。产业实力和财务实力坐标上的要素按"0 - 6"刻度；环境稳定和竞争优势坐标按 " - 6 - 0"刻度。

（3）根据实际情况对每一个要素进行评定，即确定每一个要素归于哪一个刻度。要注意产业实力和财务实力坐标上的各要素刻度绝对值越大反映该要素状况越好，而环境稳定和竞争优势坐标上的各要素刻度绝对值越大反映该要素状况越差。

（4）按各要素的重要程度加权并求出各坐标的代数和。

（5）根据上述结果进行战略地位定位与评价，将会有多种的组合结果。较为典型的四种组合：进攻型、竞争型、保守型、防御型。

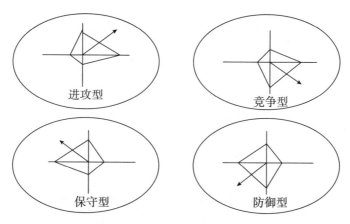

图 3 - 9　SPACE 分析结果形态

2. SPACE 分析结果处理

（1）进攻型：产业吸引力强，环境不确定因素极小。公司有一定竞争优势，并可以用财务加以保护。处于这种情况的客户可采取发展战略。

（2）竞争型：产业吸引力强，但环境处于不稳定状况，公司占有竞争优势，但缺乏财务实力。处于这种情况下的客户应寻求财务资源以提高营销能力。

（3）保守型：客户处于稳定而缓慢发展的市场，客户竞争优势不足，但财务实力较强。处于这种情况下的客户应该销减其产品系列，争取进入利润更高的市场。

（4）防御型：客户处于日趋衰落且不稳定的环境，客户本身又缺乏竞争性产品，其财务能力不强，此时，客户应考虑退出该市场。

3.5.2　BCG 矩阵法

BCG 矩阵法（波士顿矩阵法）又称"市场成长率——相对市场份额矩阵"的投资组合分析方法，是今天运用得比较广泛的一种战略分析方法，它可以帮助我们分析一个公司的投资业务组合是否合理。

如图 3 - 10 所示，纵坐标市场成长率表示该业务的销售量或销售额的年增长率。横坐标相对市场份额表示该业务相对于最大竞争对手的市场份额，用于衡量企业在相关市场上的实力。需要注意的是，两个维度还可以进一步进行刻度细分，在运用中还可以根据实际情况的不同进行修改。

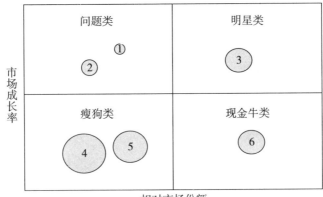

图 3 - 10   波士顿矩阵

图中圆圈代表公司的业务单位，它们的位置表示这个业务的市场成长和相对市场份额的高低，面积的大小表示各业务的销售额大小。

波士顿矩阵法将一个公司的业务分成四种类型：问题、明星、瘦狗和现金牛。

（1）问题业务是指高市场成长率、低相对市场份额的业务。这往往是一个公司的新业务，为发展问题业务，公司可以加大投资力度，以便跟上迅速发展的市场，并超过竞争对手，这些意味着大量的资金投入。"问题"非常贴切地描述了公司对待这类业务的态度，因为这时公司必须慎重回答"是否继续投资、发展该业务"这个问题。只有那些符合企业发展长远目标、具有资源优势、能够增强企业核心竞争能力的业务才能得到肯定的回答。一个企业的问题业务如果很多，不可能全部投资发展，只能选择其中一项或两项，集中投资发展。

（2）明星业务是指高市场成长率、高相对市场份额的业务，这是由问题业务继续投资发展起来的，可以视为高速成长市场中的领导者，它将成为公司未来的现金牛业务。但这并不意味着明星业务一定可以给企业带来滚滚财源，因为市场还在高速成长，企业必须继续投资，以保持与市场同步增长，并击退竞争对手。企业没有明星业务，就失去了希望，但群星闪烁也可能会闪花企业高层管理者的眼睛，导致其做出错误的决策。这时必须具备识别行星和恒星的能力，将企业有限的资源投入在能够发展成为现金牛的恒星上。

（3）现金牛业务指低市场成长率、高相对市场份额的业务，这是成熟市场中的领导者，它是企业现金的来源。由于市场已经成熟，企业不必大量投资来扩展市场规模，同时作为市场中的领导者，该业务享有规模经济和高边际利润的优势，因而给企业带大量财富。企业往往用现金牛业务来支付账款并支持其他三种需要大量现金的业务。图中所示的公司只有一个现金牛业务，说明它的财务状况是很脆弱的。因为如果市场环境一旦变化导致这项业务的市场份额下降，公司就不得不从其他业务单位中抽回现金来维持现金牛的领导地位，否则这个强壮的现金牛可能就会变弱，甚至成为瘦狗。

（4）瘦狗业务是指低市场成长率、低相对市场份额的业务。一般情况下，这类业务常常是微利甚至是亏损的。瘦狗业务通常要占用很多资源，如资金、管理部门的时间等，多数时候是得不偿失的。图中的公司有两项瘦狗业务，可以说，这是沉重的负担。

方法应用

波士顿矩阵法可以帮助我们分析一个公司的投资业务组合是否合理。如果一个公司没有现金牛业务，说明它当前的发展中缺乏现金来源；如果没有明星业务，说明在未来的发展中缺乏希望。一个公司的业务投资组合必须是合理的，否则必须加以调整。如巨人集团在将保健品业务发展成明星业务后，就迫不及待地开发房地产业务，可以说，在当时的市场环境下，保健品和房地产都是明星业务，但由于企业没有能够提供源源不断现金支持的现金牛业务，导致企业不得不从本身还需要大量投入的保健品中不断抽血来支援大厦的建设，导致最后两败俱伤，企业全面陷入困境。

在明确了各项业务单位在公司中的不同地位后，就需要进一步明确其战略目标。通常有四种战略目标分别适用于不同的业务。

表 3 - 3　　　　　　　　四种战略目标适用的不同业务对照表

经营业务象限	经营业务（产品、服务或业务单位）		经营单位营利性	战略选择
	相对市场份额	市场增长率		
明星	高	高	高	应加大人、财、物支持力度，确保明星市场占有率稳中有升
现金牛	高	低	高	适量投资维持市场占有率；放弃，另选新业务
问题	低	高	低或为负值	扩大市场占有率；放弃，另选新业务
瘦狗	低	低	低或为负值	放弃或立即清算

方法的评价

波士顿矩阵法的应用产生了许多收益，它提高了管理人员的分析和战略决策能力，帮助他们以前瞻性的眼光看问题，更深刻地理解公司各项业务活动的联系，加强了业务单位和企业管理人员之间的沟通，及时调整公司的业务投资组合，收获或放弃萎缩业务，加强在更有发展前景的业务中的投资。

同时，也应该看到这种方法的局限性，如由于评分等级过于宽泛，可能会造成两项或多项不同的业务位于一个象限中；还有，由于评分等级带有折中性，使很多业务位于矩阵的中间区域，难以确定使用何种战略。

科尔尼咨询公司对 BCG 矩阵的局限性评价是仅仅假设公司的业务发展依靠的是内部融资，而没有考虑外部融资。举债等方式筹措资金并不在 BCG 的考虑之中。另外，BCG 还假设这些业务是独立的，但是许多公司的业务是紧密联系在一起的。比如，如果现金牛类业务和瘦狗类业务是互补的业务组合，如果放弃瘦狗类业务，那么现金牛类业务也会受到影响。

其实还有很多文章对 BCG 矩阵做了很多的评价：关于卖出瘦狗业务的前提是瘦狗业务单元可以卖出，但面临全行业亏损的时候，谁会来接手；BCG 并不是一个利润极大化的方式；市场占有率与利润率的关系并不非常固定；BCG 并不重视综效，实行 BCG 方式时要进行 SBU（策略事业部）重组，这要遭到许多组织的阻力；并没告诉厂商如何去找新的投资机会……

为了克服 BCG 矩阵的缺点，有关战略研究者提出了用客户份额来取代市场份额，能有效地解决 BCG 矩阵方法中把所有业务联系起来考虑的问题。

BCG 矩阵市场占有率实际上是从规模的角度判断是否形成竞争优势，然而规模并不是形成竞争优势的充分条件。BCG 的背后假设是"成本领先战略"，当企业在各项业务上都准备采用（或正在实施）成本领先战略时，可以考虑采用 BCG，但是如果企业准备在某些业务上采用差别化战略，那么就不能采用 BCG 了。

3.5.3 GE 矩阵法

GE 矩阵是美国通用电气公司在波士顿矩阵法的基础上创立的，GE 矩阵主要根据行业吸引力和业务优势（企业业务实力）大小将企业的产品分为几类进行评定。评定表格如表 3-4 所示。

表 3 - 4   GE 矩阵评定表

维度	因素	权重	评估得分（1～5）	实际值
行业吸引力	市场规模			
	……			
	……			
	……			
	整体得分	—	—	
业务实力	市场份额			
	品牌知名度			
	……			
	……			
	……			
	整体得分	—	—	

在管理咨询操作中，可以事先在 Excel 表中设计好公式，进行评估后，相关产品业务会自动落入方格，在 GE 的矩阵图中，圆圈的大小表示这些产品整体市场规模，圆圈的阴影部分代表公司产品的绝对市场份额。

为了确定行业吸引力和企业业务优势的大小，可逐项列出影响它们的因素，如上表所示，其中包括波士顿矩阵中的两个重要因素，说明多因素组合矩阵是波士顿阵的扩充和完善。

为了确定某一产品项目在矩阵图中的位置，可做如下处理：

首先，评价影响行业吸引力各个因素的重要性，即对各个因素进行加权，各因素权数之和等于 100% 。

其次，确定某产品项目在每一因素中所处的位置，若各因素的位置以 1～5 内的整数表示（5 表示该因素的最高位置），那么，B 产品在总的业务优势中定值为 4。

最后，将各权数和各定值相加，得到某一产品项目在某一因素下的期望值，再把各因素的期望值相加，就得到反映该产品项目的行业吸引力的数值。

以同样的方法可以得到该产品项目的行业吸引力的数值。如产品 A 在行业吸引力和业务实力方面的得分分别为 3.45 分和 4.3 分，而相应的最高值为

5。这样，就可在多因素组合矩阵图上用点表示该产品，如图 3 – 11 中的 A 点。可见，产品 A 是相当令人满意的产品项目。

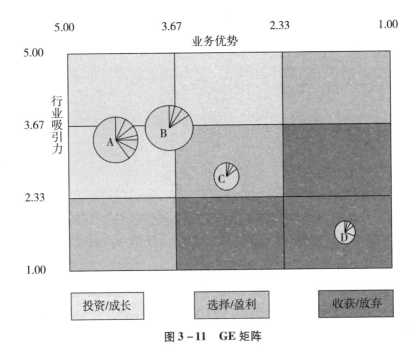

图 3 – 11　GE 矩阵

在 GE 矩阵图中，多因素组合矩阵实际上分为三个部分：左上角的三个格子表示最具发展前途的产品项目，企业应采取投资发展策略；在左下角到右上角这条对角线上的三个格子的产品项目的总吸引力处于中等状态，企业可适当地采取盈利收获策略；右下角的三个格子表示产品项目的总吸引力很低，应该采取放弃或收获策略。

应当指出业务组合的战略决策并不是冷冰冰工具的堆砌，在很多层面上或许要依赖于企业家的战略直觉。当然单纯地依赖直觉而完全抛弃战略决策工具数据支持的做法是不可取的，集团战略决策一定是直觉加工具；同时我们必须谨慎选择战略决策工具，因为任何一个工具都有其假设的前提与不足之处。例如 BCG 模型只假设了公司业务发展的内部融资，而没有考虑外部融资；同时它假设各个业务是独立的，而没有考虑业务的战略协同关系等。

由于集团型企业重点发展的业务（经过业务组合分析后所确定的）将在不同时间段给集团带来回报，但是这并不意味着这些业务发展在时间的推进上是没有顺序的，相反，对于集团未来业务进行层面与推进时间上的规划，可以给这些业务发展澄清推进的时间与资源需求时间表，这个时间表还可以安排退出业务。

这项活动我们可以借助"三层面业务规划法"进行。

"三层面业务规划法"也是得到广泛运用的战略方法，它将公司发展的业务分为核心业务、正在崛起的业务和未来业务三个层面。

第一层面业务包含了处于集团心脏位置的核心业务（又称为现金流业务），在成功的集团战略中，这些业务通常能为集团带来大部分利润和现金流，或业务的高度协同配套。这一层面业务对集团近期业绩关系重大，它们提供现金流，培育技能，提供战略协同资源。

第二层面业务包括正在崛起中的业务（又称发展型业务），这些业务带有快速发展和创业性的特质，经营概念已发展成熟，并且具有高成长性。第二层面的项目通常突出表现为一心一意追求收入和市场份额的扩张，需要不断追加投资，代表着现有业务的拓展方向或者集团业务发展的新方向。

第三层面业务包含了明天业务（又称机会型业务），它们是未来更长远业务选择的种子。它们是集团的前瞻性研究课题、市场试点、联盟项目、少量投资的尝试和为加深对行业了解所做的努力。

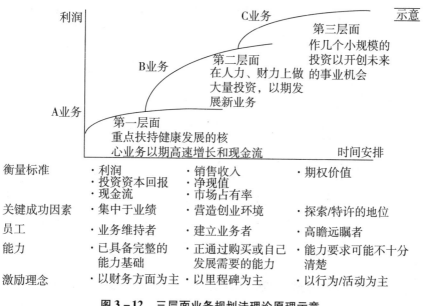

图 3-12　三层面业务规划法理论原理示意

我们还是以北京某控股集团战略地图绘制为例，来展示如何运用战略地图来演绎、规划集团的战略财务目标。如图 3 – 13 内部运营 I1 部分所示，在集团战略规划中我们需要结合三层面业务规划法，将集团业务组合的意图在战略地图平台文件中有效地展现出来；同时我们还需要将产业与产业，产业与金融业务之间的互动关系在战略地图平台文件中展现出来。

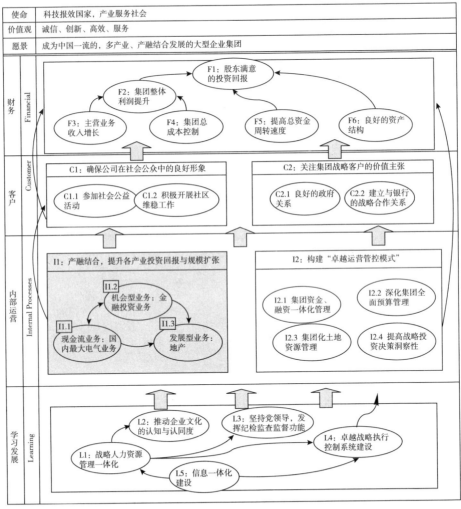

图 3 – 13　北京某控股集团战略地图——业务组合分析

业务发展顺序与战略图的联系之处在于：集团战略图中部分业务组合实施计划业务组合规划表取决于业务发展顺序与资源的安排。

表 3 - 5 业务组合规划表

业务类别	业务规划	时间			战略实施计划名称
		2006—2007 年	2007—2008 年	2009—2010 年	
分销	以国内商业能力为依托，拓展国际市场空间	推进零售配送业务试点，探索新的运营模式；探索采购一体化运作模式	组建 100 个分公司，每家覆盖 500 个客户，将大大提升零售配送业态的核心网络价值	组建 150 个分公司，每家覆盖 2000 个客户；近 15 万个配送终端	分销一体运营计划
零售	复制"差异化"赢利模式迅速占领目标市场	完成上海、天津、辽宁、北京的整合	多元化产品引入，启动"大整合"战略，实现零售的一体化运营	建成拥有 5000 家终端的全国性零售连锁公司，实现融资上市，创建中国零售第一品牌	零售一体运营计划
物流	全国物流网络的一体化管理	稳定 4 大物流中心的一级配送地位；拓展南京、西藏、新疆、包头、云南等 5 家二级配送中心	完善全国物流网络，联盟北区、东区、中区、南区的 3 级配送中转站 15 个，物流配送全面覆盖全国	联盟配送伙伴 30 个，配送能力覆盖到全国 100 个市、县，376 个县、区，覆盖 3 万家终端客户	物流一体运营计划
工业	整合生产资源，进行自主品牌生产或 OEM 服务，实现工业的跨越式发展	完成西藏厂一、二期项目的建设；完成××产品配套工程的扩建；完成在海南的品牌生产企业收购整合	打造 10 个以上"过亿元"的产品；自主品牌生产销售上量	保持工业在规模与品牌上的稳定	工业一体化运营计划（含投资项目计划）

3.6 多业务组合集团管控战略主题与关键战略举措

集团战略地图内部运营战略主题与举措回答的本质问题是：（集团财务战略目标、业务组合、客户价值主张所决定的）集团战略需培育的核心能力、需维持的能力、需提升的短板能力如何通过集团的内部运营进行培育,有哪些具体的战略行动策略?若干个相似类别的关键战略举措综合在一起就是一个"战略主题",换句话说:战略主题就是由若干个相似的、互不交叉的关键战略举措构成的综合。

在某医药控股集团咨询项目中,佐佳咨询分别为三个操作步骤识别出其核心能力,并进一步将核心能力与集团管控的流程链接,整理、识别出集团关键战略举措、战略主题。在本案例中,咨询顾问按照以下操作步骤开展集团关键战略举措、战略主题的确定。

第一步,运用内部运营分析矩阵表,实现集团战略关键能力与内部运营流程的链接。

表 3-6　　　　　　　　内部运营分析矩阵表

集团战略关键能力			集团层面	工业子集团	物流子集团	分销子集团	零售子集团
1. 战争资源控制能力	1.1 信息资源控制能力		组织信息一体化				
	1.2 渠道与终端控制能力	可选性	普药、国产药品研发生产与销售;通过并购扩大工业的产能	药品前瞻性研发与生产计划		普药、国产药品销售品种引进计划	普药、国产药品销售品种引进计划
		布局	组织三大销售运营平台整合;通过并购实现西北地区的渠道布局			一级代理商模式转换	
2. 物流配送能力					探索物流运营模式,在满足集团物流需求同时;建立三大平台的仓库布局		
3. 战略协同能力			实施战略绩效,落实战略实施监控机制	协同第三终端开发,研发系列普药生产		开发第二终端	

续 表

集团战略关键能力	集团层面	工业子集团	物流子集团	分销子集团	零售子集团
一般能力					
1. 危机处理能力（预控与处理）	构建集团整体质量保障体系	新药品研发技术突破，提高药品质量	物流质量抽检标准更新	市场质量危机应急机制建设；质量退货制度	市场质量危机应急机制建设；质量退货制度
2. 资金控制能力	建立并实施集团资金统一结算系统，组织改进财务管控的模式；集团线体上市计划				
短板					
成本控制能力	战略物资统一采购/财务预算体系建立		物流仓储规划		

第二步，对内部运营分析矩阵表中的举措进行重要性评价，识别出关键战略举措。

表 3-7　　　　　　　　　集团关键战略举措识别表

序号	内部运营对策	对战略影响	实施资源支持	实施紧迫性	成功可能性	得分	权重
1	组织信息一体化	3	3	3	2	2.9	0.08
2	通过并购扩大工业的产能，扩展在西北地区的渠道布局	3	3	3	2	2.9	0.08
3	加大普药、国产药品引进、研发生产与销售力度	2	3	3	3	2.65	0.07
4	整合三大销售运营平台	3	3	3	2	2.9	0.08
5	实施战略绩效，落实战略实话监控机制	1	3	2	2	2	0.05

续　表

序号	内部运营对策	对战略影响	实施资源支持	实施紧迫性	成功可能性	得分	权重
6	构建集团整体质量保障体系；规范渠道与终端的质量退货制度，完善质量危机应急机制	2	3	3	3	2.65	0.07
7	建立并实施集团资金统一结算系统，改进财务管控模式	2	3	3	3	2.65	0.07
8	集团母体上市计划	2	3	3	2	2.55	0.07
9	战略物资统一采购	2	3	3	3	2.65	0.07
10	新药品研发技术突破，提高药品质量	2	2	2	2	2	0.05
11	探索物流运营模式，物流仓储规划	3	3	3	2	2.9	0.08
12	物流质量抽检标准更新	1	3	2	3	2.1	0.06
13	一级代理商模式转换	3	3	3	1	2.8	0.08
14	开发第三终端	3	3	3	2	2.9	0.08
合计						36.55	

第三步，归类关键战略举措，确定集团战略主题。

识别出该医药控股集团的关键战略举措后，咨询顾问采取合并同类项的方法将若干性质相似的关键战略举措归纳、整理在一起，识别出集团战略主题。我们特别要注意的是：战略主题中的关键战略举措不能交叉重复。

现在再让我们回到前面北京某控股集团战略地图绘制的案例，如图 3 - 14 内部运营维度 I2 与学习成长维度 L1、L2、L3、L4、L5 部分所示，本案例中根据核心能力推导集团关键战略举措，整理后既包括内部运营类的战略主题，也包括学习成长类的（如人力资本准备度、信息资本准备度、组织资本准备度）战略主题。

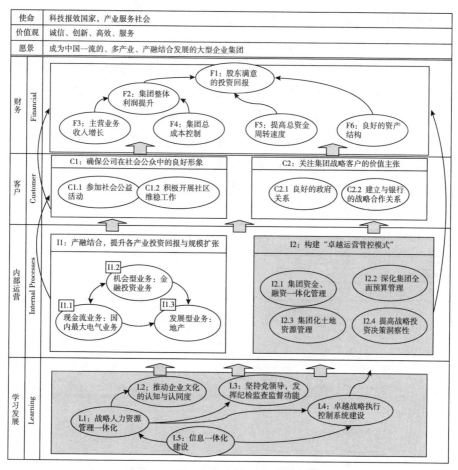

图3-14 北京某控股集团战略地图——内部运营管控与学习发展战略主题

3.7 多业务组合集团战略图、卡、表文件

一般而言，完成上述七项内容的分析决策后，我们就得到了一个完整的集团战略地图了。为了完整地演绎集团战略，我们还需要继续设计平衡计分卡、战略行动计划表以确保战略地图的细化与延伸。

通过下面北京某控股集团的战略地图、平衡计分卡、战略行动计划表示例，我们可以看出三者之间的联动关系：战略地图将多业务组合集团战略任务系统、集团战略财务目标、赢利模式与业务组合、战略利益相关方需求、集团核心能力培育、集团内部运营战略主题等众多内容以集成的地图方式进行演绎；平衡计分卡则是对战略地图的进一步细化与延伸，平衡计分卡分为维度、战略目标与主题、核心衡量指标、目标值、支持计划、主要责任人六个纵列。其中维度、战略目标与主题内容与战略地图是相同的，但是在平衡计分卡中则需要继续细化、确定每一个战略目标与主题所对应的核心衡量指标、目标值（一般为5年）、支持计划（即填写战略行动计划名称）、计划责任人等。

战略行动计划表则是依附于平衡计分卡并对其中的"支持计划"进行细化、延伸，可以说战略行动计划能否完成将决定性地影响战略目标与主题能否最终实现。战略行动计划表的关键结点则是业绩评价体系中"工作目标设定"的主要来源与依据。

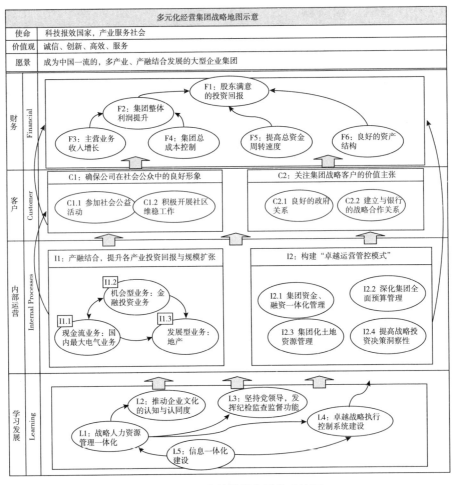

图3-15 北京某控股集团战略地图

表3-8 北京某控股集团平衡计分卡

多元化经营集团平衡计分卡

维度	战略目标与主题	核心衡量指标	目标值 年			支持计划	主要责任人
			年	年	年		
财务	F1:股东满意的投资回报	净资产收益率					
	F2:集团整体利润提升	税前利润					
	F3:主营业务收入增长	销售收入					
	F4:集团总成本控制	成本费用总额					
	F5:加速流动资金周转	流动资金周转天数					
	F6:良好的资产结构	资产负债率					
客户	C1:确保公司在社会公众中的良好形象	社会公众评价调查得分					
	C1.1 参加社会公益活动						
	C1.2 社区维稳工作	不发生社区维稳事件				社区维稳定计划	
	C2:关注集团战略客户的价值主张						
	C2.1 良好的政府关系	重大政务协同目标达成				—	
	C2.2 建立与银行的战略合作关系	银行信用等级评估				—	
内部运营	II:产融结合,提升各产业投资回报与规模扩张						
	II.1 现金流业务:国内最大电气业务	电气业务相对市场占有率				电气产业投资计划	
	II.2 机会型业务:金融投资业务	金融投资项目平均收益率				金融投资项目计划	

续　表

维度	战略目标与主题	核心衡量指标	目标值 年	目标值 年	目标值 年	支持计划	主要责任人
内部运营	I1.3 发展型业务：地产业务	地产营业收入增长率				地产业投资计划	
	I2：建立"卓越运营管控模式"						
	I2.1 集团资金、融资一体化管理	集团资金、融资一体化任务评价（GS）				财务一体化实施计划	
	I2.2 推行集团全面预算管理	集团预算管理任务评价（GS）				财务一体化实施计划	
	I2.3 集团化土地资源管理	地产土地中标数量				—	
	I2.4 提高战略投资决策洞察性	金融投资决策流程优化任务评价（GS）				金融投资决策流程优化计划	
学习发展	L1：人力资源管理一体化	战略人才任职资格达标率				战略人才梯队计划	
	L2：推动企业文化的认知与认同度	企业文化认知度 / 企业文化认同度				企业文化建设计划	
	L3：坚持党的领导，发挥纪检监察监督机制	新党员考评达标比例 / 党风廉政危机未及时预警				党风廉政建设计划	
	L4：构建卓越战略执行的控制系统	BSC 计划实施评价指数				BSC 实施计划	
	L5：信息一体化建设	ERP 系统建设计划评价				ERP 系统建设计划	

表3-9

北京某控股集团战略行动计划表

战略行动计划名称	企业文化建设计
战略行动计划编号	
总负责人	第一负责人：张力丰（党委副书记）；第二负责人：马勇（党委工作部部长）
制订	党委工作部
制订日期	2009 年 5 月 8 日
审批	张平华（总裁）
审批日期	

编号	关键结点	时间	计划要求	负责单位	协同单位	责任人
1	成立领导小组	2009 年 4 月 1 日—5 月 1 日	1. 目标陈述：在 2009 年 5 月 1 日以前，成立文化建设领导小组 2. 成功标志：经过党政领导认可，公司正式行文下发	党委工作部	工会、安监部、企管部	
2	制订工作计划	2009 年 5 月 1 日—5 月 31 日	1. 目标陈述：在 2009 年 5 月 31 日以前，制定出文化建设具体工作计划 2. 成功标志：计划经文化建设领导小组通过	党委工作部	工会、安监部、企管部	
3	提炼理念 调研阶段	2009 年 6 月 1 日—6 月 30 日	1. 目标陈述：通过走访、座谈、征集等方式，在 2009 年 6 月 30 日以前，形成文化理念的初步内涵 2. 成功标志：文化建设领导小组通过	党委工作部	工会、安监部、企管部	

续 表

编号	关键结点		时间	计划要求	负责单位	协同单位	责任人
3	提炼理念	形成阶段	2009 年 7 月 1 日—7 月 31 日	1. 目标陈述：酝酿、讨论、形成通俗易懂的、广大员工认可的理念 2. 成功标志：公司正式行文下发	党委工作部	工会、安监部、企管部	
4	宣传教育	一般性宣传	2009 年 8 月 1 日—12 月 31 日	1. 目标陈述：利用广播、电视、报纸、黑板报、标语、橱窗等宣传工具做好文化理念的宣传 2. 成功标志：员工认知度大于 80%	党委工作部	工会、安监部、企管部，其他和 12、14 个车间和部门	
		开展征文活动	2009 年 8 月 1 日—12 月 31 日	1. 目标陈述：在 2009 年 12 月 31 日以前，在《泸天化报》上开展以文化为主题的征文活动 2. 成功标志：征文总数不少于 50 篇	党委工作部	工会、安监部、企管部、有车间和部门	
		开辟电视专栏	2009 年 8 月 1 日—12 月 31 日	1. 目标陈述：在 2009 年 12 月 31 日以前，在泸天化广播、电视台开辟以文化为主题的专栏 2. 成功标志：系列报道总数不少于 20 条	党委工作部	工会、安监部、企管部	
		安全教育	2009 年 6 月 1 日—6 月 30 日	1. 目标陈述：在"安全生产月"期间，开展以主题的安全教育，增强安全文化的观念 2. 成功标志：接受教育人员覆盖面大于 80%	安监部	工会、党委工作部、其他所有车间和部门	

续 表

编号	关键结点	时间	计划要求	负责单位	协同单位	责任人
5	文体活动	2009 年 4 月 1 日—7 月 31 日	1. 目标陈述：在第三届职工运动会期间，开展以文化为主题的文体活动 2. 成功标志：参加单位不少于 80%	工会	党委工作部、安监部、其他所有车间和部门	
6	"大轮班"劳动竞赛	2009 年、2010 年、2011 年、3 月 31 日，6 月 30 日，9 月 31 日，12 月 31 日	1. 目标陈述：以为主题，在 2009 年、2010 年和 2011 年每个季度对化工"大轮班"进行劳动竞赛评比 2. 成功标志：让广大员工能够规范操作行为，提高工作责任心，确保装置稳定生产	工会	党委工作部、总调室、各车间	
7	建立和完善激励机制	2009 年 1 月 1 日—2011 年 12 月 31 日	1. 目标陈述：在 2011 年 12 月 31 日以前，通过公司战略规划的实施，逐步建立完善激励机制 2. 成功标志：形成人人关心，人人为企业战略做贡献的机制	党委工作部	人力资源部、企管部、总调室	
8	企业文化文化达成评价考核	2009 年、2010 年、2011 年、12 月 15 日—12 月 31 日	1. 目标陈述：根据计划组织进行年度检查考核 2. 成功标志：形成年度文化达成评价书，使员工认同度 2009 年达到 90%，2010 达到 93%，2011 达到 95%	党委工作部	工会、安监部、企管部	

4

"互联网+"时代的
业务单元战略地图与
平衡计分卡

业务单元战略是在集团战略指导之下做出的，在多业务组合集团中，业务单元往往是子集团、子公司，这个子集团、子公司往往是专业化运营的（专注某行业或职能），其核心思想就是如何落实集团的战略意图。业务单元战略与专业化经营的集团战略有很多相同之处但是也有很多不同之处。

专业化运营的集团型企业认为自己更加具有组织内部协调和降低交易成本的优势。在业务组合上，他们认为集团应该只做自己最擅长、最有价值的核心业务，他们坚持实践专业化的战略能力培育，强调将集团所有能力与资源集中于自己所擅长的核心业务上，通过其专业、专注而推动集团的成长。

而业务单元战略理论有可能是基于迈克尔·波特单一产业竞争战略基本形态，也有可能不是。因为有些业务单元存在于多业务组合集团这棵大树下目的不一定是为了获取作为业务单元本身发展与竞争优势的获取，而是为了配合集团其他产业而产生 1 + 1 大于 2 的协同效应：例如某些业务单元存在不是为了获取利润而是为了促使集团有大量的现金流表现，进而获得广阔的融资渠道进而支持其他产业的发展；或者某些业务单元存在的理由是为了打造端到端的集团产业链，进而提升大集团整体的竞争能力……

总之在集团这棵大树下的业务单元和单个专业化运营集团存在的目的可能相同，也有可能不同，不能一概而论。因此读者在阅读本章时要能理解这种共同性与差异性，不要简单地根据本章提供的案例试图得出两者唯一的结论。

经历了多业务组合集团战略地图平台开发操作之旅后，本章我们重点研究业务单元战略地图与平衡计分卡的开发。Robert S. Kaplan 和 David P. Norton 的专著《战略地图》通篇都在讨论在既定的单一业务中，如何获得更多的竞争优势，这似乎更加适合采取专业化运营的集团型企业。他们基于迈克尔·波特所提出的竞争战略基本形态（改良版）即成本领先、产品领先、全面系统方案、锁定战略，强调以"战略地图"为平台实现战略财务目标、客户成果度量、客户价值主张、内部运营战略主题、学习成长战略的联动……

读者要严格区分两种不同的专业化集团型企业：一是单一产业专业化（以下简称产业专业化集团），即该集团专注于某一个产业经营，集团拥有该产业完整的产、供、销职能，比如诺基亚、西门子全球专业化战略；二是职能专业化，即集团只专注于该产业产、供、销价值链中某一环节的业务，例如中国五大发电集团只从事发电运营职能，其电网销售职能则由国家电网运营。

4.1 业务单元/产业专业化集团战略地图分析思路

业务单元/产业专业化集团与多业务组合集团战略规划有着很多不同，我们在战略地图绘制之前仍旧需要澄清业务单元/产业专业化集团战略地图绘制的分析思路。业务单元/产业专业化集团战略地图（图 4-1 中所示自上而下）一般在五个基本问题上寻找答案，以此来演绎其战略规划所关注基本内容：

第一，业务单元/产业专业化集团任务系统是什么？即使命、价值观与愿景是什么？业务单元战略任务系统设计还需要考虑其与集团战略任务系统关系是什么？（图 4 - 1 中使命、价值观、愿景）

第二，业务单元/产业专业化集团在战略规划期内所要实现的战略财务目标是什么？（图 4 - 1 中财务维度）

第三，业务单元/产业专业化集团的客户是谁？业务的增长方式如何？（图 4 - 1 中客户维度）

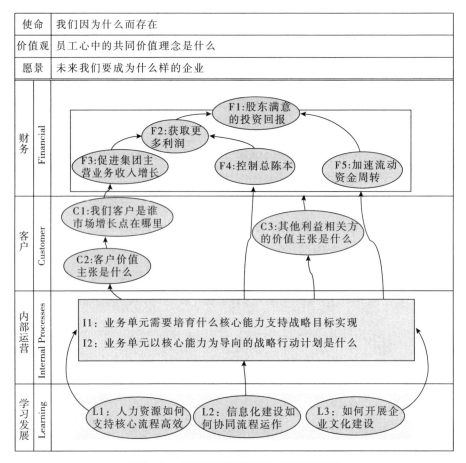

图 4 - 1　业务单元战略地图一般分析思路

第四，业务单元/产业专业化集团销售客户与其他战略利益相关方（内外

部客户）的价值主张的诉求是什么？（图4-1中客户维度）

第五，业务单元/产业专业化集团培育战略核心能力以支持战略目标实现的关键战略举措是什么？其赢利模式与战略核心能力是什么？（图4-1中内部运营与学习发展维度）

与多业务组合集团地图平台开发相对比，业务单元/产业专业化集团战略地图开发首先需要思考战略任务系统设计，即使命、价值观与愿景。而对于业务单元来说，由于业务单元是集团战略的一个构成，因此业务单元设计战略任务系统时必须要考虑集团战略任务系统，不能与之相冲突、矛盾。

如果将产业专业化运营集团与多业务组合集团进行对比，我们会发现无论在使命、价值观与愿景的设定上，两者都有着一些显著的差异：由于产业专业化运营要求其在集团战略、运营流程、企业文化等诸多方面强调统一性，因此其集团使命、价值观与愿景往往强调承认其特色中的统一，正如全球只有一个西门子电器那样；而集团战略财务目标设定则依赖于集团总部对产业发展趋势及自身产业地位的判断。产业专业化运营集团仍旧强调其专业化赢利模式的设计，而由于其一般情况下喜好涉足单一产业，因此其核心能力往往更多地与涉足的产业运营直接相关；同样，专业化集团战略核心能力培育依赖于内部运营与学习成长维度的战略主题、关键战略举措设定，但是其内部运营与学习成长维度的战略主题、关键战略举措更多地与产、供、销价值链相关。

一般而言业务单元/产业专业化运营集团的战略财务目标设置都可以运用到杜邦财务模型、商业周期理论、EVA、时间序列法、相关分析等方法。在此我们不再复述，下面我们将结合案例说明重点探讨在澄清集团战略任务系统与集团战略财务目标后，如何围绕集团战略目标实现进行下一步的战略地图分析。

案例4-1 EDD（中国）公司战略地图案例

EDD集团是总部位于挪威的跨国集团，至今已有70多年的历史，是世界上最大的××设备的跨国性股份制集团企业之一，在××设备的研究和制造方面一直走在世界的最前列。目前在全球范围有几十个生产基地和销售中心。

EDD 集团对产品技术研发非常重视，对全球各子公司最新技术的开发及应用提供了强有力的支持。EDD 集团在挪威、德国、中国都建有研发中心，强大的研发力量使得 EDD 集团在××设备的研发上始终走在世界前沿，这种全球资源的利用为 EDD 保持技术领先提供了有力的保障。

EDD 集团总部十分重视并尊重与投资国的关系建设，他们相信：重视、尊重与投资国之间的关系会获得当地政府与员工的支持。因此 EDD 集团一直强调子集团设计战略使命时需要充分体现集团该方面的战略意图。

EDD 中国公司是 EDD 集团于 1998 年兴建的全资子集团（业务单元），是 EDD 集团为中国及亚洲提供××设备的生产、销售以及技术服务的最重要基地之一，全球装备制造业面临信息技术与物理技术的融合，"互联网＋"对装备制造业影响巨大。

EDD 中国公司在中国上海、北京、广州等地设立有子公司，并在日本、韩国设立有分支机构，其产品广泛运用于中国及亚洲各国的汽车、风电、机械、机车等行业领域。EDD 中国公司自成立以来一直以 25%～40% 的速度增长。EDD 中国公司业务规模扩大给 EDD 中国的高层经理带来新的管理课题，具体表现在：

（1）作为在华欧洲独资企业，如何结合集团全球战略，制订中国区乃至整个亚洲的发展战略，确保 EDD 中国公司与全球总部、其他子集团的战略协同。

（2）如何运用一个简单、有效的方法描述、演绎 EDD 中国公司的战略，并将 EDD 中国的战略转化为实际行动计划？

（3）如何改造 EDD 中国公司的战略管控流程，以实现在跨地域、多层次组织架构下对各子公司、分支机构战略执行的有效监控？

EDD 中国公司总裁决定引进战略地图与平衡计分卡，开发 EDD 中国公司的战略地图。EDD 中国公司的战略地图开发采取了研讨会的形式进行。战略地图研讨会是在事先澄清了 EDD 中国公司的使命、价值观与愿景、战略财务目标基础上展开的，研讨议题主要包括以下三个方面：

第一，EDD 中国公司的业务增长路径与客户价值主张是什么？

第二，EDD 中国公司的集团关键战略举措与战略主题是什么？

第三，EDD 中国公司的平衡计分卡体系的图、卡、表文件如何编制？

我们将在本章4.2、4.3、4.4节中，结合本案例上述三大研讨议题详尽阐述如何开发其战略地图（图、卡、表）。

4.2 业务增长路径识别与客户价值主张分析

所谓业务单元的业务增长路径识别是指在客户维度应当思考主营业务收入的增长方法是什么（如图4-1中C1所示）。由于业务单元/产业专业化集团一般承担单一产业中的产、供、销整体运作，其增长路径主要是考虑如何通过产品与市场的组合来实现增长，换句话说就是：把主营业务收入增长目标与业务单元的市场战略相连接。

业务单元/产业专业化集团增长路径识别需要我们做两个步骤的操作活动。

第一件事情就是引导业务单元/产业专业化集团所有高级经理结合战略环境扫描思考：公司在产业中所锁定的客户是谁？即进行产业目标客户群的定位。所谓目标客户群定位，是指寻找、筛选并确定业务单元的目标客户，并为公司产品找到一个与其他竞争产品相比，具有明确、独特而又恰当的位置。

战略客户定位分析涉及使用两个工具：市场细分图及产品—市场分析矩阵。

市场细分概念是美国市场学家温德尔·史密斯（Wendell R. Smith）于1956年提出来的，是集团根据客户需求的异质性，把整个客户划分成不同群体。对于产业专业化集团而言，把产品、市场、地理位置和自己独特竞争力合成一组或区分出来是战略地图开发中的一个重要环节，而这种区分不能过粗也不能过细。我们首先要做的是进行集团产品分类然后进行市场细分。由于市场是特定需求的集合体，市场细分本质上是对市场需求的细分。市场细分标准非常繁杂，但是综合起来大致有五大类别：地理特征、人口特征、心理偏好特征、决策购买因素特征和消费行为特征。

1. 地理特征

对于部分客户群体来说，地理范围不同，市场需求也有可能有很大差异，例如，北方市场消费者和南方市场消费者对女靴在利益主张上就存在很大差异性。

2. 人口特征

人口特征也会影响需求的变化，包括年龄、性别、家庭生命周期、收入、职业、教育、宗教等因素，例如对于保险种类的需求，不同年龄段呈现明显的差异性。

3. 心理偏好特征

心理偏好也是市场细分的一个重要维度。在物质富足的社会，需求往往从低层次的功能性需求向高层次的体验性需求发展，消费者除了对商品的物理功能提出更高要求外，对品牌所附带的价值内涵和生活信息也有所期待。消费者心理特征和生活方式上的差异，会导致对价值内涵和生活信息需求的差异。

4. 决策购买因素特征

客户购买某种商品都是为了满足某种需求。不同类别的客户决策购买因素是不同的，例如，消费者购买任何产品，都存在不同的利益追求，有的追求价格便宜，有的追求性能优越，有的追求完善的服务。决策购买的决定性因素不同，就会导致他们有不同的追求态度，不同的人会对同一件商品做出完全不同的评价和购买决策。

5. 消费行为特征

消费行为包括对商品的重复频率、忠诚度等，例如，根据消费者对商品的使用量及其重复消费的比重，把消费者分为重度用户、中度用户和轻度用户，也可以分为忠诚用户和摇摆客户等。消费行为是数据研究最经常使用的维度。

市场细分图是根据集团所在产业客户需求的多重异质性进行市场细分，以便于集团在细分市场中确定自己的目标客户。

在 EDD 中国公司业务增长路径识别活动中，市场细分是必不可少的操作环节。图 4－2 和图 4－3 是 EDD 中国进行战略地图开发，运用市场细分图进行客户群细分的操作实例。

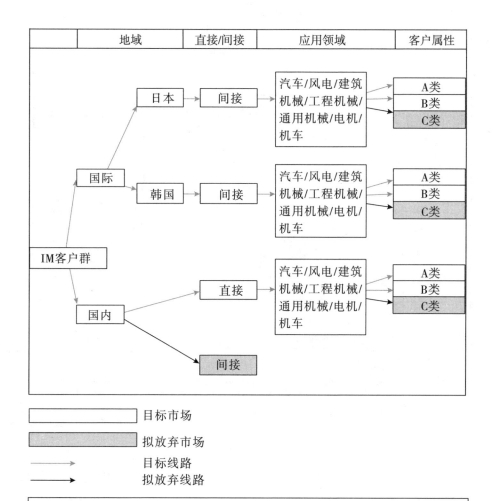

图4-2 业务单元目标市场细分示例 (1)

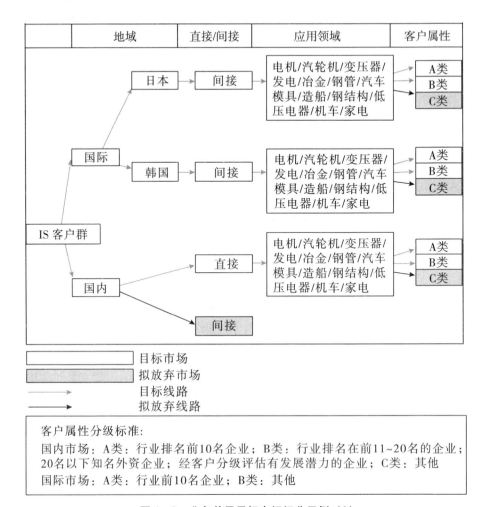

图 4 – 3 业务单元目标市场细分示例（2）

运用市场细分图进行产业客户群的细分后，我们可以运用产品—市场分析矩阵进行业务收入的增长路径识别。根据产品—市场分析矩阵理论，业务单元主营业务收入增长的手段有四种策略可供选择：

✓ 新产品、老客户/市场——产品开发，为现在市场提供新产品销售。

✓ 新产品、新客户/市场——多样化，在新的市场中开发、提供新的产品。

✓ 老产品、新客户/市场——市场开发，为现有的产品寻找新的细分市场。

✓ 老产品、老客户/市场——市场渗透，提高现有产品在现有市场中的份额。

产品与市场矩阵组合四种策略的界定，取决于将细分市场与产品线进行的组合分析。我们可以看到进行市场细分确实不是一件很容易的事情，其中

	老市场	新市场
老产品	市场渗透	市场开发
新产品	产品开发	多样化

图4-4 产品—市场分析矩阵

最主要的还是我们在前面所说的标准选择，但是为了明确业务单元的战略，我们别无选择，只有坚持不懈地努力才是最好的办法。为了找到目标市场，完成产品与市场的组合，我们必须认真做好细分市场进入的分析，如果发现一个细分市场需求比较大，公司具有进入市场的核心能力，我们可以考虑选择进入，一般来说进入细分市场的原则是：

✓ 市场需求达到一定容量的细分市场。

✓ 目前或未来竞争预见性强的细分市场。

✓ 拥有绝对或相对竞争优势的细分市场。

在此我们可以选择一个分析工具以辅助我们完成产品市场矩阵的组合分析，它就是我们经常使用到的定向决策矩阵。该分析工具从两个综合的维度分析细分市场是否具有吸引力，进而决策是否需要进入：第一个维度是"市场吸引力"，它的思考维度是我们的产品是否占据了具有吸引力的细分市场，该指标由一系列因子构成（这些因子需要反复讨论其重要性并确定权重）；第二个维度是"企业相对优势"，这个因素将帮助我们判断集团在各个细分市场是否具备内部优势，它也是由若干因子构成，我们可以结合具体的产品来调整因子以及因子的权重。

表4-1　　　　　　　定向决策矩阵分析表

维度	因子	因子权重	得分（1~10）
市场吸引力	现有容量		
	增长潜力		
	进入难易		

续　表

维度	因子	因子权重	得分（1～10）
市场吸引力	产品组合协调性		
	投资		
	……		
	合计	100%	
相对优势	市场份额		
	品牌		
	价格		
	服务要求		
	经验		
	……		
	合计	100%	

利用表4-1对每一个产品与市场进行分析后，你可以将得分情况罗列入图4-5的矩阵图，展示你的产品/市场的组合分析结果。

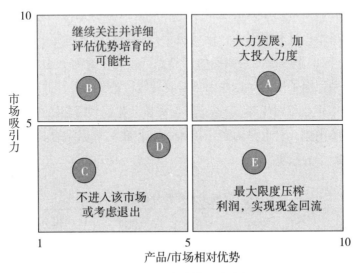

图4-5　定向决策矩阵分析

定向分析矩阵既可运用于现有产品在细分市场进入、退出等方面的决策，也可以用于全新新品开发进入细分市场的决策分析。

完成定向矩阵分析后，我们可以将分析的结果与产品—市场分析矩阵对接，操作方法是将产品与市场进行链接分析，进而识别业务增长路径。其操作方法是在 Excel 表的纵列里列出产品系列，在横列里列出所有的细分市场，然后对每个横列与纵列交叉矩阵进行分析，即分析、确定每一个产品（横列）在每一个细分市场中的策略。策略分为五种：

■ 具有高度吸引力，已经达到饱和，可作为维持的重点市场。

▲ 具有高度吸引力，但未完全开发好，需加大力度进行渗透的市场。

△ 具有低等吸引力，可作为放弃或非重点开发的市场。

★ 具有高度市场吸引力，但一直未进行开发的市场。

☆ 具有高度市场吸引力，但一直未开发产品或需要延伸产品。

图 4 - 6、图 4 - 7 两个图是 EDD 中国公司在两大系列产品（IM 系列产品、IS 系列产品）市场细分基础上，进行业务增长路径识别的工作底稿。

EDD 集团 IM 系列产品—市场分析矩阵									
	国内							国际	
	汽车	风电	建筑机械	工程机械	通用机械	电机	机车	日本	韩国
驱动	▲	△	△	△	△	△	△	★	▲
转向	▲	△	△	△	△	△	△	★	★
发动机	▲☆	△	△	★	△	△	★	★☆	★☆
传动	▲	△	△	★	△	△	△	★	★
回转齿轮 OFF - ROAD 专机	△	▲	▲	▲	△	△	▲	★	★
	△	△	★	★	△	△	△	★	★
■具有高度吸引力，已经达到饱和，可作为维持的重点市场									
▲具有高度吸引力，但未完全开发好，需加大力度进行渗透的市场									
△具有低等吸引力，可作为放弃或非重点开发的市场									
★具有高度市场吸引力，但一直未进行开发的市场									
☆具有高度市场吸引力，但一直未开发产品或需要延伸产品									

图 4 - 6 产品—市场分析矩阵示意（1）

EDD 集团 IS 系列产品—市场分析矩阵													
	国内												国际
	电机	汽车机	变压器	发电	冶金	钢管	汽车模具	造船	钢结构	低压电器	机车	家电	日本	韩国
MINAC	▲	△	▲	▲	★	△	△	△	△	★	★	★	▲	▲
WELDAC	△	△	△	△	△	▲☆	△	△	△	△	△	△	▲☆	▲☆
模具淬火机	△	△	△	△	△	△	▲	△	△	△	△	△	▲	▲
TERAC	△	△	△	△	△	△	△	★	△	△	△	△	▲	★
叶片淬火机	△	★☆	△	△	△	△	△	△	△	△	△	△	★☆	★☆

■具有高度吸引力，已经达到饱和，可作为维持的重点市场

▲具有高度吸引力，但未完全开发好，需加大力度进行渗透的市场

△具有低等吸引力，可作为放弃或非重点开发的市场

★具有高度市场吸引力，但一直未进行开发的市场

☆具有高度市场吸引力，但一直未开发产品或需要延伸产品

图 4 - 7　产品—市场分析矩阵示意（2）

　　在完成产品—市场矩阵分析后，我们就可以在业务单元/产业专业化集团战略地图中定义、描述业务增长的路径。同时我们还可以根据设定业务增长路径来推导相应的客户成果度量指标。EDD 中国公司业务增长路径分析可以在战略地图中整理为三个关键战略举措：引进并开发 IM、IS 新品的销售；大力开发国内空白区域，细化老市场；大力开发日本市场、细化韩国市场。

　　（详见图 4 - 8 客户维度 C1：加快新品销售，推动国内、日本、韩国新市场开发）

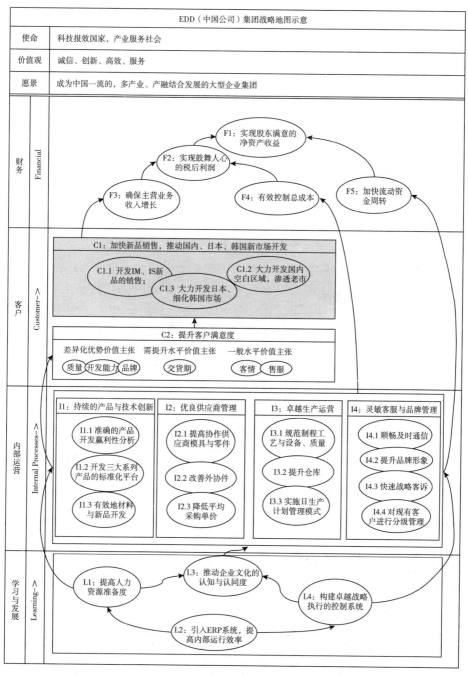

图4-8　EDD中国公司战略地图——业务增长路径识别

案例4－2 如何做垂直行业的"阿里巴巴"——抓住细分领域痛点

文章来源： 网易科技 冀勇庆

2012年以来，平台级电商的形势已经比较明朗：淘宝和天猫仍然是第三方交易平台的巨无霸，京东则在自主式B2C平台中遥遥领先，还有苏宁易购、易迅、亚马逊中国等少数几家争夺所剩无几的平台机会。而随着红孩子出售、乐淘网转型、国美合并旗下两家电商，人们似乎觉得垂直电商的机会不多了。不过，我倒是觉得现在垂直电商的机会多多。

人们不看好垂直电商的理由无外乎认为，平台电商进入垂直领域后将寸草不生，例如京东先后进入图书和母婴市场之后，就对当当网和红孩子产生了非常大的冲击。我承认，平台电商如果进入的垂直领域是标准品，确实能够利用规模优势打价格战摧毁竞争对手。但是如果卖的是非标准品呢？恐怕就不好直接比价了。想当年亚马逊何等风光，打了好几年仗却仍然干不掉卖鞋的Zappos，最后只好花大价钱将其收购。

每一个细分领域的交易模式都有不同的特点，正因为专注，垂直电商能够搞定细分领域的方方面面，而这恰恰是平台电商力有不逮或者说不屑于去做的。因此我认为，做垂直电商，只要选好细分领域，构建一个好的商业模式，完全有可能做成行业的"阿里巴巴"。

我给大家举个例子。汽车就是个非常大的行业，年产销量将近2000万辆，保有量1亿辆，市场规模惊人。但是，由于新车的交易价格太高，购买时需要了解的指标太多，又需要一定的现场体验，完全通过线上交易比较困难。

二手车本来也是同样的问题，看起来似乎也并不适合电子商务。不过令我吃惊的是，一家名为"车易拍"的公司却在2012年做到了10亿元的二手车交易额，并计划在两年内冲击100亿元的目标。我把这个案例写出来，供做垂直电商的朋友们参考。

二手车是个典型的非标准品，使用年限不同、车况不同、是否发生过损伤等，造成了二手车"一车一况、一车一价"的行业特点。过去，鉴定二手车既是个体力活又是个技术活：二手车需要一辆辆去现场鉴别，而且没有火眼金睛的话根本无法给车定价，培养成熟的看车人往往需要两三年的时间。

这些特点决定了二手车市场过去异常分散，一个月能够完成 50 辆二手车交易的经销商都很少见。

而车易拍研发了二手车检测系统，将二手车的检测标准化了。首先，检验员使用漆面检测仪检查车况，再将数据传回后台数据库，40 分钟内就能出具一份标准的二手车报告。其次，车易拍近几年收集了 15 万辆车的样本，几乎涵盖了市场上所有的主流车型，这也使得他们的检测报告比较权威和客观，因此得到了买家的信任，从而形成了买家"看报告不用看车"来竞拍车的习惯。

渠道方面，车易拍利用了 4S 店的渠道。很多二手车的个人卖家都有买车的需求，这些个人卖家一般会去 4S 店看车，那里能够获得他们的一手需求信息。于是，车易拍跟 4S 店联合起来，培训 4S 店的二手车检测能力，或者直接派人常驻 4S 店检车，从而抓住了二手车的卖方资源。此后，他们还发展了洗车店、米其林轮胎店等其他的卖方渠道。

通过以上方式，车易拍将二手车的买卖双方通过互联网撮合到了一起，而将自己做成了二手车的 B2B 交易平台。这不禁让我想起了当年阿里巴巴也是先从 B2B 做起，通过培养一大批企业买方和卖方，从而建立起自己的平台帝国。

车易拍的垂直 B2B 做得不错，酒仙网做垂直的 B2C 也很成功，并且已经"承包"了 1 号店、当当网等电商的酒类频道。酒仙网之所以做得好，也是因为董事长郝鸿峰原来就是山西最大的酒经销商，与各大酒厂关系非常好。为了不破坏过去酒厂盘根错节的关系，他宁可采用与酒厂定制产品的模式，也不打乱已经成型的价格体系。

那么，上面关于垂直电商的这两个例子，到底能够给垂直电商带来哪些启发呢？我想，主要有以下几个方面：

第一，细分领域的选择。要选择一个足够大的市场，至少有几千亿元的规模，这样将来才能"扑腾"得开。另外，这个市场上的买方和卖方的集中度越低越好，这样作为中间渠道的电商才能起到主导作用。像有些垂直电商起步就选择了家电这种卖方集中度非常高的行业，做起来就比较辛苦。

第二，垂直领域的交易流程和产业链往往比较复杂，刚开始做的时候一定要选择自己能够掌控的那一段。例如二手车的交易环节一般包括：个人卖家—卖方渠道—交易平台—买方渠道—个人买家。车易拍认为现阶段还无法掌控个人卖家和个人买家这两个环节，因此只从卖方渠道做到买方渠道，只做 B2B。如果现在就去做 B2C 或者 C2C，就算累死了也做不起来。

第三，一定要把核心流程标准化并掌握在自己手中。目前二手车的核心流程就是检车，这个过去完全靠人工，如今车易拍通过技术手段将其标准化，而且由于所有报告的填写和生成都要依赖后台数据库的支持，前台人员的重要性也就下降了。这个时候，前台人员的流失就不会对公司产生太大的影响了。

标准化之后，交易平台才得以建立起来，而当这个交易平台掌握了足够多的数据之后，它的未来价值就会得到更大的体现。目前，车易拍的收费模式是向卖家每台车收取 500 元车辆检测费、向买家收取车辆报价 3% 的服务费。但是，当车易拍积累了足够多的数据之后，它也许会转变为向客户提供大数据服务的商业模式。前不久就有汽车厂商找到车易拍，希望购买旗下车型的消费行为分析报告。

上面提到的车易拍和酒仙网都是渠道型垂直电商。有人会问，那么自有品牌的垂直电商呢？我觉得这个可能挑战会更大一些，因为一旦你要做品牌，你与细分市场原来的线下品牌就不是合作而是竞争关系了，这个时候比拼的就不是你原来擅长的网站相关业务，而是做好产品和品牌的能力了。要做好自有品牌的垂直电商，就不仅仅是建立行业生态圈，而是要一脑子扎进这个行业的问题了。例如，凡客过去一直强调自己是互联网公司，现在则提出要向优衣库甚至安踏这些传统的线下品牌学习了。

因此，短期内我还是觉得渠道型垂直电商更有发展潜力，关键是他们能够抓住自己所在领域的痛点并给出切实可行的解决方案。未来在各个细分领域，还会生长出不少的"阿里巴巴"。

客户价值主张分析是业务增长路径识别展开的同时，业务单元/产业专业化集团战略地图客户维度分析的另外一个重要内容，它决定性地影响业务增长路径策略能否顺利实现。

所谓"客户价值主张"是指客户的价值诉求，其本质会影响到客户购买的决策。在实际操作中体现在客户选择产品或服务时的几项关键指标。如客户在采购大型设备时主要关注的有性能、质量、售服、品牌等多方面，那么客户在选择产品时也将从这几个方面进行考察，同时其满足程度将直接影响客户满意度。

在业务单元/产业专业化集团战略规划中，如何满足客户价值主张本质上就是其赢利模式的选择。分析者需要充分地考虑竞争对手：既有和竞争对手相比拟的共性——相似点，又有比竞争对手更优更好的差异点。

在业务单元/产业专业化集团竞争战略模式选择上，著名战略学家迈克尔·波特将竞争战略分为：总成本领先战略（overall cost leadership），差异化战略又称别具一格战略（differentiation），集中化战略又称聚集战略、专一化战略（focus）。

第一种战略采取最大努力降低成本的方式。通过满足客户在"价格"上的价值主张，以维持其低成本的竞争优势。要做到成本领先，就必须在管理方面对成本严格控制，尽可能降低成本费用的指标，处于低成本地位的公司可以获得高于产业平均水平的利润。在与竞争对手进行竞争时，由于自身的成本底线远远低于竞争对手，因此一旦打起行业价格战，当价格突破竞争对手的底线时就意味着对方出局。

第二种战略是指企业提供的产品或服务别具一格。这种模式往往强调满足客户对产品或服务的性能、质量、功能、技术参数等价值主张的领先性或差异性。这种战略强调别具一格，一旦实施成功它就会成为在行业中赢得超常收益的战略，因为它能利用客户对品牌等方面的忠诚而处于竞争优势。

第三种战略是将自己的产品与服务聚焦于某个特定的客户群，或从事某产品系列的一个细分区段或某一个地区市场。实施该战略的前提是：专业化集团拥有以更高效率、更好效果为某一狭窄对象服务的能力，从而超过在更广阔领域内的竞争对手。实施该战略往往拥有很多赢得超过行业平均水平收益的机会。

在业务单元/产业专业化集团战略地图开发时，我们应当擅长运用客户价值主张做战略选择：

首先，对客户价值主张现状与发展趋势做分析，如果有必要我们可以开展客户需求与价值取向的调查。

其次，根据调查的结果，罗列出客户的所有价值主张的评价指标，并按照其优先程度进行排序。

最后，结合企业内部优劣势分析，判断企业所能擅长的客户价值主张。

在第三步中，我们需要区分三个不同战略层级的客户价值主张。

第一层级是差异化的客户价值主张。该层级表明企业在满足客户该方面价值主张的能力应当达到行业一流水平，即战略核心能力推导的主要来源之一。

第二层级是一般水平的客户价值主张。该层级表明企业在满足客户该方面价值主张的能力可以保持在行业一般水平。

第三层级是需提升的客户价值主张。该层级表明企业在满足客户该方面价值主张的能力需要提升，这些价值主张满足往往是企业能力的短板。

Robert S. Kaplan 和 David P. Norton 在其专著《战略地图》中给出了一般企业客户价值主张的分类元素。确认客户价值主张要求你能引导公司高级经理回答一个问题，那就是：我们的这些客户为什么要购买我们的产品？或者说他们在购买我们产品时关注什么？我们将这些关注点称为"客户价值主张"。

事实上你在进行客户价值主张的确认时，应当重点考虑在你们所罗列出的所有客户价值主张中，哪些是你们在战略规划期内应当重点突出的优势与短板。所谓的优势就是在客户价值主张中哪些是你公司已经达到或要通过培育达到行业一流水平的竞争优势，是价格的优势？还是售后服务的优势？所谓的短板是指在客户价值主张中哪些是你公司低于行业一般水平的，是产品功能？还是品牌？

图 4 - 9 客户维度中 C2（C2：提升客户满意度）战略主题是 EDD 中国公司客户价值主张分析成果在战略地图中演绎的例子，它有效地支持了 C1 战略主题的实现，进而驱动、决定着 F3——确保主营业务收入增长这一战略财务目标的实现。

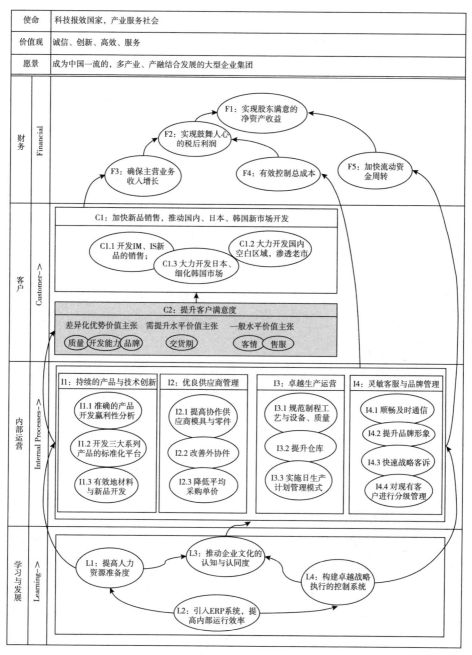

图4-9　EDD中国公司战略地图——客户价值主张分析

4.3 内部运营、学习成长关键战略举措与战略主题

尽管在核心能力界定操作程序上有一定类似性，但是业务单元/产业专业化集团与多业务组合集团在战略核心能力的要求上有着很多本质不同：前者核心能力培育一般主要是产业运作能力，如成本控制能力、技术产业化能力、市场运作能力等，这些都依赖于我们从股东价值、客户价值、其他战略利益相关方价值进行推导、识别；而多业务组合集团战略核心能力不仅涉及多产业驾驭能力，还会更多地涉及产融投资组合、战略资本运营等能力。虽然业务单元/产业专业化集团也会要求资本运营能力的培育，但一般不会类似多元化产融结合发展集团那样成为其战略核心能力；同时，即使是业务单元/产业专业化集团，由于其涉足行业特点不同，其战略核心能力的要求必然也完全不同，例如，一个地产集团与电力集团、重型机械制造集团在核心能力上有着十分显著的差异。

在识别出业务单元/产业专业化集团战略核心能力后，我们需要进一步引导集团高级经理们讨论如何通过内部运营策略来培育核心能力、提升短板能力。在这个时候，我们需要将核心能力与内部运营的流程结合起来进行分析，我们可以运用内部运营分析矩阵表来完成确认过程。在集团战略环境扫描阶段，SWOT分析结果将为我们完成内部运营分析矩阵表分析提供参考、帮助。

内部运营分析矩阵表填写包含三个操作步骤。

第一步：业务单元价值链流程规划。所谓"流程规划"是根据业务单元所涉足行业特点和自身的特色，对其内部价值链所有环节按照一定的逻辑关系进行分类，并理清各流程的内在联系以确定流程框架。

业务单元/产业专业化集团的流程规划，要求规划人员能很快地了解和分析业务单元所处的行业特点，并熟悉其整体运作环节。同时要求高层对行业和公司能力都有很深刻的认识，因为业务单元/产业专业化集团有子公司的存在，因此与单体公司的战略有着巨大不同。业务单元/产业专业化集团除了运营的职能外更为关键的是管控、协同子公司的职能，通过子公司的克隆实现集团边际效

益最大化,这种规模化扩张所带来的组织效率是单体公司所无法比拟的。

所以我们要组建以业务单元/产业专业化集团高层为主的流程规划团队,这是因为他们在管控运营方面有着其他管理层级人员所无法具备的、对行业有效理解的宏观视角;根据佐佳咨询集团战略地图开发的项目经验,为了确保业务单元/产业专业化集团流程规划效果,最好采取讨论会形式展开,因为这可以集思广益。

价值链分解法被广泛地运用于流程规划,该方法的基本理论前提是价值链理论:20世纪80年代初期,价值链理论是作为一种战略分析方法而被提出的。其创造者迈克尔·波特指出任何企业的价值链都是由一系列相互联系而又相互分离的活动构成的,他列举了典型制造型企业的价值链活动(包括产品的设计、生产、营销、分销以及对产品起辅助作用的各种活动),同时波特还指出不同行业企业的价值链有很大差异性。(如图4-10所示)

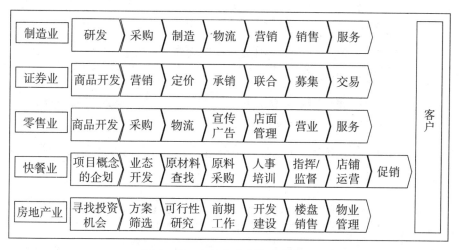

图4-10 各行业企业的主价值链

迈克尔·波特认为企业在价值链各项活动中,一方面创造出有价值的产品或劳务,另一方面也负担着各项活动所产生的成本,而企业经营的主要目标应当是获取顾客对产品或劳务所愿支付的价格与价值链活动所耗成本间的差距,即利润。所以进行企业价值链的分析就要确定企业活动中哪些是"增值"的,哪些是"不增值"的。价值链理论一开始在战略分析中被广泛运用,最后被延伸到流程再造的项目中去。

业务单元/产业专业化集团流程规划活动中,我们应当注意组织的不同层面其主导的流程有所不同。同时还需要用流程清单或流程规划图的形式来表现流程规划的结果。

第二步：分解业务单元战略能力构成元素，交叉矩阵分析。分解战略能力（包括战略核心能力、维持一般水平能力、提升短板能力）构成元素，主要是对业务单元/产业专业化集团战略的核心能力进行元素分解。例如，表 4 - 2 中：某业务单元将"成本控制能力"分解，将成本按照形态拆分为"材料成本控制能力""制造费用/直接人工控制能力"两大元素，然后再运用内部运营分析矩阵将其与内部运营流程链接，开展交叉矩阵分析。

内部运营分析矩阵是佐佳咨询在大量的集团战略绩效管理咨询项目中开发出的一个分析工具。该工具能帮助我们实现集团战略能力与内部运营等维度对接，它的操作步骤是：

（1）根据流程规划的结果，将业务单元/产业专业化集团所有价值链的流程列入矩阵的横栏。

（2）将客户价值主张及相关财务目标列入矩阵的纵栏。

（3）检查前期战略分析，尤其是 SWOT 分析的结论。

（4）进行流程驱动因素分析，将流程对客户价值主张及相关财务目标驱动的每一个改进举措列入相关对应的格中。

表 4 - 2 是 EDD 中国公司在战略地图研讨会上进行内部运营交叉矩阵分析时的一个工作底稿：

表 4 - 2　　EDD 中国公司战略地图研讨会——内部运营交叉矩阵分析工作底稿

成本能力分解元素	研发管控流程	供应与采购管控流程	生产制造管控流程	营销管控流程
材料成本控制能力	组织研发立项，明确新材料替代计划并确保实现；开发三大系列产品平台开发	规范供应商评估、合同、制造过程与检验管理流程与制度，降低平均采购单价，减少连带的内外部质量损失成本	制定成本标准，提高成本标准的覆盖率	

成本能力分解元素	研发管控流程	供应与采购管控流程	生产制造管控流程	营销管控流程
制造费用/直接人工控制能力	开发三大系列产品共享平台	规范供应商评估、合同、制造过程与检验管理流程与制度，减少连带的内外部质量损失成本	设备与操作工艺执行控制；防止非常规停工事故（设备、生产事故、质量事故、生产准备不足）；降低内部质量损失	大客户质量监控体系运作，以减少生产制程质量返工损失

第三步：整理关键战略举措，确定战略主题。运用内部运营分析矩阵表进行战略能力驱动因素分析后，我们能够得到很多内部运营与学习成长的"举措"，与集团层面战略分析过程相似，业务单元/产业专业化集团这些"举措"并不都是需要在战略地图上反映的，我们仍旧需要筛选出"关键战略举措"。筛选"关键战略举措"仍可考虑选择"交互式分析法"或"层次分析法"来完成。

与多业务组合集团战略地图绘制相似，识别出业务单元/产业专业化集团的"关键战略举措"后，我们可以采取合并同类项的方法将若干性质相似的"关键战略举措"归纳、整理在一起，识别出"战略主题"。我们同样特别要注意的是：战略主题中的"关键战略举措"不能交叉重复。

如图4-11 EDD中国公司战略地图的"内部运营"与"学习成长"维度所示，在集团战略规划中我们需要本阶段推导出的"战略主题"与"关键战略举措"在战略地图中展现出来。

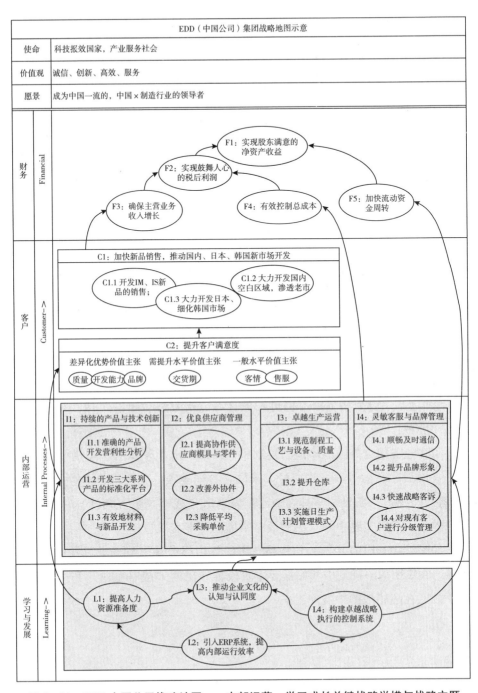

图4-11　EDD中国公司战略地图——内部运营、学习成长关键战略举措与战略主题

4.4 业务单元/产业专业化集团战略图、卡、表文件

　　一般而言，完成上述模块的分析决策后，我们就得到了一个完整的业务单元/产业专业化集团战略地图。为了完整地演绎战略，我们还需要继续设计平衡计分卡、战略行动计划表开确保战略地图的细化与延伸。

　　仍旧延续本章的案例，通过下面的战略地图、平衡计分卡、战略行动计划表示例，我们可以看出三者之间的联动关系：战略地图将多业务组合集团战略任务系统、集团战略财务目标、业务增长路径、客户价值主张、集团核心能力培育、集团内部运营战略主题等众多内容以集成的地图方式进行演绎；平衡计分卡则是对战略地图的进一步细化与延伸，平衡计分卡分为维度、战略目标与主题、核心衡量指标、目标值、支持计划、主要责任人六个纵列。其中维度、战略目标与主题内容与战略地图是相同的，但是在平衡计分卡中则需要继续细化、确定每一个战略目标与主题所对应的核心衡量指标、目标值（一般为5年）、支持计划（即填写战略行动计划名称）、计划责任人等。

　　战略行动计划表则是依附于平衡计分卡并对其中的"支持计划"进行细化、延伸，可以说战略行动计划能否完成将决定性地影响战略目标与主题能否最终实现。战略行动计划表的关键结点则是业绩评价体系中"工作目标设定"的主要来源与依据。以EDD集团为例分别列出其战略地图、平衡计分卡和战略行动计划表设计文件。

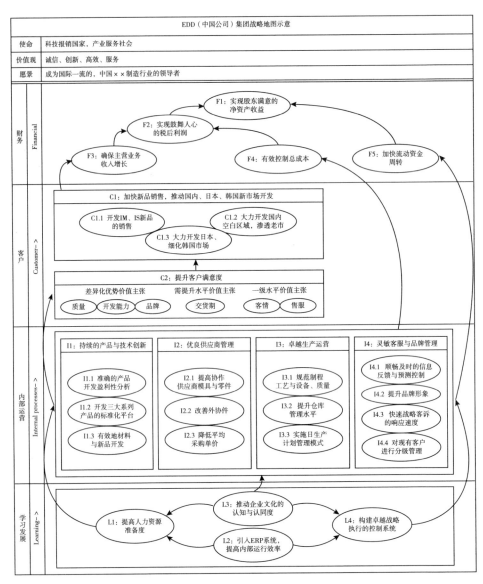

图 4 – 12　EDD 中国公司战略地图

表4-3　　　　　　　　　EDD 中国公司平衡计分卡

维度	战略目标与主题	核心衡量指标	目标值	支持计划	主要责任人
	EDD（中国公司）集团平衡计分卡示意				
财务	F1：净资产收益	集团净资产收益率			
	F2：税后利润达到	集团税前利润			
	F3：确保主管业务收入增长	集团主营业务收入			
	F4：控制总成本	集团成本费用总额			
	F5：加快流动资金周转	集团流动资金周转天数			
客户	C1：加快新品销售，推动国内、日本、韩国新市场开发				
	C1.1 开发 IM、IS 新品的销售	IM、IS 新品业务收入比重		市场营销计划	
	C1.2 大力开发国内空白区域，渗透老市场	战略空白市场客户开发数量		市场营销计划	
		战略老客户锁定数量		市场营销计划	
	C1.3 大力开发日本、细化韩国市场	日本、韩国市场收入比重		市场营销计划	
内部运营	I1：持续的产品与技术创新				
	I1.1 准确产品开发营利性分析	营利性产品销售收入比重		项目评估模式优化计划	
	I1.2 三大系列产品平台	1C—001 项目计划达成指数		研发项目计划 1C—001	
	I1.3 实现材料与产品开发目标	4A—001 项目计划达成指数		研发项目计划 4C—001	
		5C—002 项目计划达成指数		研发项目计划 5C—002	
	I2：优良供应商管理				
	I2.1 提高供应商模具与零件控制	供应商模具受控比例		供应商布局实施计划	
	I2.2 外协件入库质量控制	外协件入库检验合格率		ISO 9001 推进计划	
	I2.3 降低平均采购单价	关键外协件平均协作单价		供应商布局实施计划	

133

续　表

维度	战略目标与主题	核心衡量指标	目标值	支持计划	主要责任人
内部运营	I3：卓越生产运营				
	I3.1 制程工艺、设备及质量行为控制	退换货率		ISO 9001 推进计划	
		A 级品率		ISO 9001 推进计划	
		工艺与设备事故发生频次		5S 实施计划	
	I3.2 提升仓库管理水平	仓库评估合格（大客户评估）		仓库整顿计划	
	I3.3 实施日生产计划模式	订单满足率		日生产计划推进计划客户分级管理实施计划	
		战略客户订单满足率			
		平均生产周期			
	I4：灵敏有效的客服与品牌管理				
	I4.1 顺畅及时的信息反馈与预测	销售预测准确率		BPR 工作计划（销售预测）	
		重大市场信息不良反馈次数		—	
	I4.2 提升品牌形象	品牌美誉度		品牌推广计划	
	I4.3 快速战略客诉的响应速度	战略客诉平均响应周期		BPR 工作计划（售服）	
		战略客诉问题妥善解决率			
	I4.4 对现有客户进行分级管理	客户分级实施计划达成评估		客户分级管理实施计划	
学习发展	L1：提高人力资源（尤其是关键岗位的）战略匹配度	关键岗位任职资格达标率		人才梯队计划	
		键人员及时到岗位率		内、外招聘计划	
		培训计划达成率		培训计划	
	L2：引入 ERP 系统，提高产供销的运行效率	流程优化目标达成数量		BPR 工作计划	
		ERP 系统建设计划评价		ERP 系统建设计划	
	L3：推动企业文化的认知与认同度	企业文化认知度		企业文化活动计划	
		企业文化认同度			
	L4：构建卓越战略执行的控制系统	BSC 计划实施评价指数		BSC 实施计划	
	L5：坚持党的领导，发挥纪检监查的监督机制	新党员考评达标比例		党风廉政建设计划	
		党风廉政危机未及时预警			
		党风廉政计划达成评价			

表 4 - 4   **EDD 中国公司战略行动计划表**

战略行动计划表示意	
计划名称	5S 实施计划
计划编号	
总负责人	第一负责人：××；第二负责人：××
制订	
制订日期	
审批	
审批日期	

编号	关键结点	时间	计划要求	负责单位	协同单位	责任人
1	5S体系建设的方案					
	成立集团总部层面项目领导小组、执行小组	2010 年 5 月 4 日—2010 年 5 月 10 日	目标陈述：在 2010 年 5 月 10 日以前，通过酝酿、讨论、分别在集团与各公司层面确定 5S 推行项目领导小组和执行小组 成功标志：制订出台《推行 5S 现场管理项目的通知》，集团以通知形式行文下发	集团管理部	各子公司办公室	
	制订《5S现场管理推行指导手册》	2010 年 5 月 10 日—2010 年 5 月 30 日	目标陈述：在 2010 年 5 月底前，通过领导、执行小组酝酿、讨论，制订《5S 现场管理指导手册》 成功标志：制订出台《5S 现场管理推行指导手册》（要求包括 5S 理论、操作规范、现场流程制度清单、与实际运行案例说明），并经总裁办公会讨论通过	集团管理部	各子公司办公室	

续 表

编号	关键结点	时间	计划要求	负责单位	协同单位	责任人
1	5S体系建设的方案	5S现场管理培训	2010年5月30日—2010年6月30日	目标陈述：对车间骨干及部门员工进行培训（至少N次受训频次，含录像培训），发放5S教材与手册 成功标志：使全体员工对5S现场管理的内容全面认识	集团管理部	各子公司	
		5S现场管理试点单位的确定	2010年5月30日—2010年6月30日	目标陈述：领导小组通过开会讨论，确定5S现场管理试点单位 成功标志：北京与上海各确定2个车间，所有部室（含后勤），集团研发中心实验室	集团管理部	各子公司办公室	
2	车间5S推广方案及实施	完成北京与上海的试点车间与部室、集团研发中心实验室5S实施细化方案	2010年5月30日—2010年6月30日	目标陈述：在2010年6月30日前，制订北京与上海的试点车间与部室、集团研发中心实验室5S推广方案，确定组织机构人员名单和职责、方针目标，推广步骤等 成功标志：制订出试点车间与部室《5S实施方案》（初稿），经过总经办审批	集团管理部	各子公司办公室/试点车间/部室/济南实验室	
		车间与部室、实验室5S实施	2010年7月1日—2010年8月15日	目标陈述：试点单位实施推广 成功标志：按照实施方案计划，分步推进试点车间与部室5S计划	集团管理部	各子公司办公室/试点车间/部室/济南实验室	

编号	关键结点		时间	计划要求	负责单位	协同单位	责任人
2	车间5S推广方案及实施	车间与部室5S实施评价	2010年8月15日—2010年8月31日	目标陈述：集团最高领导对北京、上海，集团研发中心实验室的5S试点实施情况进行阶段性评估 成功标志：按照百分制，运用"5S现场评价表"达到60分以上	集团管理部	各子公司办公室/试点车间/部室/济南实验室	
		阶段总结	2010年8月15日—2010年8月31日	目标陈述：在2010年8月31日以前，召开阶段总结会，对车间与部室推广工作进行总结，修订《5S现场管理推行指导手册》《5S实施方案》 成功标志：修订方案报经集团总裁办公会批准认可	集团管理部	各子公司办公室	
3	5S现场管理全面实施	非试点车间《5S实施方案》	2010年8月15日—2010年9月10日	目标陈述：在2010年9月10日以前，讨论制定非试点车间《5S实施方案》 成功标志：方案报经公司总经理办公会批准认可	集团管理部	各子公司办公室	
		非试点车间与部室5S实施	2010年9月10日—2010年11月10日	目标陈述：非试点单位实施推广 成功标志：按照实施方案计划，分步推进试点车间与部室5S计划	集团管理部	各子公司办公室/非试点车间/部室/	

137

续　表

编号	关键结点	时间	计划要求	负责单位	协同单位	责任人
3	5S现场管理全面实施	车间与部室5S实施评价	每季度	目标陈述：集团每季度实施检查；各工厂最高领导每月实施检查 成功标志：每次检查应现场及时填写"5S现场评价表"，报集团人力行政部备案	集团管理部	各子公司办公室/非试点车间/部室/	

在上述图、卡、表设计过程中，有一个关键步骤值得我们在操作时注意：也就是当我们完成战略地图的绘制后，我们需要将战略地图中的"战略目标与举措"与平衡计分卡的"指标、计划"对接起来，与集团层面操作步骤一样，我们可运用"五因素分析法"来进行操作，该方法曾经被广泛运用于"战略KPI"中考核指标的确定，佐佳咨询成功地将其整合到图与卡的对接中来。表4－5是在EDD战略地图与平衡计分卡对接时，运用"五因素分析法"将"战略目标与举措"与"指标、计划"对接的一个管理咨询项目工作底稿。

表4－5　　　　　　　　EDD中国公司五因素分析法工作底稿

战略主题	关键举措	行动计划	战略KPI指标推导					指标名称
			时间	成本	数量	质量	风险控制	
L1 提高人力资源（尤其是关键岗位的）准备度	执行能力素质模型建模，开展关键岗位任职资格评估	能力素质模型建设计划	√		√	√		任职资格达标率，能力素质模型
	通过招聘、培训计划的编制实施，提高关键岗位人才任职资格达标率	内、外招聘计划	√	√	√	√		关键岗位人员及时到岗位率、培训计划达成率、计划编制达成评估
		培训计划	√	√		√		
		关键岗位梯队计划	√			√		

战略主题		关键举措	行动计划	战略 KPI 指标推导					指标名称
				时间	成本	数量	质量	风险控制	
L2	引入 ERP 系统，提高产供销的运行效率	产、供、销流程优化与描述	BPR 工作计划			√	√		流程优化目标达成数量、ERP 系统建设计划评价
		推进 REP 软件系统的选择、引入与提升工作	ERP 系统建设计划	√	√	√	√	√	
L3	推动企业文化的认知与认同度	修订核心文化、制度文化	企业文化远景规划；年度企业文化工作计划	√	√		√		企业文化认知度、企业文化认同度、企业文化建设计划达成评估
		制订文化宣传策略、编制并落实企业文化宣传计划		√	√		√		
		开展员工温暖等文化活动		√			√		
L4	构建卓越战略执行的控制系统	推进平衡计分卡项目	BSC 工作计划	√			√	√	BSC 计划实施评估指数

案例 4-3 山东某化工（集团）有限公司战略地图案例

山东某化工（集团）有限公司成立于 1998 年，系国家 YY 化工产品生产定点企业，国家重点高新技术企业，山东省高新技术企业，是亚洲最大的生产 YY 化工产品的集团型企业。集团公司总部、集团研发中心、营销公司设立在山东济南，并在其他三个城市拥有若干制造子公司。山东某化工（集团）有限公司组织架构呈集团化发展趋势，属于典型的单一产业化集团。集团化对集团战略管控提出挑战，如何处理好集团与分子公司在集团战略管控上的分权与集权关系，有效地在分子公司传达集团总部的战略意图，落实战略执行的责任机制并提升战略执行力，已经成为该集团面临的巨大挑战之一。

于是，山东某化工（集团）有限公司开始导入战略地图与平衡计分卡。在战略地图开发活动中，咨询顾问通过战略分析引导山东某化工（集团）有限公司的高层开发集团战略地图与平衡计分卡，同时还引导集团中高级经理对集团战略地图与平衡计分卡中的每一个单项"战略行动计划"进行编制。

从战略地图开发第一年的第一季度开始，山东某化工（集团）有限公司正式按照战略执行体系规定和要求展开工作。目前已经召开了两轮的战略绩效质询会，高层领导明显感觉会议的效果与质量远远高于往年战略质询会议。

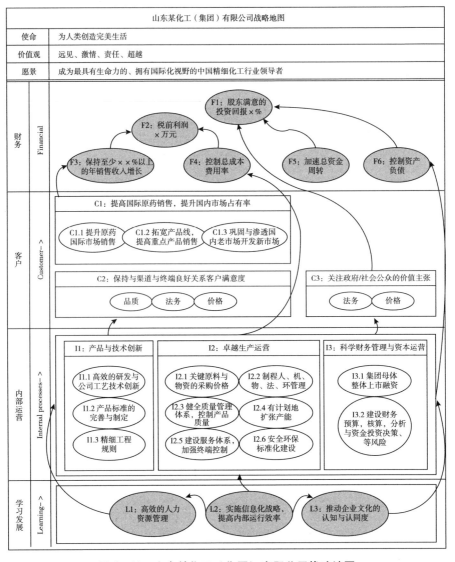

图 4-13　山东某化工（集团）有限公司战略地图

表 4 - 6   山东某化工（集团）有限公司平衡计分卡

维度	战略目标与主题	核心衡量指标	目标值	支持计划	主要责任人	备注
财务	F1：股东满意的投资回报	净资产收益率	——			
	F2：税前利润率提升	税前利润率	——			
	F3：年销售收入增长	销售收入增长率	——			
	F4：公司总成本控制	成本费用总额	——			
	F5：加速流动资金周转	流动资金周转天数	——			
	F6：良好的资产负债结构	资产负债率	——			
客户	C1：加强国际原药销售，提升国内市场占有率					
	C1.1 提升原药国际市场销售	原药国际市场销售收入		市场营销规划		
	C1.2 拓宽产品线，提高重点产品销售比重	重点产品销售收入		市场营销规划		
		新产品市场表现综合评价		市场营销规划		
	C1.3 巩固与渗透国内老市场、开发新市场	新市场销售收入增长率		市场营销规划		
	C2：保持与渠道、终端的良好关系					
	C2：保持与渠道、终端的良好关系	渠道客户满意度		服务中心建设计划/流程与制度优化计划		
		终端客户满意度				
	C3：关注政府/社会公众的价值主张					
	C3：关注政府/社会公众的价值主张	一般（及以上）安环事故		流程与制度优化计划		
				流程与制度优化计划		
内部运营	I1：产品与技术创新					
	I1.1 高效的研发与工艺技术创新	技术研发计划达成评价（GS）		技术研发计划		
		重大工艺与质量改进计划达成评价（GS）		工艺与质量改进计划		
		研发中心建设计划达成评价（GS）		研发中心建设计划/流程与制度优化计划		

续　表

维度	战略目标与主题	核心衡量指标	目标值	支持计划	主要责任人	备注
内部运营	I1.2 产品标准的完善与制定	产品标准制订计划达成评价（GS）		产品标准修订计划		
	I1.3 精细工程规划	工厂建设与设备改造达成评价（GS）		工厂建设与设备改造计划		
	I2：卓越生产运营					
	I2.1 加强供应商管理，控制关键原料与物资的采购价格	优良供应商比例		供应商结构优化计划		
		关键物资采购价格抽检符合率		流程与制度优化计划		
	I2.2 制程人、机、物、法、环管理	生产计划达成率		5S 体系建设计划		
		生产成本费用达成率				
		外部质量损失				
		一般（及以上）安全事故				
	I2.3 健全质量管理体系，控制产品质量	产品一次合格率		流程与制度优化计划/工艺与质量改进计划		
	I2.4 有计划地扩张产能，满足订单需求	订单满足率		工厂建设与设备改造计划/流程与制度优化计划		
	I2.5 建设服务体系，加强终端控制度	服务中心建设达成评价（GS）		服务中心建设计划/流程与制度优化计划		
	I2.6 安全环保标准化建设	一般（及以上）安全事故		安全环保工作规划		
				流程与制度优化计划		
	I3：科学财务管理与资本运营					
	I3.1 公司整体上市融资	公司上市目标达成评价（GS）		公司上市工作计划		
	I3.2 建设财务预算、核算、分析与资金等风险控制体系	财务管理体系建设达成评价（GS）		流程与制度优化计划		

维度	战略目标与主题	核心衡量指标	目标值	支持计划	主要责任人	备注
学习发展	L1：高效的人力资源管理	人均利润		关键岗位人才培养计划		
	L2：实施信息化战略，提高内部运行效率	流程优化目标达成比例		流程与制度优化计划		
	L3：推动企业文化的认知与认同度	信息化建设计划评价		信息化建设计划		
		企业文化体系建设达成评价（GS）		企业文化工作计划		

表4-7　　山东某化工（集团）有限公司战略行动计划表（示例）

战略行动计划表

计划名称	研发中心建设计划
计划编号	
总负责人	第一负责人：××；第二负责人：××
制订	
制订日期	
审批	
审批日期	

编号	关键节点	时间	计划要求	责任单位	协同单位	责任人
1	技术开发中心项目建议书	2010年7月20日	目标陈述：形成技术开发中心项目建议书，含土建、实验能力、设施与设备要求规划等详细内容 成功标志：报公司相关部门进行论证初审	技术开发部	—	
		2010年10月30日	目标陈述：形成技术开发中心的总体规划 成功标志：报公司董事会进行终审	总经理	技术开发部	

续　表

编号	关键节点	时间	计划要求	责任单位	协同单位	责任人
2	规划设计	2010 年 11 月 20 日	目标陈述：形成完整设计方案 成功标志：报公司进行审核	—		
3	购买协议	2010 年 12 月 31 日	目标陈述：签订土地购买合同 成功标志：正规合同样本，预算达到《项目建议书》	总经理		
4	领导小组	2010 年 10 月 1 日	目标陈述：签订土地购买合同 成功标志：领导小组成员表报公司审批通过	总经理		
5	立项	2011 年 2 月 20 日	目标陈述：形成立项报告 成功标志：报政府部门进行立项审批通过	行政部	技术开发部	
		2011 年 3 月 20 日	目标陈述：形成环评、安评、消防报告 成功标志：报政府部门审批通过	行政部	技术开发部	
6	土建		建筑设计、建筑施工、建筑监理方案			
		2011 年 11 月 1 日	目标陈述：施工交付 成功标志：政府部门出具验收报告	领导小组		
7	技术开发中心硬件	2012 年 12 月 31 日	目标陈述：建立 GLP 实验室 成功标志：硬件安装到位，人员等软件配置到位，分析能力达到规划水平	领导小组		
		2012 年 2 月 10 日	目标陈述：主要设施、设备完成选型、采购、验收 成功标志：设备通过公司验收组验收	领导小组	技术开发部	
8	验收	2012 年 3 月 10 日	目标陈述：环评、安评、消防组织验收 成功标志：政府出具验收报告	行政部		

编号	关键节点	时间	计划要求	责任单位	协同单位	责任人
9	人员架构	2011年6月10日	目标陈述：形成人员架构并提报人员需求计划 成功标志：报人力资源部审核通过	人力资源部	技术开发部	
		2011年7月20日	目标陈述：人员招聘 成功标志：签订人员招聘合同	人力资源部	技术开发部	
10	激励政策	2011年7月20日	目标陈述：形成人员激励政策方案 成功标志：报公司审核通过	人力资源部	技术开发部	
		2012年2月	目标陈述：实施技术开发中心人员考核与激励措施 成功标志：实现奖惩分明，通过每年公司奖励批复	人力资源部	技术开发部	

4.5 业务单元/职能专业化集团战略地图、卡、表开发

与产业专业化专注于产供销为一体有所不同的是，职能专业化集团型企业一般只专注于某一产业产供销价值链中某一环节的业务。例如单纯的贸易集团、生产制造基地等。因此选择职能专业化的集团公司其业务形态与战略地图绘制的要求与产业专业化集团有着巨大不同。职能专业化集团一般常见于超大型集团的二级子集团，本节中我们仍结合企业的实践案例，与您分享该类集团战略地图、平衡计分卡、战略行动计划表开发的成功经验。应当注意的是职能专业化集团型也有可能是某一产业集团的二级子集团或业务单元。

案例4-4 某便利店有限公司战略地图案例

某便利店有限公司是一家日用消费品的零售流通企业。公司一直以零售

便利店特许加盟为主要发展模式，努力构建消费者的生活服务中心。某便利店有限公司经过十三年创新发展，业务已经进入高速增长的规模化发展阶段。至 2010 年其加盟、管理的店铺数量将超过 4000 家，目前已经遍布南方城市，其零售品牌成为最具影响力与最具投资价值的便利店品牌。

随着某便利店有限公司业务的快速规模化发展，企业组织规模也在不断地扩大，近年来公司组织架构呈现明显的总分、母子的发展趋势。如何有效地管控公司战略，提升分子公司的战略执行力已经成为企业急需解决的管理课题之一。便利店公司高层领导也充分意识到公司战略规划与有效战略管控的重要意义，自 2008 年以来他们就一直计划导入平衡计分卡这一管理工具来实现对企业战略的简单、有效的描述、衡量与管理。

某便利店有限公司的平衡计分卡项目正式启动。总部各部门主管级以上人员参加了项目启动会。公司总经理张总在启动会上提出：希望通过对平衡计分卡的研究，进一步明确公司产业链的发展方向，更清晰每一阶段的工作重点，应做些什么，怎样去实现。总经理表示，平衡计分卡项目需要全员积极参与，大家要用开放、学习的心态积极参与，进而推动各项工作的进展。为保证项目的有效实施，公司还特别成立了平衡计分卡项目组，由总经理亲自挂帅，率领管理层人员，由上至下地推行。

平衡计分卡项目设计推行期为两个半月，便利店公司中高层经理首先召开了先后为期四周的公司战略地图开发研讨论会。公司战略地图开发研讨论会主要分为以下几个步骤。

第一，确定公司使命、价值观、愿景、战略财务目标。使命、价值观、愿景是公司的战略根本，在研讨会上公司中高层经理对便利店公司的战略使命、价值观、愿景的修订提出了自己的看法，同时最终研讨确定了公司的使命、价值观、愿景；同时公司中高层经理还对规划期的战略财务目标进行了研讨。而这些工作成果在短期的研讨会上能得到确认，与便利店公司以往坚持滚动的战略环境扫描分析工作是分不开的。

第二，财务战略目标实现关键路径识别。研讨会除了讨论公司的使命、价值观与愿景、财务战略目标以外，重点还对公司财务战略目标实现关键路径进行了识别。这一步骤是公司总经理最为关注的研讨步骤。在关键路径识别时便利店公司所有中高层经理都充分发表了自己的观点，经过研讨他们一致认为：便利店公司历史成功业绩的取得主要源自其独特的赢利模式——特许加盟，而在未来公司要想获得更广阔的业绩增长空间，还必须拓宽自己的赢利空间，发展多层面的业务，把公司的业务优势能力发挥到极致。这就要求公司能比竞争对手更加擅长提高产品与服务的可选性、增强更多便利性、提升配送能力、加大品牌宣传投入等，以期比竞争对手更擅长满足客户的价值主张；同时在研讨会上，便利店公司的中高层经理还分析了物流供应商、渠道合作商、商品供应商等外部利益相关方的战略价值主张，因为他们认为这些外部利益相关方的战略价值主张能否实现也会直接影响到股东价值（财务目标）的实现。

第三，确定内部运营与学习成长关键战略举措与战略主题。在客户维度对战略财务目标的关键战略路径进行识别后，研讨会进入到第三个操作步骤即讨论便利店公司战略地图"内部运营与学习成长"关键战略举措与战略主题。在咨询顾问的引导下，便利店公司的中高层经理将客户维度中所有利益相关方的价值主张通过内部运营分析矩阵有效地与流程链接起来。经过整理汇总后绘制出公司的战略地图。

完成公司的战略地图的研讨后，某便利店有限公司总经理如此评价说：在平衡计分卡体系实施之前，我们从来没有见过哪一个管理工具能够帮助我们将公司战略描述得如此简单、清晰。

2016 年年初，在互联网对实体门店产生异业颠覆式冲击的大环境下，某便利店有限公司门店数量已经达到了 7400 多家，产业成功地延伸到食品工业、批发贸易、零售金融等多业务领域。

5

"互联网+"时代的
职能战略地图与平衡计分卡

很多集团公司编制集团战略规划文件时，将职能战略曲解为宏观的大手笔、大构造。职能战略规划的内容沦落为务虚的口号而缺乏详细的行动计划，这是集团职能战略规划活动中最大的操作误区。

事实上集团职能战略规划是在集团战略指导下，按照集团总部专业职能分工将集团战略意图进行具体落实、细化，它的制订过程就是将集团战略转化为职能部门具体战略行动计划的过程。根据这些行动计划，集团职能部门管理人员可以更清楚地认识到本职能部门在集团整体战略执行中的责任与要求。

本章我们将重点描述职能/部门战略地图与平衡计分卡的开发，一般来说集团类别不同，其职能战略所关注的重点内容则有所不同：多业务组合集团层面一般关注人力资源、财务、审计、信息化、品牌、企业文化等职能管理战略规划，而对于研发、采购、生产、物流、销售等供应链战略则有可能在子集团职能战略规划中作深度思考。而单一经营产业集团除了关注人力资源、财务、审计、信息化、品牌、企业文化战略规划外，还可能直接组织供应链战略规划、决策。

为了让我们对集团职能战略的图、卡、表开发有进一步认识，首先要理解职能部门战略地图与集团战略地图平台之间的区别。

5.1 集团战略与集团职能战略差异

5.1.1 战略周期与跨度差异

集团战略地图着眼于 5 年、10 年、20 年甚至更长时间的战略布局，它对集团的宏观发展方向做出前瞻性的规划；而集团职能战略地图则强调确定和协调相对较短周期的职能活动，它的战略计划周期一般在 3 年左右（甚至更短）。集团职能战略地图规划周期较短的原因主要是：职能战略目标与计划主要功能是引导集团职能管理人员，把注意力集中于实实在在的每一个战略步骤上，详尽的战略行动计划安排相对着眼点较短。

5.1.2 关注内容不同

作为宏观大手笔杰作的集团战略，主要解决的问题是集团战略发展，内容涉及集团战略任务系统、战略财务与非财务目标、集团盈利模式、产业组合与产融结合、战略核心能力、整体运营战略举措等；而职能战略则主要关注专业领域内的运作如何协同集团战略的执行，职能战略一般包括职能专业领域中的：部门使命、财务与非目标、战略协同分析、职能运作战略主题与行动计划等。

5.1.3　规划详细程度不同

集团战略规划明确了集团目标，指明了集团发展方向，因此集团战略是宏观大手笔杰作。而职能战略要比总体战略更加具体，更加详尽，更加明确，它是由一些非常具体的目标、战略主题、关键举措、战略行动计划所构成的。在战略执行活动过程中，集团部门的战略地图、平衡计分卡、战略行动计划表能为职能管理等人员完成具体的职能目标、计划提供具体的详尽指导。

5.1.4　战略制订主体不同

集团战略中的总体经营目标、战略主题、举措与计划一般由集团高层亲自制订与决策为主。很多集团公司的战略滚动修订，都是由集团战略部门组织，集团高层亲自牵头、职能部门与子公司高层参加。而集团职能战略制订往往是集团战略部门组织，职能负责人牵头制订再提交集团高层决策。由此我们也可以看出，战略绝对不仅仅是集团高层的事情，不同层级的战略都要求职能管理中层或参与、或牵头。

5.2　集团职能战略地图问题清单

集团职能战略地图平台开发文件同样包括集团职能部门的战略地图、平衡计分卡、战略行动计划表等文件，它们相互补充、相互支持将集团职能战略由集成到详尽地演绎出来。

从理论上说集团职能战略图应当与集团部门设置对应，例如研发中心战略图基本上应当反映的是集团研发职能战略，而信息化部门的战略图反映的则是信息化职能战略。但是在中国企业的组织架构实践中，集团总部的部门设置并不一定能完全与职能分工完全匹配，因此在实际操作中，往往会导致以部门为口径开发的战略图并不能够完全与集团职能战略相对应。这一点在中国企业显得尤为明显，因为很多中国企业的部门设置并不是完全按照西方的管理理论来操作的，在实践中部分集团可能需要考虑内部的平衡。这也是在中国实践平衡计分卡体系所遇到的一个巨大挑战。

关于职能、部门战略图的绘制，平衡计分卡的两位创始人在《组织协同》的专著中给出过一定说明，佐佳咨询公司在管理咨询的操作中总结出建立在职能战略环境扫描基础上的，职能战略图绘制的方法，在此作阐述与你分享。值得我们注意的是：规划职能战略、绘制职能部门战略地图需要我们擅长将传统的职能分析工具整合进来。例如将传统人力资源战略与规划的供求平衡分析、培训规划等一系列的技术整合进入职能战略地图的绘制。

同时我们还应当注意的是：集团、业务单元（子集团/子公司）战略与职能战略地图相链接，实现集团职能战略纵向与横向的战略协同，尤为重要。所谓纵向战略协同是处理好集团战略地图与职能战略地图的纵向关系；所谓横向战略协同是处理好业务单元、职能战略地图之间的横向关系。对于如何在战略地图平台开发时处理好两个方面的战略协同的问题，我们将在下一章中单独予以论述。

在集团职能战略地图绘制之前仍旧需要澄清战略地图绘制的分析思路。一般而言集团职能战略地图需要重点澄清六个方面的关键问题：

（1）职能战略使命是什么？

（2）职能在战略规划期内所要实现的价值与目标是什么？

（3）职能服务客户（内、外部）是谁？如何度量成果？

（4）职能客户价值主张（内、外部）的诉求是什么？

（5）职能流程如何运行，满足集团内、外部客户价值主张？并满足股东价值实现？

（6）职能专业人员如何培养？职能信息化建设如何协同？如何开展职能管理创新？

本节中我们以某集团的人力资源战略地图为例，与您共同探讨集团职能战略地图开发的操作技巧。

案例5-1 中国纽约威集团人力资源战略地图

中国纽约威集团是中国最大的工业阀门制造商与出口商，一直致力于阀门的生产和研发。中国纽约威集团实施全球战略，集团在国内各主要城市及海外各主要工业国开设了直属子公司或办事处，并且与超过60家海外代理及分销商建立了战略伙伴关系。中国纽约威集团属于典型的集团总部、事业部、基层制造工厂三层集团架构，随着集团业务的快速扩张，战略执行问题日益显现。如何有效地进行多层次集团组织架构下的集团战略管控，已经成为中国纽约威集团所面临的主要管理课题之一。

集团与业务战略差异性往往会决定着其职能战略的差异性，中国纽约威集团在其组织架构的三层面都有自己的人力资源部或专业岗位，人力资源管控决策权限基本高度集中在集团总部。集团总部人力资源部主要承担集团人力资源战略制订与决策支持，集团与事业部人力资源政策制定、事业部人力资源监督指导、人力资源体系建设等职能；事业部人力资源部主要承担日常的人力资源管理运行操作职能，是在集团统一监督下，承担人力资源操作层面的职能；基层制造工厂只设立人力资源专员的岗位，辅助事业部的人力资源管理工作，执行事业部分解的部分基础人力资源事务性工作。

中国纽约威集团人力资源战略地图（图5-1中所示自上而下）在六个基本问题上寻找答案，以此来演绎集团战略规划所关注基本内容：

第一，集团职能战略使命是什么？（图5-1中部门/职能使命）

第二，集团职能在战略规划期内所要实现的价值与目标是什么？（图5-1中财务维度）

第三，集团人力资源职能服务客户（内、外部）是谁？如何度量成果？（图5-1中客户维度）

第四，集团人力资源服务的客户价值主张（内、外部）的诉求是什么？（图5-1中客户维度）

第五，集团人力资源管控流程如何运行，满足集团内、外部客户价值主张？并满足股东价值实现？（图5-1中内部运营维度）

第六，集团人力资源专业人员如何培养？人力资源信息化建设如何协同？如何开展人力资源管理创新？（图5-1中内部运营与学习发展维度）

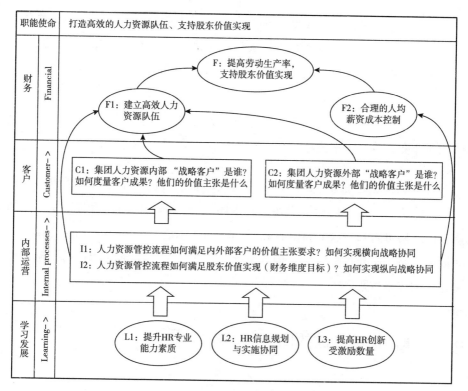

图5-1 集团人力资源部战略地图分析思路示例

上述六个问题是相互关联、相互支持的。

财务维度（又可以改为价值与目标维度）：集团人力资源终极战略目标是确保集团劳动生产率的提高，以支持股东价值的创造。这个终极目标又包含了两个方面的子目标：培育高效的人力资源队伍；适度人力资源成本控制。

客户维度：集团人力资源战略目标则要求集团人力资源战略地图开发时首先思考以下两个问题：人力资源管理如何去满足内部"客户"，如其他部门/职能、子公司及员工的价值主张；满足外部"客户"，如政府劳动监管部门的价值主张。

内部运营维度：上述战略目标实际上是通过集团人力资源职能、流程运行来实现的，因此在集团人力资源战略图内部运营维度，需要将上述两个方面的目标、内外部"客户"的价值主张与人力资源管理的职能流程对接起来，借此推导人力资源战略内部运营的战略主题。

学习发展维度：由于人力资源职能的运行是通过专业的人力资源管理人员来实现的，因此人力资源专业队伍的人才培养、人力资源信息化建设（协同集团信息化战略）、人力资源管理创新是学习发展维度重点思考的三大战略主题。

我们将在本章中以此案例为例，与您沟通集团人力资源部及其他职能战略地图开发的详细操作技巧。

由于职能战略使命与目标确定、内外部客户价值主张分析属于纵向与横向的战略协同问题（前者属于如何将集团战略分解到部门，后者则是分析组织横向战略协同），我们将在后面的章节中重点阐述。下面我们向你介绍如何将职能战略使命与目标确定、内外部客户价值主张与职能流程链接，确定内部运营的战略主题。

5.3 集团职能战略的图、卡、表文件

将职能战略目标、内外部客户价值主张与职能运营流程链接，是开发集团职能战略地图时需要思考的关键问题之一（即职能战略地图分析思路中的第五个问题）。该步骤的操作技巧与集团战略地图内部运营分析基本一致，佐佳咨询独创的内部运营分析矩阵能有效地帮助你实现职能主流程链接。

在职能战略地图开发时使用该工具的操作步骤是：

（1）检查流程清单，将该职能流程名称罗列进入矩阵的横栏。

（2）将职能战略目标与客户价值主张列入矩阵纵栏。

（3）进行流程驱动因素分析，将流程对客户价值主张及相关财务目标驱动的每一个改进举措列入相关对应的格中。

（4）识别关键战略举措，整合出内部运营战略主题。

仍以中国纽约威集团人力资源战略地图为例，表5-1的交叉矩阵中就是改进举措，这些举措有一部分属于关键战略举措，需要我们去识别、挑选。

表5-1   中国纽约威集团人力资源战略地图交叉矩阵分析表

集团人力资源管控流程	关键岗位员工			子公司	子公司	外部政府等机构		
	薪酬	工作氛围	职业发展	职业健康	人才培养	劳动法规学习与贯彻	职业健康	政府活动
集团人力资源规划流程	导入岗位薪酬模式				分析并规划人力资源需求结构			
集团关键岗位职位管理			设置双通路岗位体系					
关键岗位能力素质模型管理					导入能力素质模型管理			
集团关键岗位员工绩效管理					导入平衡计分卡战略执行体系（协同战略管理部）			
集团薪酬管理	导入岗位薪酬模式							
集团关键岗位招聘配置（含外派董事、经理班子、关键技术人员）					招聘空缺的关键岗位人才			

集团人力资源管控流程	关键岗位员工			子公司	子公司	外部政府等机构		
	薪酬	工作氛围	职业发展	职业健康	人才培养	劳动法规学习与贯彻	职业健康	政府活动
集团战略性人才的培训管理					分析能力素质模型差距，组织年度培训计划			
集团关键岗位员工职业生涯规划			设计与推进职业生涯导师制度					
集团员工关系管理				开展"十一五"职业健康关爱活动			开展"十一五"职业健康关爱活动	
……		制订工作创新激励计划				提高人力资源人员劳动法普及率		编制并实施政府机构联谊计划

与集团战略地图绘制相似，识别出集团职能的"关键战略举措"后，我们可以采取合并同类项的方法将若干性质相似的"关键战略举措"归纳、整

理在一起，识别出"集团职能战略主题"。我们同样特别要注意的是：战略主题中的"关键战略举措"不能交叉重复。

集团职能战略学习成长一般涉及三大战略主题的思考：

（1）如何培养职能专业人才？

（2）职能战略如何协同信息化建设？

（3）如何开展职能管理创新？

如图5-2所示，在集团职能战略规划中我们需要将部门使命、战略目标、内外部客户价值主张、职能战略主题与"关键战略举措"在部门/职能战略地图中展现出来并设计平衡计分卡、战略行动计划表。

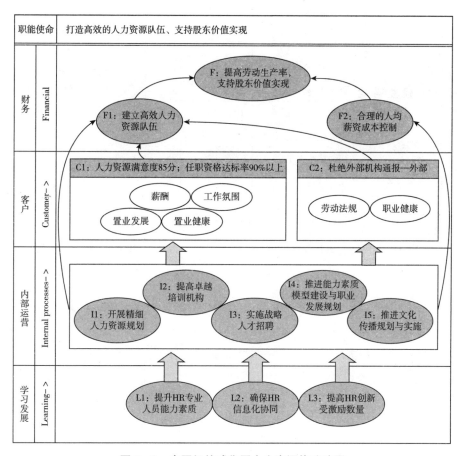

图5-2　中国纽约威集团人力资源战略地图

表5-2　　　　中国纽约威集团人力资源平衡计分卡

集团人力资源部平衡计分卡示例

维度	战略目标与主题	核心衡量指标	目标值			支持计划	主要责任人
			第一年	第二年	第三年		
财务	F：提高劳动生产率，支持股东价值实现	人均生产总值	0.28亿/人	0.28亿/人	0.28亿/人	—	
	F1：建立高效人力资源队伍	员工总量（根据业务预测）	1237	1414	1556	关键人才培养计划	
		管理人员比例	17%	16%	15%		
		首席技术专家	0	0	1		
		资深专家3人	2	3	3		
		高级技术人员6人	10	6	6		
		中级技术人员20人	17	20	20		
		初级技术人员25人	20	25	25		
		业务收入与员工人数增长比	1	1	1		
	F2：合理的人均薪资成本控制	人均薪资支出额				HRM建设计划	
客户	C1.1 提高人力资源满意度	人力资源工作内部满意度				HRM建设计划	
	C1.2 提高战略岗位任职资格	任职资格达标率				关键人才培养计划	
	C2：杜绝外部通报	外部机构查处、通报次数					

维度	战略目标与主题	核心衡量指标	目标值			支持计划	主要责任人
			第一年	第二年	第三年		
内部运营	I1：精细的人力资源规划	人力资源规划达成评价				HRM 建设计划	
	I2：卓越的培训支持	培训计划落实指数				关键人才培养计划	
		人均培训时间					
	I3：集团关键岗位接替	集团战略岗位任职资格达标率				关键人才培养计划	
	I4：能力素质模型建设与职业发展	能力素质模型建设计划达成评价					
学习发展	L1：提高人力资源任职资格达标率	人力资源任职资格达标率				人力资源管理队伍建设计划	
	L2：HR 信息规划与实施计划达成	HRM 系统建设计划达成评价				HRM 系统建设计划	
	L3：提高 HR 激励与创新数量	合理化建议数量				—	

161

表5-3　　　中国纽约威集团人力资源战略行动计划表（示例）

战略行动计划示例——关键人才培养计划

部门	主要职能	重要岗位	能力要求	现状评估	解决方案	达标时间	责任人
人力资源部	人力资源优化配置	人力资源师	丰富的人事管理经验，公正原则；宏观思维和分析能力；组织能力，考评实践，培训经历；文字能力，公共关系	内部资源欠缺	区内外招聘	2004年12月	人力资源部部长
	薪酬福利设计与执行	薪酬福利师		内部有资源，能力欠缺	短期培训/实践	2005年6月	
	员工绩效考核	绩效评定师		内部资源欠缺	区内外招聘	2005年6月	
	员工能力开发	能力开发师		内部有资源，能力欠缺	短期培训/实践	2006年6月	
战略管理部	战略规划编制与战略管理	战略控制师	战略管理、投资经济知识；宏观思维，分析能力；财务、法律基本知识；重要岗位的相关学历；系统的市场营销知识	内部资源欠缺	招聘	2004年12月	战略管理部部长
	行业研究与公司未来发展	项目管理师	表达与文字能力，公共关系	内部资源欠缺	招聘	2004年12月	
	并购与整合	行业研究员		内部资源欠缺	招聘	2004年12月	人力资源部部长
	市场研究与策略	并购管理师		内部有资源能力欠，学历低	委托培训	2005年6月	
		市场研究员		内部有资源能力欠，学历低	委托培训	2005年6月	

部门	主要职能	重要岗位	能力要求	现状评估	解决方案	达标时间	责任人
技术中心	技术管理与质量管理	技术管理师	学历、职称；5年以上技术、质量管理经历；5年以上水泥企业工作经历；综合协调，文字表达能力	内部有资源，能力欠缺	短期培训/实践	2005年6月	技术中心
	技术改造与新技术应用推广	质量管理师		内部有资源，能力欠缺	短期培训/实践	2005年6月	部长
	新品开发与技术支持营销	研发推广员		内部有资源，能力欠缺	短期培训/实践	2005年6月	
	行业技术信息分析	技术情报员		内部有资源，能力欠缺	短期培训/实践	2005年6月	人力资源部部长
财务部	财务管理	财务管理会计师	职称；本专业管理能力；财务计划、分析能力；较深的金融与投资知识；熟练掌握财务软件；文字表达能力	内部有资源，达到要求			财务部部长
	财务分析、财务预算	财务网络会计师		内部资源欠缺	培训/招聘	2004年12月	
	财务控制、财务经营	融资投资会计师		内部有资源，达到要求			人力资源部部长
	投资与融资	出纳		内部有资源，达到要求			

163

续　表

部门	主要职能	重要岗位	能力要求	现状评估	解决方案	达标时间	责任人
监察审计部	稽核审计公司经营管理指标	审计师	注册职称；多年财务管理经历；熟悉统计，审计，资金管理	内部资源欠缺	招聘	2004 年 12 月	审计部部长
	监督审查公司财务管理工作	审计监察员		内部有资源，达到要求			人力部部长
行政部	档案管理	档案管理员	档案管理知识与经验；计算机专科学历，掌握网络知识；安全保密知识与经验；行政经验与财务基本知识，社交能力	内部有资源，能力欠缺	内部短期培训	2005 年 6 月	行政部部长
	安全保密管理与网络安全	计算机工程师		内部有资源，能力欠缺	内部短期培训	2005 年 6 月	人力资源部部长
	固定资产管理办公用品购，	发安全保密管理师		内部有资源，能力欠缺	内部短期培训	2005 年 6 月	
	对外接待业务	资产管理师		内部有资源，能力欠缺	内部短期培训	2005 年 6 月	

部门	主要职能	重要岗位	能力要求	现状评估	解决方案	达标时间	责任人
总裁办公室	经营目标计划制订，监察，评价	经营管理师	大专学历；企管知识与经验；熟练使用计算机，文字处理；法律理论知识与办案经验精通统计工作，分析规划能力；较强的表达与文字能力	内部资源欠缺	招聘	2004年12月	总裁办公室主任
	经营管理信息工作	秘书		内部有资源，能力欠缺	内部培训	2005年6月	人力资源部部长
	事业部及职能部门协调工作	法律事务员		内部有资源，公关能力欠缺	内部培训	2005年6月	
	统计工作	统计师		内部有资源，统计分析能力欠	内部培训	2005年6月	
	法律事务管理	文书		内部有资源，能力欠缺	内部培训	2005年6月	

5.4　集团职能战略地图开发最佳实践

本节中我们将以案例形式向您演示某控股集团公司职能战略地图平台开发的部分成果文件。

案例5-2　中国×重建机集团有限公司职能战略地图

中国×重建机集团有限公司是以承载中国重型机械行业事业壮大的使命而设立的，是国家××产品的骨干生产企业，主营业务是工程机械、农业机械整机的研发、设计、制造、销售业务，产品在中国及国际的重机行业中拥有较高的市场占有率。×重建机集团现在中国地区拥有三个生产基地（子公司），面积80万平方米，总投资70亿元。设计能力年产××机30000台，制造能力和水平在业内名列前茅。主导产品为三条品牌产品线均达到90%以上的产品线覆盖率。

中国×重建机集团有限公司的发展规划是在三年内年实现 30000 台××机生产、销售目标。这个目标与规划年度的销售业绩相比，是 30 多倍的关系，每年平均增长 100％。而在实施平衡计分卡体系的第一年，中国×重建机集团有限公司就全部完成了事先设定的主营业务收入任务目标，集团快速进入事先预定的跨越式、超常规发展阶段。

×重建机集团除了拥有三个生产子公司、一个营销公司以外，集团总部还设有人力资源部、财务部、企业管理部、质量部、总裁办、生产管理部、党群工作部、研发中心等部门。其职能战略地图开发主要以职能部门及子公司（生产与营销）为口径而开发。

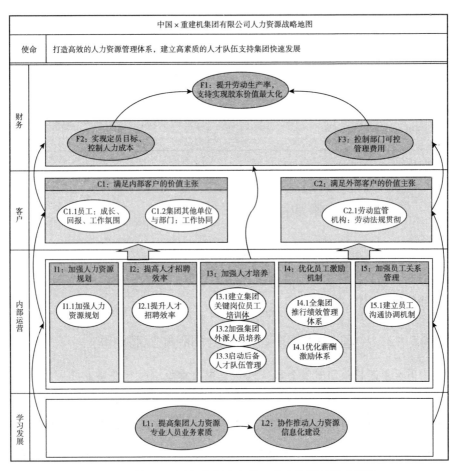

图 5-3 中国×重建机集团有限公司人力资源部战略地图

表 5－4　　　　中国×重建机集团有限公司人力资源部平衡计分卡

维度	战略目标与主题	核心衡量指标	目标值	支持计划
账务	F1：提升劳动生产率，支持实现股股人均产值			
	F2：实现定员符合，控制人力成本	人力成本费用控制达标率		定岗定编计划（公司）
		定员符合率		
	F3：控部门可控管理费用	部门可控管理费用达率		
客户	C1：满足内部客户的价值主张			
	C1.1 员工：成长、回报、工作氛围	员工满意度		
	C1.2 集团其他单位与部门：工作协同	部门协作满意度		
	C2：满足外部客户的价值主张			
	C2.1：劳动监管机构：劳动法规贯彻	地方政府部门通报或处罚次数		
		员工仲裁次数		
内部运营	I1.1：加强人力资源规划	人力资源规划评价得分		
		员工编制达成率		
	I2.1：提升员工招聘效率	招聘计划完成率		员工招聘体系建设计划

维度	战略目标与主题	核心衡量指标	目标值	支持计划
内部运营	I3：加强人才培养			
	I3.1：建立集团关键岗位员工培训体系			员工培训体系建设计划（公司）
	I3.2：加强外派人才培养	外派人才培养能力模型评价得分		关键岗位及后备队伍建设计划（公司）
	I3.3：启动后备人才队伍管理			关键岗位及后备队伍建设计划（公司）
	I4：优化员工激励激励机制			
	I4.1：全集团推行绩效管理体系			绩效管理体系建设计划（公司）
	I4.2：优化薪酬激励体系			薪酬体系优化计划
	I5：加强员工关系管理			
	I5.1：建立员工沟通协调机制			员工沟通协调机制建设计划
学习发展	L1：提高集团人力资源专业人员业务素质			集团人力资源整体培训计划
	L2：协作、推动人力资源管理信息化建设			集团信息化规划

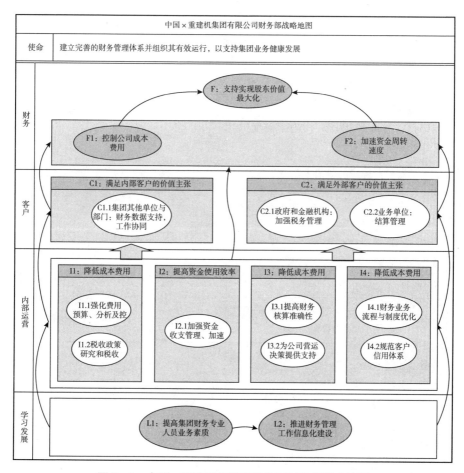

图5-4 中国×重建机集团有限公司财务部战略地图

表5-5 中国×重建机集团有限公司财务部平衡计分卡

维度	战略目标与主题	核心衡量指标	目标值	支持计划
财务	F1：控制公司成本费用	可控成本费用预算达成率		
	F2：加速资金周转速度	总资金周转率		
		库存周转率		
		应收账款周转率		

续　表

维度	战略目标与主题	核心衡量指标	目标值	支持计划
客户	C1：满足内部客户的价值主张			
	C1.1 集团其他单位与部门：财务数据支持；工作协同	部门协作满意度		
	C2：满足外部客户的价值主张			
	C2.1 政府和金融等机构：加强税务管理	税务问题遭查处次数		
	C2.2 业务往来单位：结算管理	因未及时结算影响公司运营的次数		
内部运营	I1：降低成本费用			
	I1.1 强化费用预算、分析及控制	费用管理体系优化成效		费用管理计划（公司）
		年度预算计划实施评价		
		财务分析成效		
	I1.2 税收政策研究和税收筹划	税收筹划成效		
	I2：提高资金使用效率			
	I2.1 加强资金收支管理	应收应付管理体系优化成效		应收应付管理计划（公司）
	I3：决策支持			
	I3.1 提高财务核算准确性	财务核算出错次数		
	I3.2 为公司营运决策提供支持	财务分析成效		
	I4：规范财务管理			
	I4.1 财务管理流程与制度优化	财务流程与制度优化成效		流程与制度优化实施计划—财务管理
		年度审计报告评价		—

续表

维度	战略目标与主题	核心衡量指标	目标值	支持计划
内部运营	I4.2 规范客户信用体系	客户信用体系建设成效		客户信用体系建设实施计划
学习发展	L1：提高集团整体财务人员业务	财务关键岗位任职资格达标率		财务人员部门培训计划
	L2：协作推进财务管理工作信息			集团信息化规划

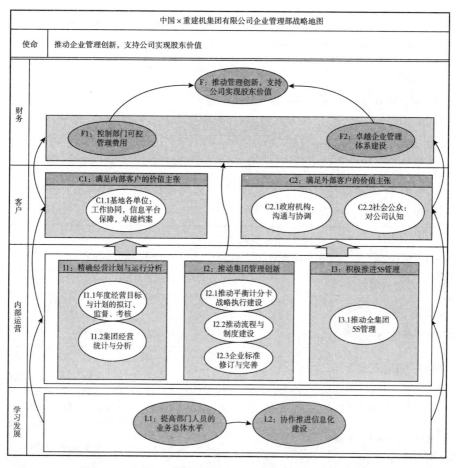

图 5-5　中国×重建机集团有限公司企业管理部战略地图

171

表5－6　　中国×重建机集团有限公司企业管理部平衡计分卡

维度	战略目标与主题	核心衡量指标	目标值	支持计划
财务	F1：控制部门可控管理费用	可控管理费用达成率		
	F2：卓越企业管理体系建设	企业管理体系评审得分		
客户	C1：满足内部客户的价值主张			
	C1.1 集团各单位与部门：工作协作，卓越档案管理	部门协作满意度		
		档案抽检平均得分		流程与制度优化实施计划（公司）—档案管理
	C2：满足外部客户的价值主张			
	C2.1 政府机构：沟通与协调	地方政府单位通报或处罚次数		
	C2.2 社会公众：对公司认知			
内部运营	I1：精确经营计划与运行分析			
	I1.1：年度经营目标与计划的拟订、监督、考核	年度经营计划管理任务		
	I1.2：集团经营统计与分析	经济运行分析报告不合规次数		
	I2：推动管理创新			
	I2.1：推动平衡计分卡战略执行建设			平衡计分卡体系实施计划
	I2.2：推动流程与制度建设支持生产运营与企业管理水平			流程与制度优化实施计划（公司）
	I2.3：企业标准修订与完善			企业标准修订计划

续 表

维度	战略目标与主题	核心衡量指标	目标值	支持计划
内部运营	I3：积极推进5S管理			
	I3.1 推动全集团5S管理	年度5S管理建设平均得分（高层检查）		5S实施计划
学习发展	L1：提高部门人员的业务总体水平	部门关键岗位员工任职资格达标率		部门年度培训计划
	L2：协作推进信息化建设			集团信息化规划

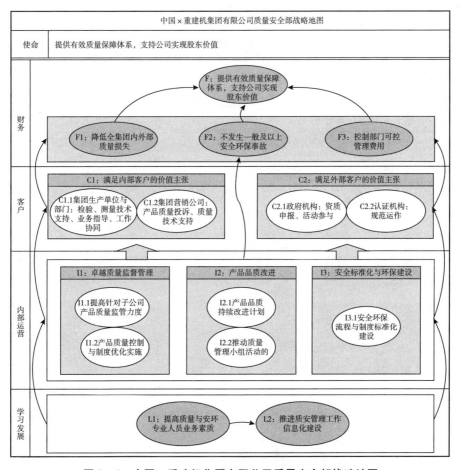

图5-6 中国×重建机集团有限公司质量安全部战略地图

173

表 5 – 7 中国 × 重建机集团有限公司质量安全部平衡计分卡

维度	战略目标与主题	核心衡量指标	目标值	支持计划
财务	F1：降低全集团内外部质量损失	外部质量损失金额		
	F2：不发生一般及以上安全环保事故	一般（及以上）安全事故次数		年度安全环保工作计划
		一般（及以上）环保事故次数		
		轻伤人次		
	F3：控制部门可控管理费用			
客户	C1：满足内部客户价值的主张			
	C1.2 集团各生产单位与部门：检验、测量技术支持、业务指导、工作协同	部门协作满意度		
	C1.2 营销公司：产品质量投诉、质量技术支持	质量技术支持平均响应周期		
		市场质量技术问题妥善解决率		
	C2：满足外部客户价值的主张			
	C2.1 政府机构：资质申报、活动参与	地方质监单位通报或处罚次数		
		计量与检验资质管理目标达成率		
	C2.2 认证机构：规范运作	认证机构通报次数		

维度	战略目标与主题	核心衡量指标	目标值	支持计划
内部运营	**I1：卓越质量监督管理**			
	I1.1：提高针对子公司产品质量监管力度	质量原因的非计划停车损失		
		质量原因的非计划减产损失		
		检验计划达成率		
		测量设备检定、校准计划达成率		
	I1.2：产品质量控制与制度优化实施			产品质量控制与制度优化实施计划
				流程与制度优化实施计划（公司）—质监部
	I2：产品品质改进			
	I2.1：持续改进产品品质			产品品质持续改进计划
	I2.2：推动质量管理小组活动的开展	公司注册小组活动成果率		质量管理小组活动年度计划
	I3：安全标准化与环保建设			
	安全环保流程与制度标准化建设	安全环保隐患未及时整改次数		安全标准化建设计划（公司）

续　表

维度	战略目标与主题	核心衡量指标	目标值	支持计划
学习发展	L1：提高质量与安环专业人员业务素质	质量与安环关键岗位任职资格达标率		"金字塔"培训体系建设计划（公司）—质安部
				部门年度培训计划
	L2：协作推进质监管理工作信息化建设			集团信息规划

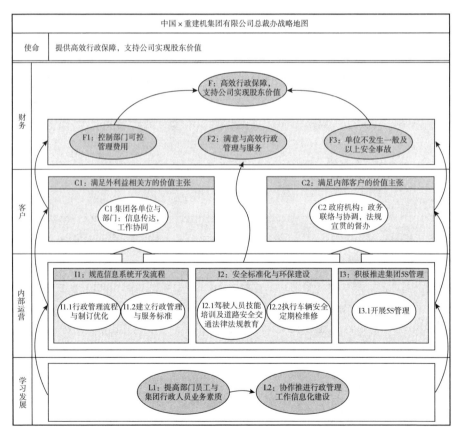

图 5-7　中国×重建机集团有限公司总裁办战略地图

表 5-8 中国×重建机集团有限公司总裁办平衡计分卡

维度	战略目标与主题	核心衡量指标	目标值	支持计划
财务	F1：控制部门可控管理费用	部门可控管理费用达成率		
	F2：满意与高效行政管理与服务	行政服务评价指数（基层单位）		
		行政服务评价指数（中高层）		
	F3：单位不发生一般及以上安全事故损失	一般（及以上）安全事故次数		部门年度安全环保工作计划
		单位轻伤人次		
		安全环保隐患未及时整改次数		
		严重社会影响事件次数		
客户	C1：满足内部客户的价值主张			
	C1 基地各单位：信息传达；工作协作	信息传达遭批评次数		
		部门协作满意度		
	C2：满足外部客户的价值主张			
	C2 政府机构：政务联络与协调、法规宣贯的督办	政府机构通报处罚次数		

续 表

维度	战略目标与主题	核心衡量指标	目标值	支持计划
内部运营	I1：提高行政管理水平			
	I1.1 行政管理流程与制度优化			流程与制度优化实施计划（公司）—总经办
	I1.2 建立行政管理与服务标准			行政管理与服务标准制订计划
	I2：安全标准化与环保建设			
	I2.1 驾驶人员技能培训及道路安全交通法律法规教育	万公里事故发生次数		单位年度安全环保工作计划
		交通安全检查得分		
	I2.2 执行车辆安全定期检维修	部门5S管理得分排名		
	I3：积极推进集团5S管理			
	I3：开展部门5S管理	部门5S管理得分排名		
学习发展	L1：加强培训，提高部门员工业务素质	单位年度培训工作评价		"金字塔"培训体系建设计划（公司）—总经办
				部门年度培训计划
	L2：推进行政管理工作信息化建设			

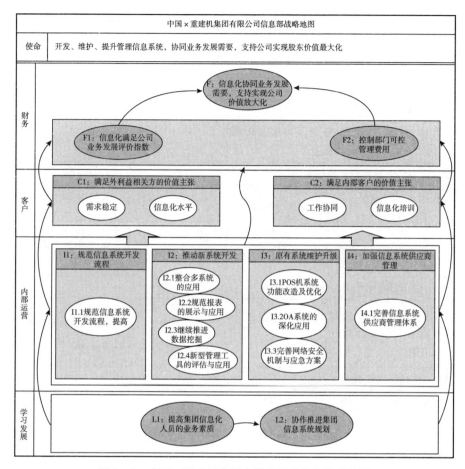

图5-8　中国×重建机集团有限公司信息部战略地图

表5-9　　中国×重建机集团有限公司信息部平衡计分卡

维度	战略目标与主题	核心衡量指标	目标值	支持计划
财务	F1：确保信息化满足公司发展需要	信息化满足度评价指数		
	F2：控制部门可控管理费用	单位可控管理费用达成率		

续　表

维度	战略目标与主题	核心衡量指标	目标值	支持计划
客户	C1：满足利益相关方的价值主张			
	求稳定/信息化水平高	外部客户信息化满意度		
	C2：满足内部客户的价值主张			
	集团各单位部门：工作协同	部门协作满意度		
	员工信息化培训	员工信息化应用平均得分		集团年度培训计划（信息化）
内部运营	I1：规范信息系统开发流程			
	I1.1 规范信息系统开发流程，提高规划前瞻性	信息系统开发流程优化任务		流程与制度优化实施计划—信息化
	I2：推动新系统开发			
	I2.1 整合多系统的应用和维护管理			多系统整合应用计划
	I2.2 规范报表的展示与应用			数据平台建设计划
	I2.3 继续推进数据挖掘			数据挖掘推进计划
	I2.4 新型管理工具的评估与应用			新型管理工具应用计划
	I3：原有系统维护升级			
	I3.1 POS 机系统功能改造及优化			POS 机系统功能改造计划
	I3.2 OA 系统的深化应用			OA 系统的深化应用计划
	I3.3 完善网络安全机制与应急方案	网络安全事故发生次数		网络安全完善计划

维度	战略目标与主题	核心衡量指标	目标值	支持计划
内部运营	I4：加强信息系统供应商管理			
	I4.1 建立和完善信息系统供应商管理体系	信息系统供应商管理体系优化成效		信息系统供应商管理计划（公司）
学习发展	L1：提高集团信息化人员业务素质	部门关键岗位员工任职资格达标率		部门年度培训计划
	L2：协作推进集团信息系统规划			集团信息化规划

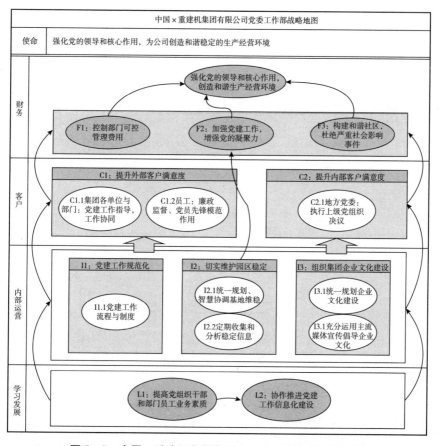

图 5-9　中国×重建机集团有限公司党委工作部战略地图

181

表5–10　　中国×重建机集团有限公司党委工作部平衡计分卡

维度	战略目标与主题	核心衡量指标	目标值	支持计划
财务	F1：控制部门可控管理费用	可控管理费用达成率		—
	F2：加强党建工作，增强党的凝聚力	党建评价指数		党建工作计划（公司）
	F3：构建和谐社区，杜绝严重社会影响事件	严重社会影响事件次数		维稳工作计划（公司）
客户	C1：满足内部客户的价值主张			
	C1.1 基地各单位：党建工作指导；工作协同	党群工作满意度		党建工作计划（公司） 部门年度培训计划
		部门协作满意度		
	C1.2 员工：廉政监督、党员先锋模范作用	违纪违法案件未及时查处件数		党建工作计划（公司）
		群众举报未有效处理件数		
		党员民主评议合格率		
	C2：满足外部客户的价值主张			
	C2.1 地方党委：执行上级党组织决议	地方党委通报或处罚次数		

维度	战略目标与主题	核心衡量指标	目标值	支持计划
内部运营	I1：党建工作规范化			
	I1.1 党建工作流程与制度优化			流程与制度优化实施计划（公司）—党委工作部
	I2：切实维护园区稳定			
	I2.1 统一规划、指挥协调基地维稳工作	维稳失误事件		维稳工作计划（公司）
	I2.2 定期收集和分析稳定信息	严重社会影响事件未预控次数		
	I3：组织集团企业文化建设			
	I3.1 统一规划和组织集团企业文化建设			集团企业文化建设计划
	I3.2 充分运用主流媒体宣传倡导企业文化	企业文化认知度		
学习发展	L1：提高党组织干部和部门员工业务素质	党员合格率		党建工作计划（公司）
	L2：协作推进党建工作信息化建设			集团信息规划

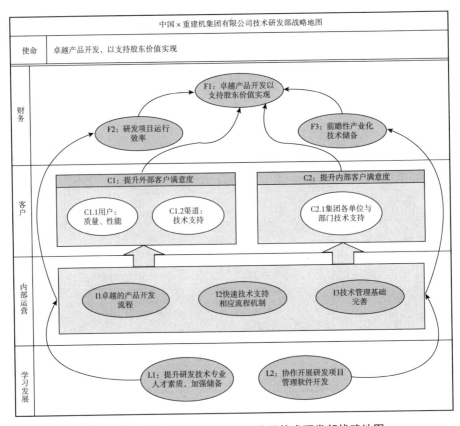

图 5 - 10   中国×重建机集团有限公司技术研发部战略地图

表 5 - 11   中国×重建机集团有限公司技术研发部平衡计分卡

维度	战略目标与主题	核心衡量指标	目标值	支持计划
财务	F1：卓越产品开发以支持股东价值实现	新品盈利评价指数		
	F2：研发项目运行效率	研发项目达成评价指数		
	F3：前瞻性产业化技术储	技术储备目标达成率		

维度	战略目标与主题	核心衡量指标	目标值	支持计划
客户	C1：提升外部客户满意度			
	C1.1 用户：质量、性能	产品最终用户满意度		
	C2：提升内部客户满意度			
	C2.1 集团各单位与部门：技术支持	内部技术支持满意度		
内部运营	I1：卓越的产品开发流程			流程与制度优化计划（产品开发）
	I2：快速技术支持相应流程机制	内部技术支持平均响应周期		流程与制度优化计划（技术支持）
		内部技术支持问题妥善解决率		
		外部每百公里技术支持平均响应周期		
		外部技术支持问题妥善解决率		
	I3：技术管理基础完善	技术管理基础抽检达标率		流程与制度优化计划（技术基础管理）
学习发展	L1 提升研发技术专业人才素质，加强储备	关键人才任职资格达标率		部门年度培训计划
				"金字塔"培训体系建设计划
	L2 协作开展研发项目管理软件开发			集团信息规划

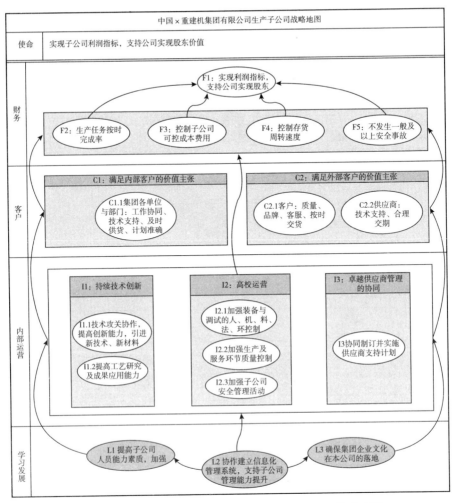

图 5－11　中国×重建机集团有限公司生产子公司战略地图

表 5－12　　中国×重建机集团有限公司生产子公司平衡计分卡

维度	战略目标与主题	核心衡量指标	目标值	支持计划
财务	FI：实现利润指标，支持公司实现股东价值	子公司利润		
	F2：确保生产任务按时完成率	生产任务按时交付率		

维度	战略目标与主题	核心衡量指标	目标值	支持计划
财务	F3：控制子公司可控成本费用	成本费用率		
	F4：控制存货周转速度	存货周转天数		
		期末不良库存余额		
	F5：不发生一般及其以上安全事故	一般及其以上安全生产事故		
客户	C1：满足内部客户的价值主张			
	C1.1 集团各单位与部门：工作协同、信息共享与技术支持、及时供货、计划准确	部门协作满意度		
	C2：满足外部客户的价值主张			
	C2.1 客户：质量、品牌、客服、按时交货	客户满意度		客情联谊计划
	C2.2 供应商：技术支持、合理交期	战略供方满意度		客情联谊计划
内部运营	I1：持续技术创新			
	I1.1 技术攻关协作，提高创新能力，引进新技术、新材料			技术研发计划
	I1.3 提高工艺研究及成果应用能力	工艺调试按时交付率		工艺管理提升计划

维度	战略目标与主题	核心衡量指标	目标值	支持计划
内部运营	**I2：高效的运营**			
	I2.1 加强装配与调试的人、机、料、法、环控制	装配任务按时完成率		工时定额计划
				装配作业标准化计划
		5S 检查平均得分		5S 体系建设计划
	I2.2 加强生产及服务环节质量控制	内、外部质量损失金额		质量标准优化计划
	I2.3 加强子公司安全管理活动			
	I3：卓越供应商管理协			
	I3.3 协同制订并实施供应商支持计划			供应商支持计划
学习成绩	L1 提高子公司人员能力素质，加强人才储备	关键人才任职资格达标率		子公司年度培训计划
				"金字塔"培训体系建设计划
	L2 协作建立信息化管理系统，支持子公司管理能力提升			集团信息化规划
	L3：确保集团企业文化在本公司的落地	企业文化认知度		

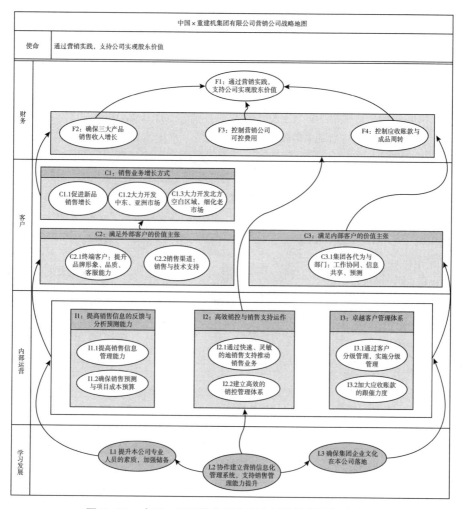

图 5-12　中国×重建机集团有限公司营销公司战略地图

表 5-13　中国×重建机集团有限公司营销公司平衡计分卡

维度	战略目标与主题	核心衡量指标	目标值	支持计划
财务	F1：通过营销实践，支持公司实现股东价值	公司利润		
	F2：确保三大产品销售收入增	销售收入		

续　表

维度	战略目标与主题	核心衡量指标	目标值	支持计划
财务	F3：控制应收账款与成品周转	应收账款周转天数		
		期末应收账款余额		
		成品库存周转天数		
		期末成品库存余额		
顾客	C1：销售业务增长方式			
	C1.1 促进新品销售增长	LD 销售收入		LD 新品开发计划
	C1.2 大力开发中东、亚洲市场	国际市场销售收入		国际市场营销计划
	C1.3 大力开发北方空白区域，细化老市场	国内新市场销售收入		
	C2：满足外部客户的价值主张			
	C2.1 客户：提升品牌形象、品质、客服能力	客户满意度		客情联谊计划
	C2.2 渠道：销售与技术支持	销售与技术支持评价得分		
	C3：满足内部客户的价值主张			
	C3.1 集团其他单位与部门：工作协同、信息共享、预测	内部客户协作满意度		

续　表

维度	战略目标与主题	核心衡量指标	目标值	支持计划
内部运营	I1：提高销售信息的反馈与分析预测能力			
	I1.1 提高销售信息管理能力	产品开发与技术改进建议立项数量		
		销售档案信息管理抽检符合率		流程与制度优化计划——信息管理
	I1.2 确保销售预测与项目成本预算准确性	销售预测准确率		流程与制度优化计划——销售预测
		项目成本预测偏差率		
	I2：高效销控与销售支持运作			
	I2.1 通过快速、灵敏的地销售支持推动销售业务	销售支持平均响应周期		
	I2.2 建立高效的销控管理体系	销控管理体系评价得分		流程与制度优化计划——销控管理
	I3：卓越客户管理体系			
	I3.1 通过客户分级管理，实施分级管理			流程与制度优化计划——客户管理
	I3.2 加大应收账款的跟催力度	期末不良应收账款余额		

续　表

维度	战略目标与主题	核心衡量指标	目标值	支持计划
学习发展	L1 提升本公司专业人员的素质，加强储备	关键人才任职资格达标率		部门年度培训计划
				"金字塔"培训体系建设计划
	L2 协作建立信息化管理系统，支持销售管理能力提升			集团信息规划
	L3 确保集团的企业文化在本公司落地	企业文化认知度		

6

"互联网+"时代的
部门与员工KPI分解

"互联网＋"时代下 KPI 已死纯属无稽之谈，KPI 的反对者并没有提出有力的论据来论证互联网时代下为什么不需要 KPI。而根据佐佳咨询的实践经验，"互联网＋"时代下企业仍然需要 KPI。因为完成公司战略地图与 BSC 开发后，我们需要分解部门与员工的 KPI。

因此需要检查公司战略地图与 BSC 上所有目标、KPI 指标与行动计划，采取研讨会的形式来完成部门与员工 KPI 指标分解。这样做的意义在于保证上级（分管领导）和下级（部门经理）的充分沟通。通过会议让上级向下级传达自己的期望，而下级则及时给上级以反馈意见。

6.1　部门与员工 KPI 分解—— 价值树模型与分解矩阵

部门与员工 KPI 首先来源于公司战略地图与 BSC 的最直接分解，一般可采取 KPI 指标分解研讨会的形式来进行，其意义在于充分保证上级（分管领导）和下级（部门经理）在分解部门与员工 KPI 时获得充分沟通的环境。在会议上，上级向下级传达自己的期望，而下级则及时给上级以反馈意见。应当注意的是，在组织指标分解时，一定要引导各个部门的职能对这些"源头指标"的驱动力来进行分解，不要把一些与部门职能毫不相关的，无任何驱动力的指标分解到该部门去，否则最终会导致本章引例中的结果发生。例如，利润指标，对于营销部门来说是无法完全驱动的，营销部门能驱动的是利润指标的领先/驱动指标——销售收入，及成本费用的构成——销售费用。如果没有根据部门对指标的驱动力来分解指标，将与该部门毫不相干或无法完全驱动的指标分解下去的话，最终会使各个部门对指标抵触；如果强迫分解下去的话，即使他们接受了这些指标，但是在日常工作中也得不到他们的关注，因为他们无法驱动、控制，所以他们会认为"关注了也没有用，还不如不关注"。

部门与员工 KPI 指标分解需要工具来帮助实施操作，工具对于一个管理方法体系的建立起着十分重要的推动作用，没有这些工具我们确实什么都做不成。有两个部门与员工 KPI 指标分解的工具值得我们学习掌握：一是价值树模型；二是指标分解矩阵表。

价值树模型实际上是将公司战略目标、主题与核心衡量指标分解到部门的一个工具，属于战略 KPI 考核体系进行指标分解的一个工具，我们将其整合在平衡计分卡体系中实施运用。它在价值树模型图上分别列出公司的战略目标（或战略主题），对应的关键绩效指标（即核心衡量指标）及驱动这些指标的关键驱动流程及对应的指标，在最后的可能涉及部门/岗位一栏中还可以填入与该指标关联的部门、员工岗位。

应当指出流程分析所获得的一些指标对价值树分析有极大的帮助，特别是在内部运营指标价值分解中，往往一个一级流程指标的驱动指标就是二级子流程指标。例如新品上市周期（指从研发立项至可量产）指标事实上由企业内部研发与中试两个流程驱动，规范的研发与中试流程是提高企业创新速度的关键成功要素。为此该两个流程指标研发周期、中试周期、样品交验合格等指标都是驱动新品上市周期指标的价值要素。因此，结合流程分析对于指标价值分解，特别是内部运营指标的分解有着十分重要的意义。

案例 6 - 1 某公司价值树模式分解实例

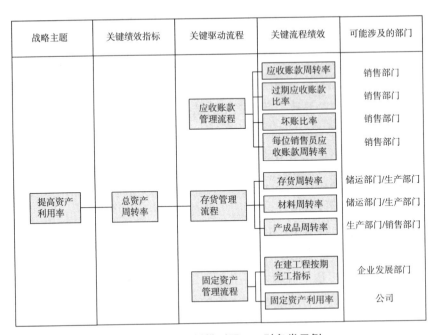

图 6 - 1 价值树模型图——财务类示例

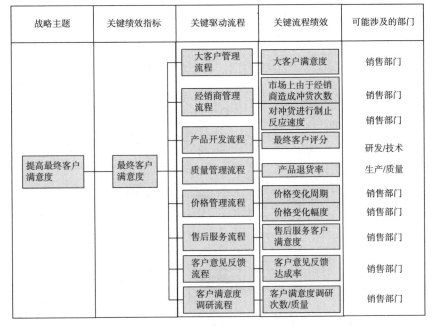

图6-2 价值树模型图——客户类示例

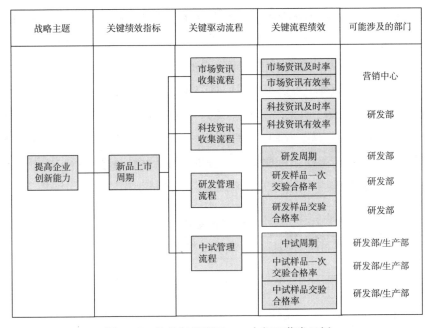

图6-3 价值树模型图——内部运营类示例

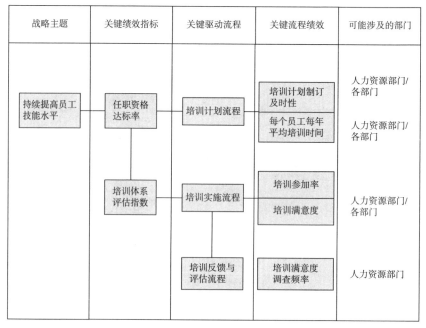

图 6 - 4　价值树模型图——学习发展类示例

在通过价值树模型分析后，已经收集到可以分解到部门的二级 KPI 指标了。

与价值树模型可以产生同样分解效果的工具是指标分解矩阵（如表6 - 1所示），指标分解矩阵也可以帮助我们将公司战略地图与 BSC 中的指标分解到部门与员工，该表格工具的使用规则是：首先在纵栏编号和 KPI 指标中填入可分解的指标，将它们作为 KPI 指标分解的"源头"；然后根据各个部门职能（或员工岗位）进行 KPI 指标驱动力的分析；最后将在各个部门和指标交界栏内作相应的记号表明将该指标分解至该部门（或员工岗位）。

表 6 - 1　　　　　　　　　　　　指标分解矩阵

维度	编号	KPI 指标	部门 1	部门 2	部门 3	部门 4	部门 5	部门 6	……
财务	F1	指标 1	√			√			
	F2	指标 2		√	√	√			
	F3	指标 3				√		√	√
	……								

续 表

维度	编号	KPI 指标	部门 1	部门 2	部门 3	部门 4	部门 5	部门 6	......
顾客	C1	指标 1		√				√	
	C2	指标 2		√	√	√		√	
	......								
内部运营	E1	指标 1		√					√
	E1	指标 2					√		√
	......								
学习发展	S1	指标 1	√			√	√		
	S2	指标 2		√	√				
	......								

6.2 部门与员工 KPI 分解——横向协同分析

我们都知道良好沟通在企业日常管理中的重要性。企业内部沟通体系莫过于两个方面：一是纵向的沟通，即上级和下级的沟通；二是横向的沟通，即平级部门或员工之间的沟通。在很多中国企业，横向沟通中存在的问题往往比纵向沟通的问题要多得多，特别是在部门的横向沟通上，往往会出现很大的问题。在很多企业，部门经理的会议往往是"抱怨会""批斗会"，他们之间相互指责，相互埋怨，部门壁垒现象十分严重。在平衡计分卡与绩效管理中，解决这一问题的比较好的办法是：在进行部门指标体系设计时，进行部门协同分析，关注"内部战略利益相关者"的需求。

事实上作为一个部门，实现其内部的战略协同，满足战略利益相关者的莫过于两个：一是公司与上级；二是组织中的其他平级部门。从公司与上级的角度来看，部门运作的最终目的就是为了确保公司目标的实现，所以部门必须满足公司、上级的期望，实现内部纵向的战略协同，这可以通过分解公司指标体系来实现；而其他部门的期望满足可以有两种方法：一是在公司层面的指标体系设计中，进行全面的流程分析；二是在部门指标体系设计时进行部门需求分析。

关注"内部利益相关者"需求，对实现公司良好的沟通有着十分重要的积极意义。①部门指标体系可以来自于公司指标体系的分解，公司指标体系的分解有效地加强了上级和下级之间的沟通，指标分解的过程是公司的分管领导和部门负责人共同完成的，这样就可以使得上下级之间获得一个充分的沟通空间。通过沟通，每一个部门负责人可以充分地了解自己部门的指标体系和公司指标体系的内在逻辑关系。②沟通的意义还在于使上下级在指标的设置上达成共识，并提高以后他们在日常工作中保持良好沟通的自觉性。在部门的横向沟通上，由于强调从流程的视角来设计指标，在公司指标体系设计阶段实际上就要求他们对流程的绩效进行讨论，这样就打破了传统的单一从部门来选择考核指标的局限性，可以把流程链接到相关的部门，并将流程绩效指标分解到相关的部门去。例如新品开发中的市场资讯收集流程可能涉及的部门是营销和研发部门，那么推导出的相关流程绩效指标都可以分解至这两个部门。③运用平衡计分卡方法在部门指标体系的设计中，加强部门横向协调和沟通的另外一个办法是：进行"部门需求分析"，即从其他部门对某部门的期望来设置指标。例如生产部门、研发部门、财务部门对营销部门的期望可能是：生产部门期望营销部门的销售预测更加准确，研发部门期望营销部门的有效信息反馈更加准确、及时，财务部门可能关注应收账款的周转速度，关注赊销账款的安全性等。当然这些期望必须是与你公司战略目标相一致的。在这里我需要强调的是，由于从流程或从部门利益相关者来设计指标都是加强部门横向沟通的重要方法，那么如果同时展开这两个方面的工作来设计部门指标的话，必然会遇到指标重复的现象。在不考虑工作量的前提下，流程分析的方法将更加全面、更加细化。

6.3　部门与员工 KPI 分解——五因素分析法

公司战略地图与 BSC 的 KPI 分解是基于流程产生的部门职能或员工岗位职责对指标驱动力来进行的。为了防止部门与员工 KPI 分解的偏差或不全面性，在"互联网 +"时代的战略绩效管理的实践中，还可以从部门或员工岗位职责的职能来推导指标,并以此来补充部门与员工的KPI。

从部门或员工岗位职责补充分解部门与员工的KPI,可以运用五因素分析法进行,即从时间、成本、风险、数量与质量五个方面推导指标。下面我们介绍部门职能推导的分析工具——职能指标分析表(如表6-2所示),它的使用规则如下:

√在第一纵栏内填入部门的每一个职能的序号;

√在第二纵栏内填入该部门的职能描述;

√在分析维度与指标栏内,根据部门的每个职能进行分析后填入对应的指标(注意,不是每个职能都需要得到全部的时间、成本、风险、数量与质量等几个方面的全部指标)。

表6-2　　　　　　　　　　　职能指标分析表

序号	部门职能	分析维度与指标				
		时间	成本	风险	数量	质量

在推导出部门职能的指标后,就可以运用指标矩阵分析来完成分解指标与部门职能指标的对比(如表6-3所示),该分析工具的使用规则是:

√将部门职能直接推导的指标以纵列排列。

√将通过分解得到的指标以横栏排列。

√将两类指标进行一一对比,进行修正,最终确定部门指标体系。

表6 –3   分解指标与部分职能指标的对比

	指标1	指标2	指标3	指标4	指标5	指标6	……
指标1							
指标2							
指标3							
指标4							
指标5							
指标6							
指标7							
指标8							
指标9							
指标10							
指标11							
指标12							
指标13							
指标14							
指标15							
……							

综上所述，以部门 KPI 指标分解为例可以考虑采取下面四个步骤（见图6 –5）：

> 分解公司指标体系，初步获得部门指标体系

> 分析部门内部利益相关者关注点，对部门指标体系进行补充

> 进行部门职能分析，推导部门职能指标

> 将分解得到的部门指标体系与职能推导指标对比，补充并最终确认部门指标体系

图6 –5 部门指标体系设计步骤

KPI 指标的分解是从整个公司战略地图与 BSC 层面的可分解指标进行的，为了防止在分解过程中因为理解上的偏差而导致部门指标分解得不合理，我们建议在指标分解后，将其与部门的职能进行对比。在进行对比之前，首先要做的是根据部门的职能直接推导指标，随后再将推导出的指标与分解的指标进行一一对比。如前所述，流程与职能之间实际上应当保持高度的吻合，部门职能本质上是流程在部门之间贯穿的接点，如果前期的流程绩效指标界定及指标分解比较正确与完整的话，那么分解指标与部门职能推导指标的差异性就应该不是很大；但是在平衡计分卡与绩效管理项目中，一般主要还是在一级流程这个层面进行流程绩效的分析，加之实际操作中在流程指标界定的时候有可能会存在一定的疏漏，那么两个不同维度得到的指标之间的就会出现差异，而发现并解决这些差异正是进行指标对比的关键意义所在。当发现存在差异后，就要注意分析差异产生的原因：是在流程绩效指标界定、指标分解的环节上有偏差，还是在职能界定、指标推导上出现了问题。

案例 6-2　ABP 科技公司部门指标体系设计

ABP 科技公司是一家年销售额达到 30 亿元的电子产品生产与销售的制造性企业。在咨询顾问的帮助下，该公司对战略目标进行了确认，并在流程与价值树分析的基础上确定了公司层面的指标体系，并确定了公司层面的战略地图与 BSC。

为了确保公司战略目标的落实，在公司战略地图与 BSC 设计完成后，我们又开始指导分解部门 KPI 指标。分解部门 KPI 指标首先要召开分解的研讨会，为了确保和公司各级领导与中层经理、主管获得充分的沟通并集思广益，我们采取部门指标研讨会方式展开指标分解。在正式的会议开始之前，我们首先组织了一次关于 KPI 指标分解的培训。在培训课上，我们详细地向参加培训的人员介绍了 KPI 指标分解的原理，并重点展示了分解矩阵、协同分析、五因素分析法操作步骤与技巧。

部门 KPI 指标分解的沟通会议进行了两个星期，参加会议的人员由管理顾问、部门经理及分管副总构成。在分解过程中，我们一直反复强调并要求各部门经理及分管副总充分地发表他们自己的意见和看法，当上级（分管副总）和下级（部门经理）对某一指标的分解产生异议的时候，我们特意预留了时间指导他们进行专题沟通直至达成共识。

在指标初步分解完成后，我们开始指导各个部门经理从部门职能推导出指标，并将其与分解指标进行对比，从而对分解的指标进行修正与补充。同时，为了加强各个部门在日常工作中的协作，我们最后还让各个部门对自己分解到的指标进行相关协作的要求，即为了实现每个指标的目标，在日常实际工作中还需要哪些部门进行配合，对其他部门有什么期望。

召开指标设计沟通会，管理顾问对指标的把握和控制是至关重要的。组织这样的会议，要求我们善于鉴别客户的不正确意见，只有这样才能预防指标设置的偏差。例如我们将产品一次交验合格率指标分解到生产部，生产部经理在进行部门需求分析时提出该指标也应当考核品质部。他认为因为品质部的重要职能是监督并配合生产部进行质量管理，所以他们也应当对质量管理的结果付全部的责任。但是我们却提出异议：如果该指标也考核品质部门的话，那么会不会造成品质部的经理和QC（质量控制人员）人为地提高该指标数值？为此我们和生产部经理、制造副总进行了反复地沟通与解释。最后，我们协商达成一致该指标可以分解到品质部，作为部门指标体系，但是该指标只能考核现场品质管理员，但绝对不能品质部的考核指标和QC的考核指标。

部门指标体系设计会议最后一项工作是将部门指标体系的初稿和部门职能进行对比。我们在会议现场和各个部门经理及分管副总进行了指标的推导并进行指标对比。最后部门指标体系的确定我们还提交该公司的总经理做最后的审批。

经过两个星期的集中封闭讨论，我们完成了该公司部门指标体系的设计工作，这项工作在部门平衡计分卡与绩效计划的设计的步骤中是十分重要的。而后来项目实施的效果也充分证明了我们对部门指标体系的设计思路的正确性，因为最终的结果我们得到了客户的高度认可。

在上述步骤中，公司指标体系分解是其中最重要的步骤之一，它是设计的重中之重，分解工具指标矩阵工作底稿如表6-4所示：

表 6-4　　　　　　　　　ABP 公司指标分解矩阵

维度	序号	公司指标名称	研发部	计划部	采购部	生产部	品质部	生产技术部	销售部	人力资源部	行政部	售后服务部	财务部
财务	1	净资产收益率											
	2	利润总额											
	3	销售收入							√				
	4	成本费用预算达成率	√	√	√	√	√	√	√	√	√	√	√
	5	新材料对成本降低的贡献	√										
	6	工艺改善对成本降低贡献						√					
	7	设备改造对成本降低贡献				√							
	8	总资产周转率											√
	9	应收账款周转率							√				√
	10	呆账比率							√				√
	11	坏账比率							√				√
	12	在制品周转率				√							
	13	材料周转率		√									
	14	产成品周转率			√				√				
	15	应付账款平均付款周期											√
	16	原有市场利润总额							√				
	17	新产品销售收入比重	√						√				
	18	主要产品收入比重							√				

续　表

维度	序号	公司指标名称	研发部	计划部	采购部	生产部	品质部	生产技术部	销售部	人力资源部	行政部	售后服务部	财务部
顾客	19	市场占有率							✓				
	20	新客户增加数							✓				
	21	老客户保有率							✓				
	22	重要客户满意度											
	23	重要客户满意度（产品性能）	✓			✓		✓					
	24	重要客户满意度（产品质量）				✓	✓						
	25	重要客户满意度（交货时间）				✓							
	26	重要客户满意度（售后服务）										✓	
	27	在社区中的企业信誉级别									✓		
	28	公共关系活动的次数									✓		
	29	公共关系活动的质量评定级别									✓		
内部运营	30	新材料替代研发计划完成率	✓										
	31	产品工时定额普及率				✓		✓					
	32	产品市场调查及时完成率	✓						✓				

维度	序号	公司指标名称	研发部	计划部	采购部	生产部	品质部	生产技术部	销售部	人力资源部	行政部	售后服务部	财务部
内部运营	33	产品市场调查报告质量合格率	√						√				
	34	新产品上市周期	√										
	35	研发样品交验及时率	√										
	36	研发样品交验/一次交验合格率	√										
	37	中试样品交验及时率	√										
	38	中试样品交验/一次交验合格率	√										
	39	产品性能达标率	√					√					
	40	采购及时到货率			√								
	41	来料合格率			√								
	42	订单需求满足率			√								
	43	生产计划的及时性与质量			√								
	44	生产计划完成率		√		√							
	45	产品交验/一次交验合格率				√	√						
	46	优良品率				√							
	47	平均送货时间							√				
	48	客户投诉平均反应速度							√				

续　表

维度	序号	公司指标名称	研发部	计划部	采购部	生产部	品质部	生产技术部	销售部	人力资源部	行政部	售后服务部	财务部
	49	客户投诉妥善处理率							√				
	50	工艺改善计划完成率				√		√					
	51	设备改造计划完成率				√							
	52	安全事故率				√							
	53	书面的流程和制度所占的百分率（ISO标准）	√	√	√	√	√	√	√	√	√	√	√
	54	新的或改进的流程和制度得到实施的百分率	√	√	√	√	√	√	√	√	√	√	√
内部运营	55	物业服务满意度									√		
	56	安保消防责任事故次数									√		
	57	内部医疗事故次数									√		
	58	档案管理出错率									√		
	59	档案更新延误率									√		
	60	法律意见有效性										√	
	61	内部网络建立的安全性									√		
	62	新闻审核准确率									√		
	63	公司内部文化宣传活动计划完成率								√			
	64	任务按时完成率									√		
	65	信息技术服务满意度									√		

续 表

维度	序号	公司指标名称	研发部	计划部	采购部	生产部	品质部	生产技术部	销售部	人力资源部	行政部	售后服务部	财务部
内部运营	66	信息技术资产完好率									√		
	67	信息技术服务及时提供率									√		
	68	诉讼事件妥善处理									√		
	69	工程质量合格率									√		
	70	工作目标按计划完成率									√		
	71	排忧解难次数								√	√		
	72	新闻稿件上稿率									√		
	73	跟踪报道完成率									√		
	74	离退休人员满意度								√			
	75	招聘空缺职位所需的平均天数								√			
学习发展	76	任职资格达标率	√	√	√	√	√	√	√	√	√	√	√
	77	培训计划的及时性与质量								√			
	78	培训合格比率								√			
	79	员工流失率								√			
	80	员工满意度											
	81	行政总务服务满意度									√		
	82	食堂服务满意度									√		
	83	人力资源服务满意度								√			
	84	意见和建议体系的实施完成率								√			

续　表

维度	序号	公司指标名称	研发部	计划部	采购部	生产部	品质部	生产技术部	销售部	人力资源部	行政部	售后服务部	财务部
学习发展	85	员工代表会议的召开次数								√			
	86	员工意见的延误解决率								√	√		
	87	员工建议得到认可和激励的百分率								√			

6.4 部门与员工 KPI 分解——指标筛选与解释

完成 KPI 指标体系的设计后，需要进一步选择出两类指标：考核指标与分解指标。以部门 KPI 分解为例，考核指标是纳入部门绩效考核并可能在部门内部员工之间分解的指标；而分解指标则是在部门内部员工之间分解的指标。界定部门层面的考核指标与分解指标，依赖于你对部门层面指标体系内部各个指标之间的逻辑关系的澄清，在公司层面所进行的价值树分析对你有很大的帮助，你可以拿出原来的价值树模型图来作为参考。一般来说，部门层面的考核指标应当尽量选择那些与部门策略重点相关的滞后/结果性指标（当然也包含部分重要的驱动/领先性指标）。

例如我们将产品交验合格率、质量问题揭示率、质量巡检次数；违规次数四个等指标分解到生产部，但是不是上述指标都需要放入部门层面的平衡计分卡，作为部门层面的考核指标呢？其实是没有必要的，在部门层面只要选择滞后/结果型指标——产品交验合格率就可以了，其他三个领先/驱动型指标，这些指标可以在部门内部再进行分解，分解考核小组或员工个人（如图 6-6 所示）。

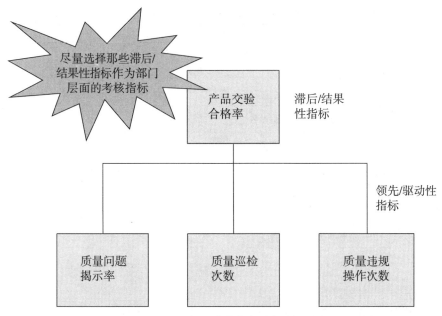

图6-6 部门考核指标选择示例

选择部门层面的KPI考核指标要广泛收集各个部门的意见，可以把部门指标体系的资料发放到各个部门，由各个部门经理组织一次部门内部沟通会议，由他们先行进行讨论，最后他们讨论的结果还需要提交给各个分管的领导进行审核。但是在组织该活动之前，应当告诉各个部门经理们如何选择部门考核指标与分解指标：一般来说部门层面的考核指标无非有两种情况：

√与部门职能直接相关，能够体现部门策略重点的结果/滞后性指标。

√能驱动这些结果/滞后性指标的重点驱动/领先性指标。

可以借助考核指标与分解指标表格（该表格在公司层面选择考核指标与分解指标的时候也可以使用）来界定：

√在指标类别与指标名称纵栏内分别填入指标的维度与名称。

√在建议性质纵栏内涂色或做标识，表示该指标是考核指标还是分解指标。

√对考核指标按照事先确定的编码规则进行编号。

下面是某企业生产运营中心考核指标与分解指标确认的例子：

表6－5　　××公司生产运营中心考核指标与分解指标界定表

指标类别	一级 KPI 指标名称	指标编号	建议性质	
			考核指标	分解指标
财务类	成本预算达成率	D－001		
	存货周转率/呆滞物料比率			
	工艺改善对成本降低贡献			
	设备改造对成本降低贡献			
客户类	重要客户满意度	D－002		
内部运营类	订单需求满足率	D－003		
	退换货率	D－004		
	管理体系有效性	D－005		
	工艺改善计划完成率			
	主要设备故障停机率			
内部运营类	设备改造计划完成率			
	产品工时定额完成率			
	A 级品率			
	产品一次交验合格率			
	采购及时到货率			
	来料合格率			
	工艺改善对加工时间缩短贡献			
	设备改善对加工时间缩短贡献			
学习发展类	培训计划完成率			
	人均培训时数			
	任职资格达标率	D－006		
	员工流失率	D－007		

当各个部门将部门层面的考核指标确定出来后，仍旧要指导他们进行指标的可操作性检视工作。与公司层面考核指标检视原理基本相同，在进行部门与员工 KPI 指标筛选的活动中主要考虑下列 8 个方面的要素：

1. 该指标是否与部门策略一致

部门层面的考核指标是对部门整体绩效的衡量，它也反映了公司对部门经营成果的重点期望。因此部门考核指标一定是一些具有很强适用性的指标，即能反映部门策略重点的结果指标或与部门策略重点直接相关的驱动指标。在部门指标检视中，对于那些不能反映部门策略重点的指标要坚决将其从部门层面剔除，将其作为分解指标；而在所选择指标都与部门策略重点相关，但又明显过多情况下，可以将一些相关的指标进行合并，以确保指标既能反映部门策略重点又保持一定的精简。

2. 该指标是否可控制

部门考核指标必须是该部门可驱动的一些指标。除了一些特殊情况外（例如，为了加强部门在整个公司的全局观，有时特意将一两个上级单位指标以很少的权重分配给下级单位），在一般情况下，考核指标一定是该部门可以驱动的。和我们在前面所说的一样，如果被考核的主体驱动不了该指标，那么他就有可能放弃该指标，因为他即使"关注"了，但是也无法"驱动"，所以就干脆"不关注、靠天收"。

3. 该指标是否可实施

即使是该部门可驱动的，但是该指标是否是公司可以配置资源的，并用行动来改进该指标的结果？部门经理（部门考核指标的责任人）是否认同？是否能够采取行动对指标结果产生正面影响？

4. 该指标是否可信

任何一项指标都需要信息来源的支持，如果一个指标没有信息来源支持的话，那么就失去了实际操作意义。因此和公司考核指标相同的是，部门考核指标还需要考量是否有稳定的数据来源来支持指标或数据构成，同时这种数据能否被人为操纵以使绩效看起来比实际更好或更糟？最后在数据处理过程中是否引起绩效指标计算上的不准确？

5. 该指标是否可衡量

部门考核指标可以量化吗？因为量化就有了最明确的衡量标准。当然，不是所有的指标都可以量化的，但是最基本的限度是：该指标是否有可信的衡量标准？如果不能量化，并且指标没有可信的衡量标准的话，那么建议你取消该指标。

6. 该指标是否可低成本获取

部门指标的考核终究是需要衡量对比的，而对比的主要依据是事先设定的指标值与实际值。因此指标的设置应当符合上面第4个标准——是否可信？能否获取可信的实际值？但是光考虑这一点是不够的，你还要考虑指标实际值的获取成本是否很高，如果高于指标衡量的贡献，那么指标就需要调整了。对于那些无法获得实际执行情况的指标或获取成本较高的指标，应当首先考虑是否有替代指标，在实在无法量化的情况下，可以考虑一些定性的指标，但是考核上要结合关键事件法来进行。

7. 指标的协调性

部门是整个公司的一个组织单元，它和其他部门之间应当保持一定的协调关系，因此在部门指标设置中，还需要考虑该部门指标与其他部门指标的协调，防止出现冲突与矛盾的现象；同时部门层面考核指标与公司层面考核指标应当保持相互对应的关系，部门考核指标应当能够指出支持实现了公司平衡计分卡上的哪一个指标。总之部门考核指标的设置应考虑纵向与横向的协调性。

8. 该指标是否可理解

这一点基本和公司考核指标检视要求相似，你要考虑选择的部门指标是否用通用商业语言定义？能否以简单明了的语言说明？是否有可能被误解等。

上面8项标准可以设计成类似于公司指标检视表的格式进行检视。完成部门KPI考核指标的初步筛选后，就可以组织指标解释表的编写。

案例 6-3　EDD 公司部门 KPI 指标解释表（部分）

表 6-6　　　　　　**EDD 公司质量管理部经营绩效指标解释表**

指标编号	指标名称	计算方法/说明	计量单位	极性	信息来源主导部门	信息来源文件
1	外部质量损失	外部质量损失指因质量原因的损失（维修费、材料费、工时费、差旅费）	万元	负	客服部/财务部	维修服务报告、客户投诉处理记录、财务报表
2	重大质量事故发生次数	指造成外部索赔损失的质量事故	次	负	客服部/销售部/质量安全部	客户投诉处理记录
3	供方质量损失索赔率	指公司针对供应商质量问题进行索赔；索赔率 = 实际索赔金额/索赔目标金额；索赔目标金额 = 供应商质量问题造成内外部损失金额 × 总经理确认的调整系数	百分比	正	质量安全部	不合格品处理单
4	协作供方质量原因影响项目次数	由质量安全部、产品部、物流部三方签订供方的质量原因和对项目影响的损失大小	次	负	质量安全部/产品部（项目分部）	进料检验单、不合格品处理单

指标编号	指标名称	计算方法/说明	计量单位	极性	信息来源主导部门	信息来源文件
5	不发生政府机构安环、消防通报	杜绝外部机构通报/处罚	次	负	管理委员会	会议纪要
6	安全教育检查任务达成评估（PLAN）	按规定的时间节点，保质保量完成安全教育检查任务，并通过管理委员会的评审	分数	正	质量安全部/管理委员会	安全检查表培训记录会议纪要
7	质量培训计划达成评价	按规定的时间节点，保质保量完成质量培训计划的任务，并通过人事行政部的评审	分数	正	人事行政部	培训计划培训记录
8	质量评审目标达成评价	按规定的时间节点，完成质量评审的任务，符合质量评审内容要求，并通过管理委员会的评审	分数	正	第三方认证机构	外审报告
9	重点供应商支持计划达成评价	按规定的时间节点，按计划内容的要求完成供应商支持计划的任务，并通过管理委员会的评审	分数	正	管理委员会	会议纪要
10	流程优化任务达成评估（PLAN）	参考流程与制度优化计划关键节点要求进行评估	—	—	管理委员会	会议纪要
11	质量标准建立与优化任务达成评价	根据质量标准建立与优化计划关键节点完成情况进行评价	分数	正	管理委员会	会议纪要

注：否定、加分指标等通用型指标详见《公司战略绩效管理制度》

表6-7　　　　　　　EDD公司销售中心经营绩效指标解释表

指标编号	指标名称	计算方法/说明	计量单位	极性	信息来源主导部门	信息来源文件
1	IHM 销售收入	—	万元	正	财务部	财务报表
2	IPS 销售收入	—	万元	正	财务部	财务报表
3	重点产品销售收入	指公司重点产品线的销售收入，2009 年为 LC、IPS 成套设备	万元	正	财务部	财务报表
4	国际市场销售收入	—	万元	正	财务部	财务报表
5	国内新市场销售收入	指新增加客户的销售收入	万元	正	财务部	财务报表
6	部门可控费用	指分管的所有销售费用率，实施预算管理按照预算考核	万元	负	财务部	财务报表
7	期末成品库存余额	—	万元	负	财务部	财务报表
	成品库存周转天数	—	天	负	财务部	财务报表
	不良成品库存余额	不良成品界定参考集团应收管理规定	万元	负	财务部	财务报表
8	期末应收账款余额	—	万元	负	财务部	财务报表
	应收账款周转天数	—	天	负	财务部	财务报表
	不良应收账款余额	不良应收账款界定参考公司应收管理规定	万元	负	财务部	财务报表
9	IHM 边际贡献率	边际贡献率 =（销售收入 - 直接成本）/销售收入	百分比	正	财务部	财务报表
	IPS 边际贡献率	边际贡献率 =（销售收入 - 直接成本）/销售收入	百分比	正	财务部	财务报表

续 表

指标编号	指标名称	计算方法/说明	计量单位	极性	信息来源主导部门	信息来源文件
10	销售预测准确率	各产品线月度销售预测准确率的加权平均	分数	趋中	销售部	销售计划表/销售报表
11	客户联谊计划（PLAN）和实施评价	参考流程与制度优化计划关键结点要求进行评估	分数	正	管理委员会	会议纪要
12	SAS销售收入	指因销售部反馈（加分指标）	万元	正	SAS/销售部	协同销售信息确认单

注：否定、加分指标等通用型指标详见《公司战略绩效管理制度》

表6-8 　　　　EDD公司物流材料中心经营绩效指标解释表

序号	指标名称	计算公式	计量单位	极性	信息来源主导部门	信息来源文件
1	材料成本目标达成比例	项目材料费用实际值/预算值	百分比	负	财务部	财务报表
	物流费用目标达成率	项目物流费用实际值/预算值	百分比	负	财务部	财务报表
	包装费用目标达成率	项目包装费用实际值/预算值	百分比	负	财务部	财务报表
2	期末库存余额	—	万元	负	财务部	财务报表
	存货周转天数	—	天	负	财务部	财务报表
	不良库存余额	—	万元	负	财务部	财务报表

序号	指标名称	计算公式	计量单位	极性	信息来源主导部门	信息来源文件
3	协作供方按时交付率	（不合格为未交付）协作供方按时交付率＝按时保质保量交付批次/总批次	百分比	正	物流部	ERP系统
4	采购延误比例（影响项目）	标准件，由管理委员会签订	百分比	负	管理委员会	会议纪要
5	供应商支持计划达成评价	按规定的时间节点，按计划内容的要求完成供应商支持计划的任务，并通过管理委员会的评审	分数	正	管理委员会	会议纪要
6	内外部质量损失金额	指因供应商原因造成的内外部质量损失	万元	负	财务部	财务报表
7	战略供方应付周转天数	战略供方由管理委员会定义	天	负	财务部	财务报表
8	（未及时反馈供方信息而导致）设计更改次数	设计更改次数（因未及时反馈供方信息）	次数	负	产品部/市场与产品开发部	设计更改单
9	供方、物流信息抽检合格率	供方、物流信息抽检合格率＝抽检合格次数/总抽检次数	百分比	正	管理委员会	会议纪要
10	仓库盘盈盘亏额	仓库盘盈盘亏指财务盘点账实不符。由财务部定期组织仓库盘点	万元	负	财务部	财务报表
11	5S检查平均得分	集团管理委员会检查平均分数，部门自检得分不纳入统计	分数	正	管理委员会	5S检查评价表
12	物资运输失误次数	延误、错误等；造成公司一般经济损失的否定本指标；重大经济损失的转为否定指标；损失属性鉴定根据物流管理制度	百分比	正	物流部/管理委员会	完工单装箱单会议纪要

序号	指标 名称	计算 公式	计量 单位	极性	信息 来源 主导 部门	信息 来源 文件
13	流程与制度优化计划达成评价（PLAN）	参考流程与制度优化计划关键节点要求进行评估	分数	正	管理委员会	会议纪要
14	优良协作供应商比例	优良协作供应商的评价由管理委员会或供应商评审小组评定。优良协作供应商比例＝优良供应商数/总合格供应商数量	百分比	正	管理委员会	供方评价表

注：否定、加分指标等通用型指标详见《公司战略绩效管理制度》

6.5 部门与员工 KPI 分解——编制绩效计划

在完成指标体系的讨论并确定部门与员工 KPI 指标后，就可以设计部门与员工的绩效计划了。

表 6－9　某发电集团基层发电厂生产运营部经营绩效计划示例

（生产运营部）	经营绩效计划		
编号			
受约人信息		发约人信息	
姓　　名	张××	姓　　名	李××
单位（部门）	生产运营部	单位（部门）	总经办
岗位（职位）	部长	岗位（职位）	总经理
有　效　期	2010 年 10 月 1 日至 30 日		

续　表

编号	考核指标名称	淘汰值	目标值	挑战值	权重	实际值	加权得分	关键事件描述
		0 分	60 分	100 分				
1	发电量	0.9 >	0.9~1亿千瓦时~1.1	>1.1亿千瓦时	30%			
2	非计划生产停运次数	≥1 次	0 次	—	20%			
3	非计划降出力次数	≥2 次	1 次≤	0 次	10%			
4	入炉煤与入场煤热值差	130 大卡以上	130~120大卡~110	110 大卡	20%			
5	盘煤亏额	2.5 以上	2.5~2万吨~1	1 万吨	15%			
6	技术管理综合评价	2006 年 10 月 31 日之前组织完成锅炉运行的技术标准的更新，要求包含所有工艺流程标准并具备可操作性，一次性获得公司技术管理委员会的审议通过			5%			
个人考核总得分（计算公式）								
综合绩效总得分（计算公式）								
等级认定								

续　表

编号	加减分值	关键事件陈述
1		
绩效考核最终结果		
是否有否决项		
计分等级最终认定		

注：加减分要求：加分总分最高不超过 15 分，减分最高不超过 15 分。

计划确认签字

受约人签字	发约人签字	间接上级签字
请签字确认考核结果：	请签字确认考核结果：	请签字确认考核结果：
签字日期：　　年 月 日	签字日期：　　年 月 日	签字日期：　　年 月 日

考核确认签字

受约人签字	发约人签字	间接上级签字
请签字确认考核结果：	请签字确认考核结果：	请签字确认考核结果：
签字日期：　　年 月 日	签字日期：　　年 月 日	签字日期：　　年 月 日

注：（1）本表附件指标解释表、月工作计划表。

（2）本表考核后由计划管理部存档。

（3）经公司认定受约人属于《平衡计分卡与绩效管理制度（试行）》第 17 条中否定绩效的责任人，按其规定条款执行绩效否定。

（4）GS 类"指标计分方法"可参考以下格式填写计分标准。

示例一：本月底，完成公司 50 个关键职位继任计划的制订。

示例二：本月至少举行 10 种不同类型的培训课程，并达到 90% 的满意度。

示例三：在对部门进行审计后一周内递交审计报告。

6.6　员工个人学习发展计划

任何一个层面的绩效计划都可能将个人学习发展计划作为其重要的组成

部分，即使在子公司与部门层面，由于子公司与部门负责人是公司与部门绩效成果的最终责任人，因此子公司与部门负责人的学习发展计划往往也是十分重要的。

在绩效计划体系中强调学习发展计划编制的原因是：当明晰了绩效责任人在绩效计划期内的绩效目标后，绩效责任人对要做什么已经有了明确的方向。但是有了方向和目标不代表他就有能力实现这个目标，作为绩效责任人的上级还应当帮助绩效责任人获得实现目标的能力，因为绩效责任人是否有这个能力来实现这些目标也是绩效计划能否实现的关键。在绩效计划制订过程中，要求绩效责任人制订个人学习发展计划，对于公司和绩效责任人本人来说都有着十分重要的意义。

（1）相对于公司而言，制订学习发展计划的意义在于：

√制订员工发展的整体框架，能帮助公司最终获得理想的人才队伍。

√以具体知识、经验、能力与职业素养的方式，将公司对员工队伍能力素质要求落实到每一个人，落实到行动上。

√作为一种工具，在评估公司员工所需发展的领域方面，采用统一的管理方法。

√将公司的发展与员工个人发展的目标、内容与行动相互结合。

（2）相对于绩效责任人个人而言，制订学习发展计划的意义在于：

√了解自己需要发展什么样的专业与管理能力。

√明确在何时、采取何种行动来发展这些能力。

√明确如何判断个人已具备这些能力。

√形成持续不断、协调一致的个人能力发展计划。

在"互联网＋"时代的战略绩效管理的实践中，并不是所有职位的绩效责任人都需要制订个人的学习发展计划。如果现在是第一次关注员工能力素质提升的话，建议还是选择那些重点职位的绩效责任人制订学习发展计划吧！一般来说，公司中层以上干部、核心技术人员都可以列入重点职位个人学习发展计划的对象之列，同时他们也只有在以下几种情况下才需要学习发展计划：

（1）尚未完全具备目前工作职位所需的能力，为有效完成日常工作或已计划的绩效指标或工作目标，须提高某个或某几个方面的能力。

（2）目前已具备完成目前工作或工作目标的能力，如若在某个或某几个方面的能力有进一步发展就能担任更高的职位或承担更多的责任。

（3）已被设定为某职位的继任者，对目标继任职位所要求的能力及行为方式须制订能力计划。

个人学习发展计划编制的最直接依据是：绩效责任人所在岗位的任职资格要求和现状之间的对比差距。因此建立任职资格体系，明晰各个岗位的任职资格与能力素质要求是编制个人学习发展计划的基本配套措施；同时还需要建立任职资格认证与能力素质测评制度定期对绩效责任人的知识、经验、能力与职业素养的现状进行评估、认证，以寻找"标准"和"现实"之间的差距，从而为制订个人学习发展计划打下基础。

个人的学习发展计划编制的一般分为两个步骤：

第一步，首先将绩效责任人所在职位的任职资格标准和实际认证、测评的结果进行对比。

第二步，在对比并发现差距后，根据存在的差距编制具体的学习发展计划，消除这种差距。

下面我们将结合某智能装备制造企业人力资源部经理的学习发展计划制订来详细展示该计划制订的方法。

案例6-4 某智能装备制造公司员工个人学习发展计划的制订

某智能装备制造公司致力于互联网时代的信息技术与物理技术融合，对3D打印技术研究的起步较早。

某智能装备制造公司在推动"互联网＋"战略绩效管理过程中，不断优化员工个人学习发展计划。关键职位的《任职资格体系》是推进关键职位员工个人学习发展计划编制的基础。下面是我们指导制订该公司人力资源部经理学习发展计划例子，我们首先找出该职位的任职资格描述。

表 6 – 10 人力资源部经理任职资格描述

维度	要素	等级	等级定义
知识	学历	3 级	本科
	公司知识	3 级	全面了解公司的历史、现状、未来发展方向目标、全部产品知识以及相关管理制度、流程
	战略知识	2 级	掌握公司某个商务战略下经营单位战略策划与战略管理的知识
	营销知识	1 级	了解营销知识分类中任意一种知识
	财务知识	1 级	了解 A 类所包含的基本知识
	HR 知识	4 级	精通人力资源管理系统的内在逻辑关系，并能提供设计思路建立 HRM 系统
	法律知识	1 级	了解工作相关法律知识
	生产知识	1 级	了解生产管理分类知识中的二类内容涉及的概念、内容与方法
	质量知识	1 级	了解 ISO 9000 标准及质量管理体系、全面质量管理的基本概念
	计算机	2 级	掌握工作相关的计算机及信息系统应用知识
	英语	2 级	相当于 CET – 4 级知识水平
经验	岗位	3 级	3 ~ 5 年
	行业	1 级	1 年以下
能力	计划	3 级	能有效地制订公司整体人力资源计划，预先分配时间及其他资源
	沟通	3 级	沟通技巧较高，具有较强的说服力和影响力，书面沟通时有较强的感染力
	领导	2 级	组织一个领域的团队，协调内外部关系，完成较复杂的工作目标
	创新	2 级	能改进现有制度、规定，寻找更合理的解决方法
职业素养	团队精神	3 级	经常为团队提出有意义、建设性的意见，当团队利益与个人利益冲突时，总是以团队为先
	进取心	2 级	具有事业心，为更好地达到工作目标，主动学习，注重创新
	责任感	3 级	能够对工作标准和职责履行情况进行审视，提出改善意见

上面罗列的任职资格是对该公司人力资源部经理的任职资格要求。由于该公司任职资格认证制度尚未开展，但是为了使得它对指导制订重点职位员工的学习发展计划有所裨益，我们要求目标职位（选定制订学习发展计划的重点职位）的直接上级主管与目标职位员工共同填写任职资格现状对比表。该公司人力资源部经理的直接上级主管是管理中心副总，在我们的帮助下，他们花费了三天的时间对人力资源部经理目前的能力素质状态进行了分析、讨论，并将分析讨论结果填写了任职资格现状对比表。

表6－11　　　　　　　　人力资源部经理任职资格现状对比表

维度	要素	等级	等级定义	现状	差距
知识	学历	3级	本科	本科	无
	公司知识	3级	全面了解公司的历史、现状、未来发展方向目标、全部产品知识以及相关管理制度、流程	3级	无
	战略知识	2级	掌握公司某个商务战略下经营单位战略策划与战略管理的知识	对企业战略管理没有任何概念	有
	营销知识	1级	了解营销知识分类中任意一种知识	1级	无
	财务知识	1级	了解A类所包含的基本知识	对财务管理基本没有概念	有
	HR知识	4级	精通人力资源管理系统的内在逻辑关系，并能提供设计思路建立人力资源管理系统	由于以前一直从事琐碎的日常事务性工作，目前只能算达到1级水平	有
	法律知识	1级	了解工作相关法律知识	1级	无
	生产知识	1级	了解生产管理分类知识中的二类内容涉及的概念、内容与方法	从事过生产主管工作，应当达到2级水平	无
	质量知识	1级	了解ISO 9000标准及质量管理体系、全面质量管理的基本概念	1级	无

续　表

维度	要素	等级	等级定义	现状	差距
知识	计算机	2级	掌握工作相关的计算机及信息系统应用知识	2级	无
	英语	2级	相当于CET-4级知识水平	虽然获得CET-4级证书，但是由于工作时间较长已经遗忘，需要提升	有
经验	岗位	3级	3~5年	3级	无
	行业	1级	1年以下	5年以上行业经验	无
能力	计划	3级	能够有效地制订公司人力资源整体的工作计划，预先分配时间及其他资源	目前制订公司整体人力资源计划并能分配资源能力尚不具备	有
	沟通	3级	沟通技巧较高，具有较强的说服力和影响力，书面沟通时、有较强的感染力	3级	无
	领导	2级	组织一个领域的团队，协调内外部关系，完成较复杂的工作目标	2级	无
	创新	2级	能改进现有制度、规定，寻找更合理的解决方法	2级	无
职业素养	团队精神	3级	经常为团队提出有意义、建设性的意见，当团队利益与个人利益冲突时，总是以团队为先	需要加强团队意识，特别是和其他部门之间的协作	有
	进取心	2级	具有事业心，为更好地达到工作目标，主动学习，注重创新	2级	无
	责任感	3级	能够对工作标准和职责履行情况进行审视，提出改善意见	3级	无

　　在确定了人力资源部经理在任职资格上的差距后，我们就开始指导他们制订人力资源部经理的学习发展计划了。在学习发展计划制订出来后，我们将所有重点职位员工的部分学习发展计划（涉及需要公司提供资金支持的计划）与公司财务预算的教育培训资金相连接，并进行了一次调整（由于公司教育培训资金预算和整体需求有差异，我们按照计划的重要性进行资金优先顺序的排序，对于一些暂时公司无法提供财务资金的学习计划，该成员工自学的方式进行）。

表6-12　　　　　　　　人力资源部经理年度学习发展计划

需改进的领域及目标		年度行动计划	实际结果	年度资金安排
战略知识	明年达到2级，今年达到1级	参加战略管理培训班并自学		2000元
财务知识	今年达到1级	自学		—
HR知识	明年达到4级，今年达到2级	参加人力资源管理培训班并自学，获取中级资格证书		3000元
英语	今年达到2级	自学		—
计划能力	今年达到3级	自学计划管理知识		—
团队精神	今年的表现能达到3级	在工作中注意团队精神的培养		—

7

"互联网+"时代的
战略绩效管理运作机制

　　"互联网+"时代下外部环境面临着更大的不确定性，造成这种不确定性的动因与"互联网+"时代的跨界冲击相关度非常大。过去传统工业的结构化模式正在"互联网+"时代被无情颠覆，我们可以看到一些公司，如苹果、阿里巴巴、华为，成了家喻户晓的名字，而其他一些公司，如柯达、诺基亚，却走入了困境，甚至无法自拔。

　　今天所处的"互联网+"时代环境充满了不确定性、难以预测性、多边性、复杂性，互联网技术、移动技术、大数据这些直接代表生活方式的术语，也已经成为人们的共识。IBM的研究报告，直接把我们赖以生存的环境称之为"智慧地球"，认为更加互联互通、更加透彻感知、更深入的智能是智慧地球的根本属性。

　　"互联网+"时代的不确定性、难以预测性、多边性、复杂性，决定了企业要更加重视公司战略与绩效描述、监控、评估与修订，以使得企业的行为更加能够适应外部环境快速变化的要求，因此"互联网+"时代的战略绩效管理运作机制设计显得尤为重要。

7.1 "互联网+"时代战略绩效管理运作机制内容

"互联网+"时代战略绩效管理运作机制实际上是对公司的战略环境扫描、战略规划、战略执行监控、战略绩效评价、战略修正整个过程的规范。从设计内容上来看，它主要包括以下三个方面的内容。

1. 战略绩效管理流程

公司战略环境扫描、战略规划、战略执行监控、战略绩效评价、战略修正整个过程的运行本质上就是需要按照一定的流程规则来开展，战略绩效管理流程是其日常运作的规范与标准。因此设计运作机制的第一步就是对战略绩效管理流程进行设计，这也是运作机制设计最为核心的部分，而下面我们所提到的战略绩效管理制度、表单都可以视为其流程支持性文件。

2. 战略绩效管理制度

战略绩效管理制度是对战略管控日常运作流程的规范性文字描述，将是编定制度时所要进行的最重要工作内容之一。

3. 战略绩效管理流程表单

在完成战略绩效管理流程、制度设计后，我们还需要制作出流程表单。如果没有这些流程的表单，公司将无法按照规范的战略与绩效管理流程来实现有效运作，也最终不能实现战略绩效管理的规范运作与落地。

我们不难看出，战略绩效管理运作机制的上述三个主要设计内容是相互联系的：战略绩效管理日常运作表现为流程的运作，因此它是运作系统设计的核心环节，通过流程的设计可以帮助我们规范公司战略绩效管理整个运作过程，对"互联网＋"时代瞬息万变的外部环境进行监控；而战略绩效管理制度与表单则是配合流程运作的支持性文件，对于后期战略绩效管理流程有效实施起到支持作用。

7.2 集团公司战略管控模式设计

集团型企业战略管控与单体公司有着巨大不同，集团组织多层次的特点要求我们在设计集团公司战略绩效管理运作机制前，澄清集团战略管控模式（总部对分子公司战略管理的基本原则与运作类型）。而集团战略管控模式本身是集团整体管控模式的一个构成。

所谓模式（pattern）是指解决问题的基本方法论。Alexander 给出的经典定义是：每个模式都描述了一个在我们的环境中不断出现的问题与现象，然后描述了该问题与现象的解决方案的核心、基本准则。我们将集团管控模式定义为：集团管控的核心、基本准则，集团管控模式是指导集团总部管控分子公司实际运作，也是集团管控运作体系（即集团管控流程制度、集团组织架构、集团人力资源与企业文化）设计与运行的指导思想。

从理论角度来看，集团管控模式有很多类型划分，其中流传最为广泛的是"集团管控三分法"理论。所谓"三分法"雏形是 20 世纪 80 年代战略管理大师古尔德等人提出的。迈克尔·古尔德等人代表著作有《战略与风格》（1987 年出版）、《公司层面战略》（1994 年出版）、《设计有效的组织》（2002年出版）。他们最早在《战略与风格》中原创性地提出了适应于不同类型公司战略的三种基本具有明显个性特征的母合风格：战略规划型、战略控制型、财务控制型。他们认为战略规划型母公司特点是深度介入下属业务单位运营，母公司通常不仅仅提供明确指令、控制重大决策，同时也控制运营计划与预算实施过程。如 BOC、IEX、英国石油等；战略控制型母公司则主要热衷于对战略目标、战略行动计划里程碑的精确度量，如 ABB、3M（明尼苏达矿务及制造业公司）、COOPER（美国休斯敦公司）、联合利华；财务控制型实际是分权机制，母公司把战略决策赋予子公司，但是要求子公司的战略必须符合财务收益，它主要关注投资收益，如 BTR、GEC、汉森等；他们提出的三种母合风格管控偏好，经过多次理论演变成"集团管控三分法"基础理论即财务型、战略型、操作型（也有人将其改良成四分法，但基本内容与三分法类似）。

集团管控模式是统率集团总部构建集团管控实际运作体系的纲领，因此对集团管控模式设计的合理与否将会直接决定集团管控实际运作的效率与效果。因为如果基本准则界定出现偏差，后面的操作里程再完美也缺乏任何实际的操作意义。在设计整体集团管控模式时，我们不能忽视以下五个主要的因素对其产生的影响。

1. 产权关系

除非有正式的委托协议，否则一般情况下母公司所持有子公司的股份比例将会直接影响母公司所能够选择的控制权利。往往将大部分管控权限与操作功能集成在集团总部（例如寻求集团专业一体化运作）的管控模式需要母公司一般至少要达到绝对控股，甚至是 100% 的全资控股，因为只有这样的股份比例才能保障母公司对子公司决策班子进行强有力地控制，才能通过合法的程序去直接插手分子公司的运营决策，实现真正意义上的"集团运营一体化"；否则如果有其他更大股东，同时其持股必须达到对子公司有足够影响与控制情况下，"母公司"能够随心所欲地以自己意志去选择"全面操作一体化"肯定是不现实的。

2. 集团战略

集团战略对管控基本准则设计有着十分深远的影响，它是最核心的影响要素之一。集团与业务单元的战略形态往往决定了集团管控模式：一个非相关多元化战略与单一经营战略的集团在管控模式的选择上肯定有着很大的差异。前者往往强调分权管控与分层运作风格，资源经营与控制往往大部分由分子公司实施；后者往往强调集约化的专业一体化运作，很多资源的经营与控制往往由集团总部实施。集团战略中有两个最为根本的影响管控模式设计的影响因子，那就是子公司业务相关性与业务战略地位。首先集团各子公司的业务如果具有高度的相关性（甚至是完全相同的业务），那么就会要求集团公司总部对运营实施专业化的深度管控，如果完全不具备相关性，集团总部协调各子公司的业务的必要性就会相对减弱，管控力度就有可能减少；其次如果分子公司涉及产业是集团重点产业，是未来业务组合规划中重点发展的业务，集团总部的关注度就会提高。而如果该产业是集团未来非重点发展（甚至属于剥离）的业务，在特定情况下集团总部有可能对其采取"放水养鱼"的管控方式，同时减少对该产业的资源配置。

3. 文化融合

集团与分子公司企业文化方面的融合程度（尤其是集团与分子公司经营班子在经营理念、价值观、企业道德标准等的融合程度）会影响到集团总部对委托—代理风险成本的判断，也会影响控股集团总部对分子公司授权与资源配置的信心，进而决定管控运作模式。如果集团与分子公司文化的融合程度越高，其经营班子在价值理念方面具有共性，甚至有着共同的创业经历，在其他影响因素不变的情况下，集团总部的授权信心就越大，越敢于向该分子公司分配资源；反之如果集团与分子公司的文化融合程度越低，其经营班子在价值理念方面越不能够产生共鸣，集团总部对分子公司的授权信心就会越小，集团的资源总部就越不敢分散。

4. 发展阶段

集团与分子公司发展阶段也会影响到集团总部对管控模式的设计。首先如果集团总部成立时间不长而处于过渡阶段，在这特定时期内集团总部有可能面临总部经营班子磨合、能力培育等多方面的问题，同时由于历史原因一些分子公司在心态上比较强势，集团总部在组建时期的特定任务等因素，使得集团总部没有精力加强分子公司管控，在这种情况下就有可能不得不暂时采取相对分权的管控模式。而随着集团总部的不断发展，其功能必然得到不断强化，管控的力度就可能越来越大；其次在分子公司层面，如果分子公司处于组建初期各方面的运作都没有实现程序化、标准化，则需要集团总部暂时给予更大的管理控制力度与支持。而如果分子公司处于成熟期，各方面的运作实现了程序化、标准化，则集团总部可以为其设计相对分权的管控模式。

5. 管理能力

与发展阶段有着因果逻辑关系的管理能力也会影响到集团总部的管控模式决策。首先如果集团总部的管理、驾驭产业的能力较强，就越有可能采取集中管控模式来管控分子公司。如果集团总部本身管理、驾驭产业的能力不足，则只有无奈地选择分散的管控模式，否则有可能极大程度地毁损价值创造；其次在其他影响因素不变的情况下，如果分子公司自身管理能力较强，有丰富的独立运营经验与能力，则集团总部授权的信心就会越大，越有可能设计相对分权的管控模式，给子公司配置越多的管控资源。反之如果分子公司本身管理能力与经验不足，就会影响集团总部对其授权的信心，从而使得集团总部将更多的资源集中在总部经营。

6. 集团规模

集团与分子公司的规模也会影响总部在管控模式上的决策。首先如果集团整体实现规模化发展，面临跨地域、多层次、大规模的组织架构，则必须要对管控资源、权力实现分层次的配置。在这种情况下如果集团单一强调集团总部的集约化管控，肯定是不现实的，其结果只能导致集团总部不堪重负、决策缓慢，最终出现管控的真空地带而毁损价值创造；如果集团整体规模化不大，分子公司规模较小，没有出现那种跨地域、多层次、大规模的组织架构，则有可能对管控资源、权力实施集约化管控，因为这种情况下不会因为规模庞大而出现母公司管控真空地带，进而导致集团总部毁损价值创造。

除了上述六大影响要素外，有人还指出集团管控还受到领导人管理偏好的影响。但我们认为六个方面的要素是不可或缺的，管理偏好等因素虽然在实践中影响着管控模式的形成，但是不应当成为管控模式设计时考虑的决定性主流因素。因为领导人要想确保集团成长发展的良性循环，必须要能够使得自身的管理偏好适应战略发展的要求。

集团战略管控是集团管控的重要子功能之一，在不同的整体管控模式下，集团战略管控的内涵不仅仅是母子公司战略管控，因为它不仅仅包含母公司层面的战略管控，还包含其下属所有子公司的战略管控。

在高度分权、资源分散配置的财务管控模式下集团总部，由于只关注投资收益，因此在战略管控方面一般不参与权属子公司的战略规划，但是集团往往通过管理审计等手段对子公司战略决策与执行进行审查；同时在战略管理的流程制度上集团总部不寻求统一，但是集团总部如果有资源，就会为子公司的战略管理体系建设提供专业支持。

当集团管控模式属于战略管控型时，一般集团总部在战略管控上分工模式如下：集团公司总部组织集团、分子公司（各业务板块）跨层次战略管理体系建设，主导体系的运行；集团总部制订集团战略，子公司（各业务板块）在集团公司的框架下制订战略，上报集团统一审批；集团总部统一对集团整体战略执行的监控、分析、调整，审核战略执行过程中的重大战略决策等。

表7－1 集团战略管控模式

财务管控型	战略管控型	运营管控型
1. 只关注投资收益，不参与战略规划，但对战略保留审查权利 2. 不统一战略管理政策，为体系建设提供专业服务	1. 组织集团公司、分子公司（各业务板块）跨层次战略管理体系建设，主导体系的运行 2. 制订集团公司发展战略，子公司（各业务板块）在集团公司的框架下制订战略，集团统一审批 3. 对集团整体战略执行的监控、分析、调整 4. 审核战略执行过程中的重大战略决策	1. 集团战略管理权限集中在总部行使，子公司不设战略管理部门 2. 分子公司执行战略计划，对战略执行的结果负责

当集团管控类型属于运营管控模式时，集团战略管理权限与重大运作几乎全部集中在集团总部，子公司一般不设战略管理部门；战略规划、监督、修正等操作皆由集团总部组织，分子公司参与；分子公司只是单纯的执行战略计划，对其战略执行的结果负责。

上述三种不同的典型战略管控模式只是理论的划分，在实际操作中我们不能也无法进行理论套用。因此我们需要通过对集团战略管控准则与边界进行划分来展现集团战略管控的模式设计要求，它是我们设计集团战略管控流程的基本准则。由于战略管控流程与经营计划、组织绩效评价流程直接关联，因此在进行集团战略管控流程体系设计时，往往需要对经营计划、组织绩效评价流程进行再设计。

设计集团战略管控模式并不是简单地选择何种类型的管控模式,更重要的是对集团战略管控的各项职能基本准则进行界定并划分管控边界。下面是一个集团型企业(三层集团组织架构)进行集团战略与经营计划管控边界划分的案例。

表7-2　　某集团型企业集团战略与经营计划管控边界划分表(1)

	控股集团		产业集团		子公司	
	边界	基本准则	边界	基本准则	边界	基本准则
战略规划	审批	组织、审批控股集团、产业集团、子公司战略规划	建议	在控股集团组织下,提议产业集团战略规划方案	建议	参与并提议自身战略规划文本
战略监控	监控	组织开展控股集团层面季度监控;召开年度战略检讨会议对战略实施监控	参与监控	参加控股集团层面质询会及战略检讨会;通过召开产业集团层面月度经营计划质询会对战略实施监控	参与	参加控股及产业集团层面经营计划质询会及控股年度战略检讨会;通过内部月度经营计划监控内部战略实施
战略评价	组织	组织开展针对控股集团战略、产业集团战略、子公司战略执行状况的评价	参与	参与产业集团战略、子公司战略执行状况的评价	参与	参与子公司战略执行状况的评价
战略修正	审批	控股集团根据战略环境变化提出或审批战略修正建议	建议审核执行	提出战略修正建议;审核子公司战略修正建议;执行战略修正措施	执行	提出战略修正建议;执行战略修正
战略投资管理	审批组织	战略投资决策权限;组织实施战略投资项目管理	配合	配合战略投资项目的推进	配合	配合战略投资项目的推进

表7-3　　某集团型企业集团战略与经营计划管控边界划分表（2）

	控股集团		产业集团		子公司	
	权限	行为描述	权限	行为描述	权限	行为描述
经营计划编制	指导权审批权	下达经营目标；指导产业集团编制年度经营计划审核批准产业集团的年度经营计划	提案权执行权	根据控股集团要求组织编制产业集团年度经营计划并呈报控股集团审批；指导下属子公司编制年度经营计划	提案权执行权	根据控股集团年度整体经营计划编制公司年度经营计划并呈报控股集团审批；执行控股集团批准后的年度经营计划
经营计划监控	监督权	对经营计划进行监控分析，确保年度经营计划不偏离控股集团总的年度经营计划其他参考战略监督	监督权参与权	组织对年度经营计划执行情况进行监控分析；参与控股集团经营计划监控；其他参考战略监督	执行权参与权	对经营计划执行情况进行监控分析；参与控股集团和产业集团的经营计划监控；其他参考战略监督
经营计划调整	审批权	控股集团根据战略环境变化提出或审批战略调整建议；	建议权审核权执行权	提出战略调整建议审核子公司战略调整建议；执行战略调整措施	执行权	提出战略调整建议；执行战略调整
组织绩效评价	考核权奖惩权	根据考核结果对产业集团进行奖惩；对产业集团下属子公司考核结果及奖惩方案进行审批	建议权申诉权	对下属子公司的经营业绩进行考核并提出奖惩建议；可以就考核结果向控股集团提出申诉	申诉权	可以就考核结果向控股集团提出申诉

7.3 战略绩效管理流程制度设计

战略绩效管理的流程制度涉及的边界范围主要涉及战略管理、经营计划、财务预算、绩效管理等多面的内容。下面是一个集团型公司的流程例子。

案例7-1 中×科技集团战略绩效管理流程制度

中×科技是中央国资委权属的国有大型企业集团，集团拥有三个产业板块（事业部）、数十家子公司，典型三层集团组织架构；2005年前中×科技集团涉及非相关多元化的、庞大的业务群，企业核心资源优势得不到充分聚焦、产业急需在战略层面上梳理；同时集团公司对事业部与子公司缺乏有效管控手段，无法实现集团总部、事业部、子公司间的战略协同；集团战略绩效管理体系尚未建立，缺乏有效跟踪修正机制。中×科技启动了涉及集团战略绩效管理流程制度设计。

在管理咨询顾问的帮助下，在集团战略绩效管理流程、制度与表单的设计环节中，集团将战略管控的重点流程规划为集团战略规划流程、集团战略评估与修正流程、经营计划管理流程、财务预算管理流程、集团组织绩效评价流程。

咨询工作中集团战略管控流程设计文件的底稿如下。

一、集团战略制订流程

（一）流程操作步骤说明

第一步 战略规划准备

（1）董事会提出对本集团的发展要求。

（2）战略管理部根据董事会提出的发展要求，结合外部环境变化的驱动，有针对性地组建战略小组。（战略小组中本身就包含了战略管理部）

（3）战略小组要拟订制订战略的计划，并收集战略资料。

（4）各事业部和集团职能部门根据战略小组的要求收集资料，并将收集到的资料反馈给战略小组。

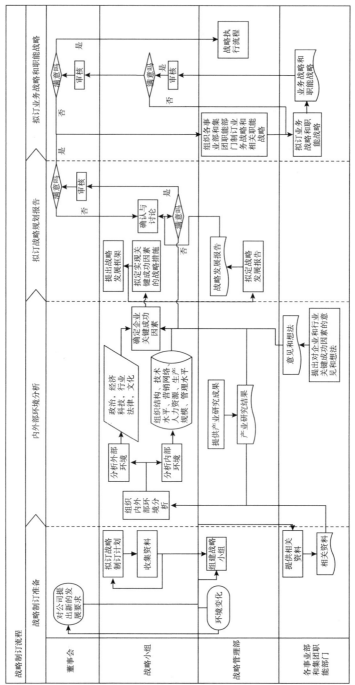

图7-1 中 x 科技集团战略制订流程

第二步　内外部战略环境扫描

（1）战略管理部要向战略小组提供《产业研究成果》。

（2）战略小组汇总所有信息和数据，组织内外部环境分析。

1）外部环境分析：

√对公司所处外部环境的影响因素如产业、原材料、人力资源、财务资源、市场、技术、经济环境、政府、社会文化和国际等进行综合分析；

√对竞争对手的竞争战略、策略进行分析。

2）内部环境分析：对集团内部的技术、生产、营销、财务、人力、供应、公司文化等要素进行综合分析。

（3）各事业部和集团职能部门要提出对企业和行业关键成功因素的意见和想法，战略小组则要结合内外部环境的分析结果确定集团关键成功因素。

第三步　拟订战略规划报告

（1）战略小组根据确定的关键成功因素，拟定相关的战略措施，具体的工作有以下几方面：

√确定集团的产品和技术方向。

√中长期目标。

√制订战略标准。

√评估目前的现状。

√确定达成关键成功因素存在的差距。

（2）根据前面的分析，战略小组要结合集团目前所具有的资源与能力，具体提出弥补差距的策略，并提出战略发展框架。

（3）战略管理部根据战略发展框架拟订《集团战略发展报告》（含战略地图、平衡计分卡、战略行动计划表），反馈给战略小组进行讨论和审核，反复修改，直至最后通过。

（4）战略小组审核完成后，将其上报给总裁审核，并根据总裁的意见进行反复修改，直至董事会最后确认和通过。

（5）董事会审核无误后，还必须将其上报给上级集团进行审核，并根据上级集团的意见进行反复的修改和确认。

第四步　拟订业务战略和职能战略

（1）上级集团审核通过后，战略管理部要组织各事业部和集团职能部门制订自己的业务战略和相关职能战略。

（2）各事业部和集团职能部门拟订战略地图、平衡计分卡、战略行动计划表，上报给战略小组进行审核，战略小组反复与各事业部和集团职能部门修改和确认，直至无误。

（3）战略小组审核后，将集团、事业部、子公司、职能部门的战略地图、平衡计分卡、战略行动计划表上报给总裁审核，并根据董事会的意见反复修改和确认，直至无误。

（4）审核完成后，则转入战略执行流程。

（二）流程运行成果说明

表 7 - 4　　　　　　　中 × 科技股份有限公司流程运行说明

	运行成果	责任人
1	《集团战略发展报告》 含战略地图、平衡计分卡、战略行动计划表	战略管理部

二、集团战略评估修正流程

（一）流程操作步骤说明

第一步　执行和监督战略实施计划

（1）各事业部和集团职能部门根据战略实施计划的要求执行战略。

（2）战略管理部对各事业部和集团职能部门的执行过程进行过程监督，并对董事会提出的战略修改要求进行跟踪。

（3）各事业部和集团职能部门必须根据战略实施情况反馈表的要求定期向战略管理部反馈战略执行情况，并汇报半年、全年的《战略总结报告》（或经营统计分析报告）。

（4）战略管理部根据监督的情况，以及各事业部和集团职能部门反馈的信息，必须适时对企业运行环境进行研究和分析、统计，撰写《企业运行环境分析报告》，便于年终制订次年的经营计划或修改企业的战略目标。

（5）对于董事会认为需要对战略进行修改的意向，战略管理部在收到董事会提出的修改要求 3 个工作日内，对公司战略目标执行情况再进行有针对性的监督、考察，并就现行存在的问题，于 10 个工作日内补充《公司运行环境分析报告》。

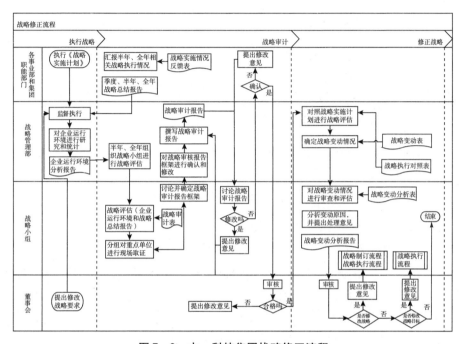

图 7 - 2　中 × 科技集团战略修正流程

第二步　针对执行情况，进行战略评估和审计

（1）战略管理部组织战略小组，就以下两种情况，对战略执行情况进行评估。

√于每年七月份和次年一月份，定期就公司战略实施的情况进行评估。

√对提出的战略修改要求及时进行评估。

（2）战略小组依据战略审计表对战略执行情况进行评估，并分组对重点单位的战略执行情况进行现场取证，然后就其结果进行讨论，确定审计报告框架，主要内容包括：

√战略审计的范围和重点内容。

√重点内容目前的操作策略。

√针对战略目标，目前存在的问题。

243

√与战略目标相对比，存在的差距。

√差距存在的原因。

√针对这些差距拟订的防范措施。

√重新划定责任范围和责任人的建议。

√需要修改战略目标或执行计划的建议等。

（3）战略管理部收到战略小组审计报告框架后5个工作日内，对审计报告框架进行确认和修订，在此基础上撰写《公司战略审计报告》，并上交给战略小组进行审核。

（4）战略小组在收到《公司战略审计报告》3个工作日内，完成讨论、审议工作，交各实体部门或职能部门进行确认、修改。

（5）各事业部和集团职能部门在收到审计报告3日内进行确认并提出修改意见，战略小组提出具体的修改建议，由战略管理部对其进行修改。

（6）然后上交集团董事会进行最终的确认与审核。

第三步　依据战略评估与审计，修正战略

（1）战略管理部根据战略执行分析对照表，对照公司的战略实施计划进行战略评估，确定战略实施计划的变革情况。

（2）战略小组审查并评估战略管理部战略变革分析，对公司战略变革情况进行审查和评估，并分析变动原因，确定战略管理过程中的责任范围，提出处理意见，制订《战略变动分析报告》，上交给总裁审核。战略变动分析报告的主要内容包括：

√战略目标的对照结果。

√目前存在的差距（正的和负的）。

√每项战略目标的具体上升或下降的幅度。

√每项战略目标修改的原因以及具体措施。

√对战略的影响以及应对措施。

√对此引起的责任范围的变动建议。

（3）总裁对《战略变动分析报告》进行审核，确定是否需重新制订或修改战略，并进入相关的战略制订流程或经营计划管理流程。

（二）流程运行成果说明

表 7-5　　　　　　　　　中×科技集团流程运行成果说明表

	运行成果	责任人
1	企业运行环境分析报告	战略管理部
2	战略审计报告	战略管理部
3	战略变动分析报告	战略小组

三、集团经营计划管理流程

（一）流程操作步骤说明

第一步　制订工作计划

战略管理部根据公司战略要求，本年度 12 月起，于两周内拟订《经营计划编制计划》；战略管理部将形成的计划交总裁审核；总裁在三个工作日内，对计划提出相关的意见，战略管理部据此意见对计划进行相关的修改。

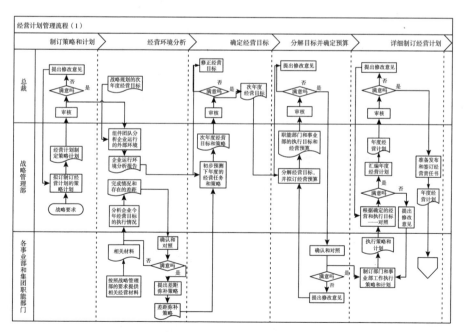

图 7-3　中×科技集团经营计划管理流程（1）

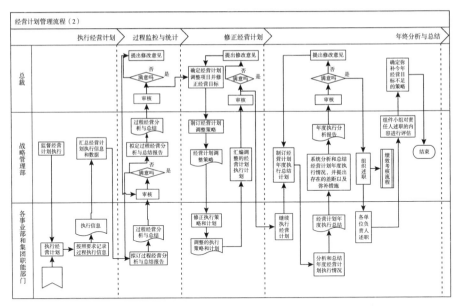

图 7 - 4　中 × 科技集团经营计划管理流程（2）

第二步　经营环境分析

（1）根据总裁对次年度的经营目标要求，战略管理部组建团队进行外部环境分析（或提前一至两个月准备外部环境分析），于三个工作日内拟订《企业运行环境分析报告》。

（2）各事业部和集团职能部门（以下简称各责任单位）根据战略管理部的要求，向战略管理部提供相关的材料（也可以平时积累）。

（3）战略管理部根据所反馈的内部数据，对各责任单位进行本年度的运营分析，主要工作则是找出实际运行与当初确定的经营目标之间的差距，以报告的形式向各责任单位反馈。

（4）各责任单位对自己的差距进行确认，战略管理部根据责任单位提出的意见进行取证和修改，最后确定一致认可的差距和现实情况。

（5）各责任单位根据自己的工作范围和特色，确定这些差距是否要记入下年度的经营目标。

（6）针对存在的差距，各责任单位要制订差距弥补的策略，策略内容包括：

√差距存在的原因。

√差距对经营效益的影响。

√差距弥补的方法。

√以后出现这种差距前的预警措施。

√弥补的预算。

第三步 确定年度经营计划

（1）战略管理部根据《企业运行环境分析报告》、战略规划的次年度经营目标以及各责任单位的差距弥补策略，三个工作日内初步预测下年度的经营任务和策略，并组织滚动调整集团、子公司各层面的战略地图、平衡计分卡、战略行动计划表。

（2）战略地图、平衡计分卡、战略行动计划表提交总裁审核，总裁提出修改意见，或者通过相关的讨论会进行论证。

（3）战略管理部根据提出的建议重修改次年度的经营目标，经过总裁的反复审核，最终确认后，要求编制集团、子公司、部门年度目标卡。

（4）分解目标并确定预算。战略管理部根据集团、子公司、部门年度目标卡，组织拟定各责任单位的经营预算，循环讨论形成集团、子公司与职能部门年度目标卡与经营预算表，然后报总裁审核确认，并根据总裁的意见进行修改。

（5）全部确认后，战略管理部汇总所有责任单位的年度目标卡与经营预算表，汇总编制《年度经营计划》文本。

（6）战略管理部向各责任单位发布《年度经营计划》，并组织各责任单位签订经营责任书。

第四步 执行经营计划

（1）各责任单位依据年度经营计划书执行经营计划，并按照要求记录过程执行信息。

（2）在执行年度经营计划过程中，战略管理部要根据经营计划进行监督（主要针对关键节点）。

（3）战略管理部汇总各责任单位反馈的执行信息和数据。

第五步 过程监控与统计

（1）各责任单位根据计划的要求对过程经营情况进行分析与总结，自己内部讨论和分析存在的差距，并制定相关的弥补措施。

（2）根据战略管理部的要求，或者院总裁的要求，各责任单位向战略管理部反馈相关的信息（主要是影响到战略要求、经营目标的信息，和核心产品的信息）。

（3）战略管理部对照经营目标的要求，分别审核各责任单位的执行情况，拟定《过程经营分析与总结》（可以是季度，也可以是半年度），并送交总裁审核。

（4）战略管理部将过程经营分析与总结报告交总裁审核，并根据总裁的建议进行相关的节点监控和修改报告。

（5）根据过程总结，总裁需确定是否需要调整经营计划项目或修正经营目标，如果要调整，则转入下一步，如果不要调整，则继续执行经营计划。

第六步　修正经营计划

（1）战略管理部根据总裁修正后的经营目标，于三个工作日内制订经营计划调整策略，形成报告，交各责任单位。

（2）各责任单位于两个工作日内修正本部门的执行策略和计划，形成报告报战略管理部审核。

（3）战略管理部汇编调整后的经营计划执行计划情况，及时报送总裁审核，并根据提出的建议修改相关的策略和措施。

第七步　年终分析与总结

（1）根据计划要求，战略管理部在年终要制订经营计划年度执行总结计划，提交给各责任单位确认。

（2）各责任单位对自己的执行情况进行分析和总结，以形成自己本年度执行计划的总结报告，并在内部进行详细的讨论和分析，确定自己的差距以及下年度如何去弥补，形成最终的《经营计划年度执行总结》，上报战略管理部。

（3）战略管理部汇总所有的总结，根据确定的经营目标，系统分析和总结经营计划的执行情况，并提出存在的差距以及弥补措施，形成《年度经营计划执行分析报告》，上报给总裁审核。

（4）战略管理部针对总裁提出的意见修改总结报告。

（5）审核通过后，战略管理部组织各责任单位负责人进行述职，由评估小组对其述职内容进行评估，并将相关结果纳入组织绩效评价流程。

（二）流程运行成果

表7-6 中×科技集团流程运行成果表

	运行成果	责任人
1	图、卡、表年度滚动	战略管理部
2	年度经营计划（目标卡＋经营预算）	战略管理部
3	年度经营计划执行分析报告	战略管理部
4	经营计划调整策略	战略管理部

四、集团组织绩效评价流程

第一步 绩效目标设定

（1）由集团战略管理委员会在每年×月×日前根据公司发展战略分析，对集团战略图、分子公司战略图、总部职能战略图进行回顾及必要的调整；并根据战略地图要求，结合年度经营计划确定流程对应层面年度计分卡年度目标卡。

（2）集团根据分子公司年度目标卡，设定、签订年度各子公司《绩效合同》。

（3）集团根据总部职能部门年度目标卡，设定、签订年度职能部门《绩效合同》。

（4）发约人和受约人在确定年度目标卡，签订《绩效合同》之前需就绩效标准进行沟通，设定组织绩效考核指标的考核值与计分方法。

（5）战略运营部负责推动组织实施集团组织绩效考核指标设定。

（6）集团子公司、职能部门《绩效合同》一式三份，发约人和受约人各一份，中国××控股公司战略运营部备案一份。

（7）战略运营部根据备案的《绩效合同》中的指标，填写战略KPI绩效数据收集信息核表反馈到各信息收集部门（含子公司的相关部门），全面负责KPI数据的收集。

第二步 绩效辅导与监控

（1）各子公司战略运营部长是子公司KPI数据收集负责人，子公司KPI数据来源于子公司内部的，由子公司战略运营部部长负责组织搜集相关的数

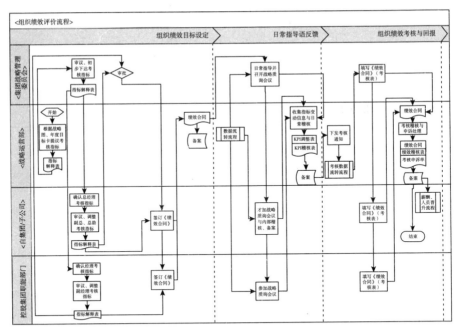

图 7 – 5　中×科技集团组织绩效评价流程

据，填写 KPI 数据收集表，并经子公司总经理签字审核后，提供给集团总部战略运营部审核。

（2）总部各职能部门内部设立兼职数据联络员，根据子公司战略运营部提供的 KPI 数据收集信息核对表的要求，收集绩效指标数据填写 KPI 数据收集表，并经部门负责人签字审核后，提供给战略运营管理部审核。

（3）战略运营部在三天内完成 KPI 数据收集表的审核（重点审核数据是否及时提供，计算公式是否正确，数据是否存在明显错误等），并送报给相关发约/受约人。

（4）对于年度目标卡与 KPI 数据信息，集团战略管理委员会有权进行绩效稽查（或指派战略运营部稽查），稽查频度由战略管理委员会自己确定，但每次稽查后应当及时填写绩效稽核表。

（5）集团对子公司、职能部门战略绩效实施监控的方式采取定期日常工作指导、质询会议两种方式进行。

1）发约人在对受约人的日常指导时应当视受约人的实际工作能力选择不同的指导方式：

√具体指示型：对于那些对完成工作所需的知识及能力较缺乏的受约人，需要给予较具体指示型的指导，将做事的方式分成一步一步地步骤传授并跟踪完成情况。

√方向引导型：对那些具有完成工作的相关知识及技能但偶尔遇到特定的情况不知所措的受约人给予适当地点拨及大方向指引。

√鼓励型：对那些具有较完善的知识及专业化技能的受约人给予一些鼓励或建议，以促动更好的效果。

2）发约人应及时自行组织召集受约人召开经营质询工作会议，在会议上根据 KPI 信息与受约人就目标完成情况进行分析、沟通，由受约人制订改进方案，发约人制订支持方案，填写会议纪要（会议周期参考见附件二）。

3）战略运营部应在战略管理委员会的指导下，执行召开由总部职能部门部长及分子公司高层及财务总监参加的季度战略质询会议（原季度经济运行分析会议），对集团层面关注年度战略目标及战略计划进行动态监控；战略质询会议需事先准备被质询单位的年度目标卡、绩效合同、战略绩效述职报告、战略绩效质询记录、战略计划汇总表（部门系统自动生成的 KPI 数据，要求在战略绩效质询记录中事先填写）。

4）战略运营部应当收集集团层面年度目标卡的指标与计划完成信息，每月提交战略 KPI 及计划异动分析，提议改进措施和意见，为战略质询工作会议及领导班子决策提供支持。

（6）KPI 一经确定后，原则上一般时段中不应调整，但是若预期的公司经营内外部环境或者公司的战略目标发生重大变化，及公司出现重要的临时性工作任务，KPI 目标可随之相应调整。

（7）受约人考核事项如果在考核周期内，考核的前提依据没有发生，指标应当予以取消，该指标的权重根据指标权重同步放大原则，将指标权重同步放大到其他考核指标。

第三步　绩效考核

（1）考核周期，子公司及总部部门级的组织考核周期为年度。

（2）考核流程

1）发约人根据考核指标信息收集情况对受约人整个考核期内的绩效指标

的完成情况评分于 2 天内完成《绩效合同》的填写及受约人沟通，报间接上级审批（间接上级审批于 2 天内完成）后，受约人《绩效合同》交战略运营部审核，战略运营部应当分派至少 1 人共同在 7 天内完成审核。

2）组织绩效受约人考核结果分为绩效考核分数计算公式为：

$$组织绩效考核分数 = \sum 考核指标得分 \times 权重$$

3）组织绩效考核结果加减分调节。发约人可根据受约人在整个绩效考核周期内的加减分指标或其他工作任务的完成情况，对绩效指标的考核结果进行加减分调节（上下幅度不得超过 5 分）；分子公司高层、财务总监和总部职能部门的绩效加减分调节必须提交总裁审批。

4）战略运营部在审核 7 天内，应当及时填写的《组织绩效考核成绩汇总表》，上报公司战略管理委员会审批。

第四步　考核回报

(1) 组织绩效所有受约人的考核结果应用范围如下：

1）个人薪资的发放与计算。

2）人事聘用（依据绩效考核分数结合能力素质评价）。

(2) 组织绩效考核结果的应用：

1）人力资源部将绩效考核等级结果应用于绩效奖金的分配（见薪资管理制度）。

2）人力资源部将绩效考核等级结果作为年度调薪依据（见薪资管理制度）。

3）公司领导根据任职者绩效考核结果及能力素质模型评估作为人事任免的依据（但不局限于上述方面）。

(3) 受约人如考核周期考核等级为最低等级，在经过培训或岗位调整后，考核等级仍为最低等级的人员，集团有权按照人事决策权限提议作降级处理，或根据国家《劳动法》，按《劳动合同》规定，予以解除劳动合同。

7.4　战略绩效报告系统与质询会

战略绩效管理流程运作有两个非常重要的工具，一是战略绩效报告系统；

二是战略运营质询会议。这两大工具往往在实践中又可以结合起来进行操作。例如在召开战略运营质询会议的同时，使用、展示平衡计分卡报告系统。

7.4.1 战略绩效报告系统

战略绩效报告系统主要分为各层级的战略地图、平衡计分卡、特别说明、KPI指标、战略行动计划五大追踪报告图表。它们相互联系，相互支持，为集团决策层监督集团及各子公司、部门战略执行提供仪表盘管理。

1. 战略地图报告

战略地图报告是指直接在战略地图的图文件上展现各个战略主题的执行情况。这种报告往往需要通过平衡计分卡软件来实现，当然手工操作的战略地图报告也是可以实现追踪管理，但是手工编制追踪报告图操作比较烦琐。

战略地图报告用的绿、黄、红、白灯表示战略地图中各战略主题的执行状态，绿、黄、红、白灯与目标设置的计分方法有关，绿、黄、红、白灯所表明的状态如表7-7所示。

表7-7　　　　战略地图报告绿、黄、红、白灯状态说明

战略主题显示颜色	KPI指标状态	GS（战略行动计划）状态	一般得分
绿灯	实现挑战值：业务达到最佳状态	实现挑战值：大大超出计划里程碑的时间、成本、质量、数量、风险控制要求	100分
黄灯	实现目标值：完成集团底线要求，但低于挑战值，没有达到最佳状态	实现目标值：按照计划里程碑要求完成任务结点，主体部分基本在规定时间达成设定质量要求	60分
红灯	低于目标值：没有达到集团底线要求，指标应当引起集团警觉	低于目标值：未能达成计划里程碑节点要求，与当初设定的要求差距甚远	0分

续 表

战略主题显示颜色	KPI 指标状态	GS（战略行动计划）状态	一般得分
白灯	没有数据支持显示KPI 指标的完成结果与状态	没有信息支持显示计划里程碑完成的结果状态	—

集团中高层经理与战略管理部门可以运用集团不同层级《战略地图报告》及时了解战略执行的进度情况。集团总部可以事先制订《战略地图报告》的开放权限，集团各中高层经理可以根据权限调阅《战略地图报告》，对战略执行进行监督、管理。

案例7-2　北京某控股集团战略绩效报告系统

图7-6是北京某控股集团战略绩效报告系统中，《战略地图报告》（财务与客户维度片段）示意。

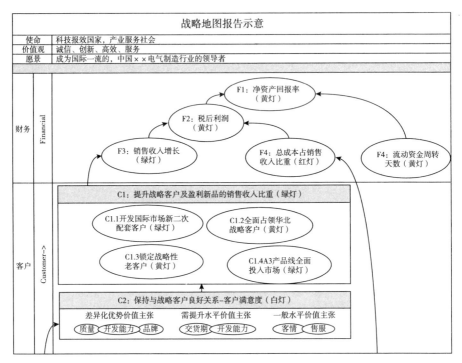

图7-6　北京某控股集团平衡计分卡报告系统——战略地图报告（片段）

1. 平衡计分卡报告

由于战略地图报告仅仅展现了各个战略主题的执行结果（即绿、黄、红、白）情况，但公司中高层经理或战略管理部门还需要进一步掌握具体核心衡量指标、计划执行的更详细信息。平衡计分卡报告可以进一步地满足管理者在该方面的要求，它实际是对战略地图报告的进一步补充与延伸。

与战略地图报告一致，平衡计分卡报告也具有绿、黄、红、白灯的展现功能，进一步表明战略主题、指标、计划的完成结果与状态。

表7-8是北京某控股集团平衡计分卡报告系统中，平衡计分卡报告示意。

从上表的平衡计分卡报告示意，我们可以看出平衡计分卡报告延伸、细化了战略地图报告，但是作为公司的中高层经理与战略管理部门，还需要获得更多的战略主题、指标、计划的执行结果与状态的信息。因此从平衡计分卡报告还可以继续延伸出特别说明（指平衡计分卡特别说明）、KPI指标报告、战略行动计划报告。

2. 特别说明

特别说明是依附于平衡计分卡报告的，它主要进一步说明平衡计分卡中每一个战略目标与主题、核心衡量指标、行动计划的相互关系与整体完成情况，既可以包含定量也可以包含定性的特别说明：

√战略目标与主题整体实现情况。

√核心衡量指标实现情况。

√支持计划（战略行动计划）达成情况。

√数据信息收集情况特别说明。

表7-9是北京某控股集团平衡计分卡报告系统中，特别说明示意。

3. KPI指标追踪报告

《KPI指标追踪报告》是针对平衡计分卡报告中定量化的核心衡量指标的分析。它包括当期数据的对比和累计数据的对比，既可以作数据同比分析亦可以作数据的环比分析。

表7-8 平衡计分卡报告示意

维度	战略目标与主题	目标主题仪表盘	核心衡量指标	目标值	实际值	指标仪表盘	支持计划	计划仪表盘	主要责任人
财务	F1 股东满意的投资回报	黄	净资产收益率	X	X	黄			
	F2 获取更多利润	黄	税前利润	X	X	黄			
	F3 销售收入增长	绿	销售收入	X	X	绿			
	F4 降低控制总成本	红	成本费用总额	X	X	红			
	F5 加速流动资金周转	黄	流动资金周转天数	X	X	黄			
客户	C1:提升战略客户及盈利新客户的销售收入比重	绿	战略客户销售收入比重	X	X	黄	市场营销计划	绿	
			新产品销售收入比重	X	X	绿			
	C1.1 开发国际市场新的二次配套客户	黄	国际品销售客户新开发数量	X	X	黄			
	C1.2 全面占领华北市场整车制造战略客户	黄	华北战略客户销售收入	X	X	黄			
	C1.3 提高战略性老客户的销售渗透	黄	战略客户锁定数量	X	X	黄			
	C1.4 A3产品线全面投入市场	绿	新产品销售收入比重	X	X	绿			
	C2 保持与战略客户良好关系	白	战略客户满意度	X	X	—	客户联谊计划	白	

表 7 - 9　　　　北京某控股集团平衡计分卡报告系统——特别说明

战略目标与主题	战略目标与主题仪表盘	核心衡量指标	目标值	实际值	指标仪表盘	支持计划	计划仪表盘	主要责任人

特别说明

本战略目标与主题要点特别说明：

1. 战略目标与主题整体实现情况

2. 核心衡量指标实现情况

3. 支持计划（战略行动计划）达成情况

4. 数据信息收集情况特别说明

　　同时 KPI 指标追踪报告还应当分析异动原因产生原因及下一步的改进措施，如成本费用超过预算标准的原因分析，及下一步成本费用控制措施的改进举措分析等。

　　图 7 - 7 是北京某控股集团平衡计分卡报告系统中《KPI 追踪报告》示意。

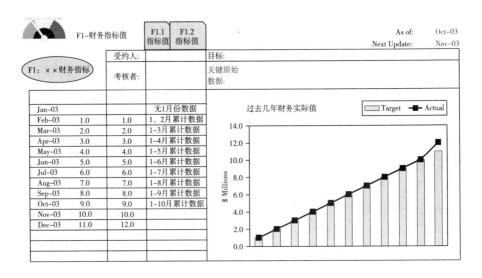

分析维度	指标值	异动情况与原因分析	改进措施
当期分析	目标值: 95%; 实际值: 89.86%	1.异动情况 2.原因分析	
累计分析			

图 7 –7　北京某控股集团平衡计分卡报告系统——KPI 指标追踪报告

4. 战略行动计划追踪报告

战略行动计划追踪报告是针对平衡计分卡报告中的支持计划的完成情况进行追踪分析的表单。它依附于平衡计分卡报告，对平衡计分卡报告中支持计划的达成情况、异动原因进行进一步的分析。

表 7 –10 是北京某控股集团平衡计分卡报告系统中战略行动计划追踪报告示意。

表 7 – 10　　　　　　　北京某控股集团战略行动计划追踪报告示意

支持计划名称	集团战略物资集中采购计划			
支持计划编号	ZGYG – 2009 – 047			
总负责人				
支持战略目标与主题				

关键节点	时间	里程碑要求描述	负责单位	协同单位	责任人
国外战略供应商培养	2009 年 1 月 1 日—6 月 30 日	1. 目标陈述：将资金占用大的重要备件与同类型单位确定共储目录 2. 成功标志：与×××、×××等同类型单位确定资金占用大的重要备件的种类、型号、品牌及数量进行确认，并报公司领导审批	集团供销公司	电气子公司	

异动情况与原因分析	改进措施
1. 异动情况 2. 原因分析	

7.4.2　战略绩效质询会

　　对于集团而言可以组织多层次的战略绩效质询会，以实现战略绩效分层控制的目的。表 7 – 11 是某集团公司三层集团组织架构下的分层战略绩效质询会规划表。

表 7 – 11   某集团公司战略绩效质询会议规划表

序号	战略绩效会议层级	发约人	受约人	组织者	会议频度
1	集团层	集团总裁班子	子集团总经理、财务总监；集团职能部门负责人	集团战略运营部	季/年
2	子集团层	子集团总经理班子	三级子公司总经理、财务总监；子集团部门负责人	子集团战略运营部	月/年
	集团职能部门层	集团职能部门负责人	子集团、三级子公司职能部门负责人	集团职能部门负责人	月/年
3	三级子公司层	子公司总经理班子	子公司部门负责人	子公司计划运营部	月/年

注：表 7 – 11 中不同周期会议的主题内容有差异，短频度一般面对运营计划，长频度一般面对中长期战略滚动、质询等。

    集团层面战略绩效质询会议是由集团高层、子公司总经理、财务总监、集团职能部门负责人共同参加的，针对各子公司、职能部门平衡计分卡指标、计划执行情况进行质询并提出改进意见的集团高级管理会议。一般而言，正式的集团战略绩效质询会每季度召开一次。集团战略绩效质询会议的效果往往和组织情况有着最直接关联，所以如何组织一场高效的战略运营绩效会议往往显得非常重要，一般情况下遵循五个程序进行操作（如图 7 – 8 所示）：

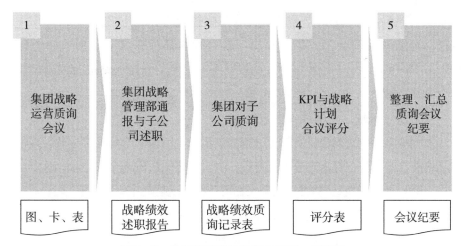

图 7-8 集团战略绩效质询会召开一般程序

第一步 集团战略绩效质询会议准备

集团战略管理部门在进行会议准备时需要注意两个方面的重点工作:一是《集团战略绩效质询会议议程》安排,包括会议的每一个程序要求都应当在议程中体现;二是通知相关单位准备会议资料,例如集团战略管理部事先准备子公司人力资源战略地图、平衡计分卡、战略行动计划表,要求子公司负责人准备填写战略绩效述职报告等。

第二步 集团战略管理部通报与子公司述职

会议进程中一般在集团领导发言后,由集团战略管理部门负责人通报全集团的战略绩效实施情况。通报的内容一般为集团平衡计分卡指标与计划达成情况;通报结束后由权属子公司总经理、财务总监进行当期的战略绩效述职,述职内容一般要求为子公司 KPI 与战略行动计划的实践偏差分析与改进措施。

第三步 集团对子公司进行质询

在子公司总经理与财务总监完成述职后,集团高层、战略管理部门开始就其 KPI 与战略行动计划的完成情况对子公司总经理与财务总监进行质询。质询的内容主要包括:差异现状、差异性质、差异原因、补救措施等内容,集团高层、战略管理部门可以按照上述思路不断地问子公司"为什么",例如"为什么没有达成""为什么是这个原因导致没有达成"等。

第四步 KPI 与战略计划达成评分

在实施战略绩效管理的集团型企业中,集团需要对子公司 KPI 与战略行

261

动计划的执行情况进行考核评价，落实战略执行的"责任机制"，因此在一些集团战略绩效质询会上，集团高层、战略管理部门有可能根据质询情况对KPI、战略行动计划进行考核评价，按照实现约定的评分规则进行评分。该评价分数将会成为未来子公司绩效考核分数的重要来源数据之一。

第五步　整理、汇总质询会议纪要

集团战略绩效质询会议要随时进行会议记录，因为无论是出于经营管理信息参考的需要，还是后期业绩考核的需要。集团战略绩效质询会议进程、重点会议结论、KPI 与计划考核分数都应当记录在册并在会议结束时及时整理、归档。

除了战略绩效报告系统、质询会等方式以外，定期检查子公司相关报表或报告，开展战略执行专项事件实地调研等都是集团总部有效地监督、控制子公司战略执行的重要手段。

7.5　战略绩效评价/考核

绩效评价/考核也是战略绩效管理流程制度需要设计的一个重要环节。绩效考核，又称绩效评估、绩效考评、绩效评价，是对绩效结果进行衡量、评价和反馈的过程。

依据考核的对象不同，我们可以把绩效考核分为组织考核（如公司绩效与部门绩效考核等）与员工个人考核，两者之间有着密切的联系。通过两者绩效结合所获得的分数是确定员工绩效薪资的重要依据（对于该部分内容有兴趣的读者可以参阅我的薪酬管理的相关专著）。通常条件下，组织绩效考核常常由公司的计划管理部门组织，员工个人的绩效考核通常由人力资源部负责组织。

事实上，绩效考核的目的不应该仅仅是给出一个分数，更为重要的是通过充分地沟通，使得组织或员工获得持续不断的绩效改进。在战略绩效管理流程制度中，应当对考核的方法、考核周期及考核的流程进行描述。

7.5.1　绩效考核方法

绩效考核方法在很多的管理书籍中都有专门介绍，下面介绍几种在平衡计分卡与绩效管理项目中常用的方法，这几种方法又可以结合起来使用。

1. 等级评价法

等级评价法是绩效考核应用最为普遍、广泛的评价技术之一。这种方法既适应于单个指标的等级考核，也适应于考核对象整体绩效等级的考核。采用这种方法首先给出各个指标不同绩效等级的定义描述，随后考核者对被考核者的平衡计分卡中每一个绩效指标按照给定的等级标准进行评估（每一个等级往往对应一个分数）。很多关于绩效考核的书籍中，在指标等级划分上，都建议最理想的指标等级划分的层次是四或者五个层次。笔者认为这种观点相对于中国企业来说只是一个非常理想的理论，但不具备可操作性。其根本原因还在于前面章节中所提到的：中国企业的市场预测、统计及财务分析与预算系统十分薄弱，指标等级划分越多，其划分的难度也就越大。为了解决这个问题，在管理咨询的实践中我们从实际的可操作性出发，往往尽量简化指标的考核等级，有的企业甚至只开发出一个指标等级的考核方法，即为每一个指标只设定一个等级的指标值。当然一等级评价并不是最好的等级划分方法，它不能解释完成目标指标与挑战目标在得分上的差异性，但是在中国企业管理基础系统不完善的条件下，它仍是一个比较符合中国企业国情的评价方法。

在得出各个指标考核得分后，就可以按照指标的权重计算出被考核对象的总体绩效得分。总体绩效得分计算出来后仍旧可以按照等级考核法，按照事先确认的等级标准，确认被考核对象的整体绩效等级。表7-12是一个根据考核总体绩效得分来确认最终绩效等级的实例。

表 7-12　　　　　　　　　　绩效等级认定实例

等级符号	等级	计分标准	等级说明
A	杰出	10 ~ 9	在所有方面的绩效均表现突出，并且明显优异他人
B	优秀	9 ~ 8	绩效指标大部分都明显超出职位要求
C	良好	8 ~ 7	是一种可信赖的绩效成绩，略超出工作绩效要求

等级符号	等级	计分标准	等级说明
D	合格	7～6	工作绩效基本达到要求，基本达到设定目标
E	不合格	6以下	工作绩效总体上无法让人接受，必须立即加以改进

2. 强迫分布法

强迫分布法实际上是按照事先确定的比例将被考核者分别分布到每一个工作绩效等级上去。应当指出这种方法不适合单个指标的考核，同时采用这种方法进行总体绩效等级确认，所选用的考核指标应当标准明确，无法随考核人主观意志而变化情况，否则就会出现"轮流坐庄"的局面。它特别适应于公司员工队伍需要"换血"，进行末位淘汰的企业。下面是某企业强制分布必法的实例：

（1）员工个人绩效结果建议采用强迫分布的方法，即：

优秀——员工总数的10％。

中等——员工总数的30％。

合格——员工总数的50％。

不合格——员工总数的10％。

（2）综合绩效结果建议采用正态分布的方法，并用企业绩效排名法予以调整具体比例，即如果所在分公司在20个分公司内部排名较前，其绩效结果为优秀的人数比例可以增加。

（3）强迫分布的比例可以根据实际情况进行调整。

3. 关键事件法

关键事件法是对被考核者在工作活动中所表现出来的关键行为事件记录下来，然后每隔一段时间（如半年、一年），考核双方就记录的特殊事件来确认被考核者绩效的一种方法。

关键事件法事实上是强调绩效的证据。如果要运用关键事件法，就需要将关键事件和绩效目标和计划结合起来，它特别适用于非量化指标的考核。

运用关键事件法进行考核的优点在于：考核者在对被考核者解释绩效评估结果中提供了确切的事实证据；保持动态关键时间记录，可以使考核者获得一份关于被考核者根据何种途径消除不良绩效具体实例。

7.5.2 绩效考核周期确认

在战略绩效管理制度的设计中还要对考核周期进行确认，考核周期应当与被考核对象绩效计划的周期保持一致，因此这部分工作的实际计划编制阶段就应当完成了。

对于绩效考核周期的确认，往往可以根据考核对象来进行确认。一般来说，考核对象职位越高，可能其绩效成果周期越长越能明显表现出来。而考核对象的职位越低，可能其绩效成果表现周期越短。因此在按照层级设计周期时，最常规做法是高层以年度为考核周期；中层以季度、基层以月度为考核周期；再进行年终汇总考核。除了按照层级，还有的企业按照职位序列和层级结合起来进行考核，例如基层研发人员考核周期为季度、基层生产人员则为月度等。根据考核对象的不同来划分考核周期的优点是十分明显的，它层次分明并且具有很强的针对性。

但是在进行考核周期选择时，还需要考虑考核的成本。这种成本不仅仅体现在资金上，还有精力上的，不能把考核变成了各级主管和员工的负担。考核频率过大会导致考核成本上升，基于这些因素的考虑，一些国外的企业一律选择年终考核的方式。

7.5.3 绩效考核流程描述

对考核流程进行描述是平衡计分卡与绩效管理实际运作规则设计的重要内容之一，你需要在平衡计分卡与绩效管理制度中对绩效考核的每一个步骤进行详细地描述。

第一步，发放考核通知与 KRS 信息表。人力资源部应根据考核周期要求敦促各中心、部门开展考核活动。

第二步，填写考核表单。各职位直接上级主管根据"××中心/部门 KRS 指标信息表"（部分指标为主管直接评价）填写考核表单即平衡计分卡。

第三步，考核沟通。各职位直接上级在填写表单后，原则上应和被考核者进行沟通，将考核的结果反馈给被考核者，并由被考核者签字认可。被考核者如对考核结果有重大疑义，可直接向间接上级进行申诉。

第四步，考核审批。各职位直接上级（考核者）与员工本人（被考核者）对考核结果签字确认后，应提交间接上级（考核者直接上级）及人力资源部审批。

第五步，存档备案。人力资源对确认后的考核表单《平衡计分卡》进行分类存档，作为员工薪资及其他个人回报的重要依据。

图7-9是××集团机电研究所有限公司三级考核体系设计示例。

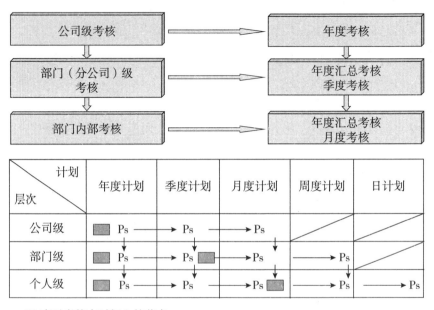

■表示考核在时间上的节点

图7-9　××集团机电研究所有限公司三级考核体系设计示例

7.5.4　绩效回报

绩效回报的处理是绩效管理的第四个环节，也是在制订平衡计分卡与绩效管理制度时，对其实际运作规则描述的重要内容之一。

在完成组织与员工的考核之后，必须将考核的结果与薪酬等激励机制相挂钩才能体现绩效管理价值。如何根据员工的绩效考核结果确定合理的员工回报，特别是薪酬奖励，是保证绩效考核激励作用的主要手段和核心问题。绩效管理系统的实施与推进，需要相配套的薪酬管理及其他激励机制。

绩效回报与激励的方式大致有两类：一是物质回报；二是精神回报。物质回报的手段包括：激励性薪酬、职位的提升、特批假期、实物奖品、国内外的考察学习、培训教育、旅游赠券等；精神回报的手段则包括：荣誉称号、富于挑战性的职责、参与重要而有意义的工作、在设定目标和制订决策时的影响力等（如图7-10所示）。

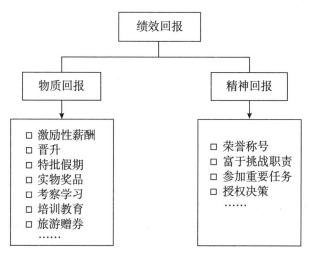

图7-10 绩效回报的方式与手段

上述员工个人回报的方式与手段，应当根据人员、时间、地点以及员工不同的需求选择，这样才能达到真正激励的目的。也就是说回报正确的、员工需要的东西，是我们在实施员工个人回报时应该遵循的一个原则。上述回报方法的详细内容很多企业编制在薪酬福利等管理制度中，但是在《绩效管理制度》中必须表明两点：一是绩效回报的方式，即你们所选择了哪几种回报方式；二是该回报方式详细的内容在哪个制度中予以阐述。

应当指出在上述回报的方式与手段的选择中，有两种回报方式是我们在这里应该首先强调的，一是薪资回报，二是与任职资格认证结合的员工晋升回报。

1. 薪资回报

薪资回报是绩效回报中最基础、最核心的内容。设计薪资回报主要目的是通过薪资的激励来提高公司的每一个员工实现其绩效目标的主动性与自觉性。设计薪资回报除了要具有外部竞争力与内部公平性的薪资架构与管理规则做支持外，正确处理绩效与薪资的接口也是薪资回报能否实现预定激励目标的一个重要保障。

绩效与薪资的接口主要体现在两个方面,一是绩效考核结果与固定薪资增长紧密联系;二是绩效考核结果对激励性变动薪资如绩效奖金有着直接的影响。下面展示佐佳咨询为中国铁道部 M 工程建筑公司提供咨询服务时设计的绩效与薪资接口的案例,以供参考。

案例7-3 中国 M 工程建筑公司薪资回报设计

中国 M 工程建筑公司薪资回报设计关键是正确地处理绩效考核结果与薪资之间的接口。经过与该公司高层团队沟通后,我们将绩效考核结果与薪资之间的接口定义为:考核结果决定了员工固定薪资的增长和年度绩效奖金的发放。

在薪资系统设计中我们在岗位评估的基础上建立了标准薪资的架构。每一职等划分出 7 个薪值区间,并分别对其进行定义。例如经过职位评估后,该公司工程技术专员的职等为 7 等,按照薪资管理原则其薪资主要由两块构成,一是固定薪资,二是年终绩效奖金。经过对该员工的能力素质及以往绩效表现、以往的薪资水平等综合因素考虑,该员工的薪资经过调整后确定在 7 等的 2 级,即固定年薪为 63000 元,标准变动年薪(年终绩效奖金)为 42000 元(如表 7-13 所示)。

表 7-13   薪值示例

职等	7 等			职位名称	工程技术专员		
薪级	1 级	2 级	3 级	4 级	5 级	6 级	7 级
标准固定年薪	60000	63000	66000	69000	72000	75000	78000
标准变动年薪	40000	42000	44000	46000	48000	50000	52000

现在我们来假设该员工在年终的绩效等级评定为优秀(年终绩效评定等级采取强迫分布法共分为卓越、优秀、良好、有待改进、不及格五个等级)条件下,如何确定其固定薪资增长并发放年终绩效奖金。

(1)固定薪资增长,要想确定固定薪资增长首先必须确定出不同绩效等级下固定薪资增长(或减少)的比例,我们在薪资系统设计出与薪资相关联的不同等级的固定薪资增长比例表,如表7-14所示。

表7-14 固定薪资增长比例表

薪级 \ 绩效等级	卓越	优秀	良好	有待改进	不及格
7级	6%	4%	2%	0	-5%
6级	8%	6%	4%	0	-5%
5级	10%	8%	6%	0	-5%
4级	12%	10%	8%	0	-5%
3级	14%	12%	10%	0	-5%
2级	17%	14%	12%	0	-5%
1级	20%	17%	14%	0	-5%

由于工程技术专员固定薪级为2级,绩效考核等级为优秀,所以其固定薪资的增长比例为14%,具体为$63000 \times (1 + 14\%) = 71820$,本着就高不就低的原则,该工程技术专员固定年薪可调整至7等的5级即72000元。

(2)绩效奖金发放,由于公司绩效奖金与公司的效益好坏直接相关,因此我们要求该公司财务总监对2003年的绩效奖金总额进行了试算,确定了公司在全年完成目标产值的前提下全年绩效奖金总额。同时我们在制度设计时,设定了不同绩效等级下绩效奖金的发放标准,如表7-15所示。

表7-15 绩效奖金发放标准

绩效等级	卓越	优秀	良好	有待改进	不及格
发放比例	120%	110%	100%	80%	0

在年终,他们根据公司产值实际完成比例、工程技术部的部门绩效及该专员年终标准绩效奖金计算出:工程技术部专员年终可分配绩效奖金额占标准奖金额的0.94即39480元。在这里我们还需要根据该工程技术部专员年度绩效等级来计算其实际可得的年终绩效奖金即:39480(可分配奖金额)× 110%(绩效等级发放比例)=43428元。

2. 晋升回报

在很多企业中,特别是年轻的员工往往会关注其职业的发展前景,因此将绩效与员工的职业晋升联系起来实际上也是一种十分重要的激励回报方式。这样可以倡导公司内部形成积极向上的文化氛围。

将绩效考核的结果与员工职业晋升相联系还需要结合员工的任职资格认证。因为决定是否提拔一个员工还不能仅仅看他的业绩，还需要考量他的知识、经验、能力和职业素养。员工能力不强，却能取得好的业绩，只有两种可能性。一是受偶然因素的驱动，原有计划的环境发生了重大的有利因素的变化，而原有计划又没有做及时地调整，这种绩效成绩就不具备真实性；二是任职者能力发挥可能已经达到极限，如果提拔到更高层次的职位，只能是勉为其难了。所以提拔员工除了要看他的业绩外，还需要看他的能力和思想水平。

也许你会说这个观点是不是和"德""能""勤""绩"的考核理念有点相似了，的确，曾经有一段时间，在中国的企业"德""能""勤""绩"考核的理念普遍得到认同与关注，但是其实施的实际效果却令人失望。众多企业的"德""能""勤""绩"都逃不出这样一个怪圈：首先是"天下绩效一盘棋"，即刚开始实施的时候，部门经理给下级员工考核出来的成绩都是差不多的，98 分、97 分、96 分、99 分等分数是屡见不鲜，因为经理认为给员工评差了自己没有脸面，再说大家天天见面，哪里好意思评得不好？如果领导要求强迫分布的话，干脆就"轮流坐庄"。360 度考核被某些企事业单位员工改写得更是十分离奇：一个在某医院刚刚实习结束的小护士将在医学界著名的主任医师业务能力、思想品德等项一差到底（全部是最差），给自己同学的业务能力和思想品德等项是项项优秀（全部都是优秀）。最后当初"德""能""勤""绩"的倡导者为了自我解嘲，不得不规罪于执行者的态度问题——是因为他们不认真考核，没有"主人翁"意识。实际上根据我个人的经验来看，"德""能""勤""绩"的失败不在于它的理念，也不在于执行者的态度。它失败的根源在于它的体系，在于它没有给考核人员提供一个客观、可量化的标准。更为致命的是它没有区分绩效考核和员工任职资格认证之间的差异性！深为可惜的是我们很多的管理者，甚至是咨询顾问仍旧在犯这个低级的常识性错误。因此我回答你前面提的问题的答案是：我们和"德""能""勤""绩"在理念上相互认同，但在实际的操作上却相差甚远。

将绩效考核和任职资格认证的结果结合起来考量员工职业晋升的工具

是著名的"人才矩阵模型"，对每个员工进行绩效考核和任职资格认证后，都可以根据矩阵不同区域职业晋升的建议来进行员工晋升回报决策（值得注意的是：矩阵中员工绩效、任职资格等级和实际系统中等级设计应当保持一致）。

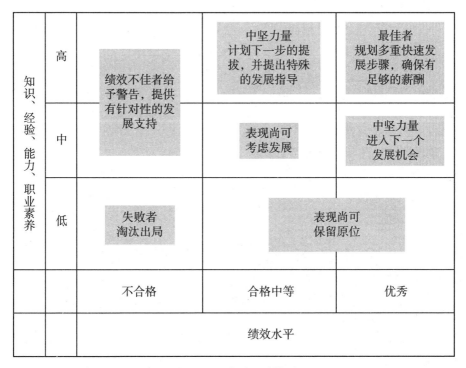

图 7-11　人才矩阵模型

根据上述矩阵模型可以针对管理或关键职位制订接班人计划。

案例 7-4　战略绩效管理制度（绩效管理部分）实例一

为规范我公司绩效管理制度，提升公司绩效水平，确保年度经营目标实现，特制订本制度（试行）。

一、绩效管理目的

落实企业的战略目标，形成有效的目标管理链；指导部门及员工日常工作，确保部门及员工绩效目标实现以促进公司绩效实现；对上一考核期间工作进行总结，为下一期间的绩效改进及个人发展提供指导和帮助；为公司薪酬调整与发放、年度评优、岗位调整等提供重要依据；通过绩效管理，提高员工队伍素质，优化人员结构。

二、绩效管理的适用范围

本制度适用于××公司全体正式员工的绩效管理工作（试用期员工，施工队等不在此范围内）。

三、绩效管理的基本原则

公开、公平、公正、过程关注、结果导向。

四、绩效管理机构设立

1. 薪酬绩效委员会

主任：董事长兼任（或授权副董事长）

副主任：人力资源部经理（召集人）

执行委员：公司副总、总工程师、总会计师，人力资源部经理

各部门经理负责本部门员工的绩效管理的日常操作、沟通、辅导等，人力资源部协助。

人力资源部负责培训支持，考核中相关投诉的调查、分析及处理建议等。

2. 薪酬绩效委员会职责

（1）绩效管理政策的制订与调整。

（2）部门考核结果的最终审批。

五、考核周期

（1）公司层面（含公司副总经理、总工程师、总会计师）实行年度考核。

（2）公司各部门/项目部/各岗位实行季度考核。

六、考核执行时间

（1）年度考核要求在下一年度的元月一日启动，元月二十日结束。

（2）季度考核要求在下一季度的第一个月一日启动，第一个月十日结束。

七、考核层级及成绩计算

高管人员考核：公司副总经理、总工程师、总会计师。考核成绩的计算：公司指标成绩（占60%）＋所分管部门的考核成绩（占40%），考核成绩分为A、B、C、D四等。

部门/项目部（经理）考核：公司各职能部门，各项目部门考核成绩的计

算：公司指标成绩（占30%）+本部门的考核成绩（占70%），考核成绩分为A、B、C、D四等，并按照公司公布的比例分布进排序。

基层员工考核：公司所有经理级以下在职人员。考核成绩的计算：部门考核成绩（占20%）+个人考核成绩（占80%），考核成绩分为A、B、C、D四等，并在部门内排序。每一项考核指标的得分只能为0分或1分或2分，分别对应A、B、C、D四个等级，考虑各项指标的权重后算出综合得分。

表7-16

评定等级	A 未达目标	B 目标指标	C 挑战指标
综合考核得分	0分	1分	2分

八、绩效目标设定

（1）各层级考核的目标设定都必须符合"SMARTER"原则，并通过目标值和权重的改变体现管理力度和价值取向。

（2）目标的设定同时应结合公司年度经营计划，由考核人与被考核对象共同制订（双方签字确认），并经上级审核。

（3）平衡计分卡是设定目标的重要工具之一。

九、考核程序

（1）高管人员考核：各责任人自评，考核委员会审批（被审批人回避制）。财政年度结束后，各责任人应及时收集个人业绩证明材料，进行自评。召集人在合适时间（不宜具体规定日期）召集考核委员会成员，开会审批自评结果，并进行平衡。

（2）部门/项目部（经理）考核：被考核部门经理自评，分管副总复评，绩效考核委员会审核。每个季度结束后的3个工作日内，上述被考核部门经理应及时收集业绩证明材料，完成部门考核分数的计算，检查无误后，在自评栏签字。将自评结果及时送交分管副总，分管副总通过调查、访谈等取证，应在第5个工作日内与被考核部门经理面谈，达成共识，签署自己的评价意见，并在复评栏签字（如双方不能达成共识，分管副总也应将意见写在考核表上）。在这两个环节中，人力资源部要起到协调、监督、支持的作用。完成复评签字的考核表应及时送交考核委员会召集人，召集人在合适时间（3个工作日）内召集考核委员会成员开会，审批复评结果，并进行平衡。重点关注绩效最好和最差的几个部门。最终的审批结果要及时反馈到被考核部门经理处。

（3）基层员工考核：每个季度结束后的3个工作日内，被考核人应及时收集业绩证明材料，完成个人考核分数的计算，检查无误后，在自评栏签字。将自评结果及时送交部门经理处，部门经理也应搜集证据，合理安排评估时间等，并在第5个工作日结束之前与被考核人面谈，达成共识，签署自己的评价意见，并在复评栏签字。如双方不能达成共识，部门经理也应将意见写在考核表上，最后由分管副总裁决。最终的考核结果要及时反馈到被考核人处。

十、考核成绩分布

各部门及员工的考核成绩均应大致呈正态分布比例。根据各级别员工的考核成绩，（建议）每个级别评为"优异"的占10%，评为"胜任"的占50%，评为"基本合格"的占40%，评为"差"的占10%。

十一、考核结果运用

考核结果运用的原则：通过绩效和薪酬管理体系，最大限度地提高员工的工作绩效、士气和忠诚度；寻求组织中各部门之间薪酬水平的内部公平性；根据个人能力和绩效论功行赏；提供设定工资水平的统一方法，为雇用、晋升等工作提供依据；绩效与薪酬之间的联系也为控制工资成本和费用提供了一个有效手段。绩效考核的结果几乎可以应用到人力资源管理的各个方面，比较直接的应用大致有：绩效工资的发放与薪资调整；职位的调整与晋升；培训发展和辞退。

十二、考核面谈

面谈是绩效考核过程中非常重要的环节，考核人与被考核人都不能忽视。面谈时要做到以下几点：

（1）建立和维护彼此之间的信任。

（2）清楚地表明面谈的目的。

（3）鼓励下属说话。

（4）认真倾听。

（5）避免对立和冲突。

（6）坦诚地指出优点与缺点，而不是含混不清。

（7）以积极的方式结束面谈。

十三、特殊情况处理

（1）考核执行人不按公司考核制度规定，并在考核中引起直接被考核对象的三分之一对其投诉，经查属实，则考核执行人本次考核成绩为不合格（D等）。

（2）被考核对象拒绝接受考核或无故拖延的，其考核成绩为不合格（D等）。

（3）在高管人员考核中，当某责任人中途离任的情况发生时，该责任人原则上不能获得年度业绩奖金。董事长与继任者应确定继任者的个人年度绩效目标（双方签字）。

（4）在部门/项目部（经理）考核中，当被考核的部门负责人中途离任的情况发生时，该经理原则上不能获得本季度的业绩奖金，部门的绩效目标由继任者承担，并享受季度奖金。部门经理在评估周期内被晋升或换岗，由人力资源部和其直接上级主管决定其评估人的人选。一般原则是由该经理晋升或换岗前的直属上司来进行最后一次评估。

（5）在基层员工考核中，当被考核人中途离职的情况发生时，被考核人原则上不能获得本季度的业绩奖金，加入公司不满三个月的试用期员工不宜进行季度目标考核，也不享受本季度奖金。在评估周期内被晋升或换岗的员工，由人力资源部和其直属部门主管决定其评估人的人选。一般原则是由该员工晋升或换岗前的直属部门主管来进行最后一次评估。

（6）当公司、部门或者员工由于不可抗拒的外力影响导致其无法启动考核程序或不能执行考核结果时，暂停考核。

十四、附则

（1）本制度的试行、修改、废止等均须由人力资源部提请总经理、薪酬考核委员会审批。

（2）本制度的解释权属人力资源部。

（3）本制度自××××年××月××日起生效。

案例7-5　战略绩效管理制度实例二

第一章　总则

第一条　目的

为了实现"互联网＋"时代下集团战略目标任务有效落地，简化战略描述，畅通战略沟通，增强战略协同，明确战略责任，落实与集团战略相关的重点指标、行动方案、重点工作以及重点工程，提升战略执行能力，特制订本管理办法。

第二条　适用范围

（1）公司战略地图、平衡计分卡、战略行动方案的编制及修订。

（2）公司各部门、分厂、子公司战略绩效管理。

第三条　战略绩效管理原则

（1）高层推动原则：导入基于平衡计分卡的战略绩效管理体系是支撑公司战略落地的基础，各单位一把手亲自组织推动。

（2）战略导向原则：战略分解，绩效考评，必须始终贯穿公司战略主线。

（3）自主管理原则：围绕战略责任，实行"责任单位自设目标、自定计划、自我衡量，考评部门稽核修正"的评价机制。

（4）简捷易行原则：指标设定突出重点，操作过程力求简捷。实行"年度滚动修正设定目标，季度分解下达计划，季度评价、质询考评兑现"的工作程序。

（5）薪酬挂钩原则：与薪酬挂钩，及时兑现。

第四条　绩效衡量指标设置

（1）关键绩效指标（KPI）：基于公司战略目标分解产生的可量化衡量的指标。

（2）工作目标设定（GS）：基于公司战略、年度目标分解的行动方案及重点工作。

（3）监测指标：暂时不作为考核指标，但是需要高度关注的重要工作任务。

第五条　绩效指标设定原则

绩效指标来自公司战略规划、战略图卡表的分解，同时结合当期重点工作任务，能够反映相关单位经营管理活动情况，反映被考核单位最重要的工作成果。

选择绩效指标应该遵循以下原则：

（1）战略一致原则：绩效指标与公司战略目标保持一致。

（2）精简精要原则：应体现"二八定律"原则，即：绩效指标能反映被考核单位的主要工作成果，部门设权重的指标、行动方案建议控制在8～12项；分子公司设权重的指标、行动方案建议控制在12～18项。

（3）结果导向原则：绩效指标主要侧重于对被考核单位工作成果的考核。

（4）权重平衡原则：绩效指标的选择要体现财务指标与非财务类指标的平衡、结果性指标与过程性指标的平衡。

第二章　战略绩效的组织机构

第六条　战略绩效组织机构

主要涉及战略绩效管理委员会（下设战略绩效管理办公室）、经营管理部、战略规划部、财务部、人力资源部、各单位。

（一）战略绩效管理委员会的组成及职责

主　　任：总经理

副主任：常务副总、财务副总、总经理助理

成　　员：副总经理，各分厂、分公司、各部室负责人

委员会职责：

（1）组织制订公司战略规划和年度大目标。

（2）审议战略图、卡、表，组织分解各单位年度绩效目标。

（3）审议公司战略绩效管理体系，完善相关流程制度。

（4）审批战略绩效管理执行过程中的调整变动项目。

（5）组织战略回顾会议（月度、季度、半年度、年度），对各单位战略绩效管理完成情况进行考评、总结和修正。

战略绩效管理办公室（以下简称办公室），办公地点设在经营管理部，负责目标预算绩效管理的日常事务，其成员构成如下。

组　　长：经营管理部经理

副组长：战略规划部经理、财务部经理

成　员：经营管理部绩效主管、财务部预算主管、营销中心经理、人力资源部经理、技术管理部经理、生产管理部经理、审计部经理

（二）各相关部门职责

1. 经营管理部职责

（1）根据公司战略规划，组织战略图、卡、表开发。

（2）协助战略绩效管理委员会分解各单位年度绩效目标。

（3）完善公司战略绩效管理体系，梳理相关流程制度。

（4）审核战略绩效管理执行过程中的调整变动项目。

（5）协助战略绩效管理委员会组织战略回顾会议。

（6）协助战略绩效管理委员会组织绩效分析报告的编制。

（7）协助战略绩效管理委员会进行各单位绩效考核。

2. 战略规划部职责

（1）在战略绩效管理委员会的指导下，组织制订公司战略规划。

（2）按照战略地图结构的要求规范战略规划编制。

3. 财务管理部职责

（1）根据公司战略规划、战略图、卡、表、年度大目标组织预算编制。

（2）召开预算平衡会议，确保战略、年度目标与财务预算的匹配。

（3）根据战略绩效管理委员会的要求编制月度财务经营分析报告。

4. 人力资源部职责

（1）根据战略绩效管理的要求，组织各单位分解员工层面的绩效考核指标。

（2）完善员工绩效管理体系，梳理相关流程制度。

（3）备案、检查员工绩效管理执行过程中的调整变动项目。

5. 其他单位职责

其他单位是目标预算绩效管理的执行单位，在委员会的统筹规划下，负责本单位的绩效管理、绩效考核数据统计与提供等工作。

第三章　战略分解与绩效目标制订、监督、考核

第七条　战略分解

根据战略规划进行图卡表的开发，以实现公司战略的分解。

（1）战略规划部每年8月开始战略规划滚动修订，战略规划报告结构与战略地图保持一致。

（2）经营管理部协助战略规划部按照战略地图结构的要求规范战略规划编制。

（3）经营管理部确定公司战略地图、平衡计分卡、战略行动方案的初稿，并报战略绩效委员会审批。

（4）经营管理部指导各单位战略地图、平衡计分卡、战略行动方案初稿的编制，并报战略绩效委员会审批。

第八条 绩效目标的制订

（1）各单位根据战略图、卡、表，编制各单位年度目标责任书，经营战略绩效管理委员会审批通过后报经营管理部备案。

（2）各单位根据年度目标责任书，每月3日前编制月度绩效考核表，经主管副总审批后报战略绩效管理办公室评审，确定后报经营管理部备案。

（3）各单位根据主管副总月度工作要点、结合会议纪要、部门重要目标，制订部门月度绩效考核表。

（4）年度目标责任书与月度绩效考核表的总分为100分，财务与目标类指标权重不高于40%，单项指标的权重不高于25%，不小于5%，并且为5%的整数倍。

（5）年度目标责任书与月度绩效考核表应明确目标值、目标定义、评分标准、权重，对于评分标准应尽量采用层差法、关键事件法，慎用扣分法（采用扣分法的指标数量控制在10%以内），经营管理部对各单位扣分法指标的计分规则进行严格审查。

（6）绩效目标一经确定，原则上不再调整，如发生以下情况，可申请绩效目标的调整：

1）各单位工作重点或经营目标发生重大变化。

2）绩效目标设定时的关键假设条件（如宏观环境、市场环境等方面）发生重大变化。

（7）调整程序为：公司级指标、行动方案调整经总经理审批，部门级指标、行动方案报战略绩效管理办公室审批，经经营管理部备案后执行。

第九条 绩效目标的监督

（1）绩效目标的监督主要采取绩效会议、经营分析报告两种形式。

（2）绩效会议以月度、半年度、年度为周期召开，月度绩效会议主要对当月度的基本经营指标、运营问题分析与改进进行回顾，每半年度主要对年度经营目标的完成进展进行回顾，每年度对全年的战略执行情况进行回顾。

（3）经营分析报告以月度、半年度、年度为周期编制。

（4）经营分析报告由经营管理部牵头，财务部、战略规划部等相关部门参与协同完成编制。

第十条 绩效目标的考核

（1）每年度结束后×工作日之前，各单位将年度目标责任书完成情况进行自评并上传至OA，战略绩效管理办公室负责检查、验证。

（2）每月度结束后×工作日之前，各单位将月度绩效考核表完成情况进行自评并上传至OA，会议纪要、改进措施、高层工作计划完成情况上传至平衡计分卡系统，战略绩效管理办公室负责检查、验证。

（3）每月5日前（节假日不顺延），各考核人/单位对各绩效考核指标完成情况进行评分，并报经营管理部。

（4）完成时间的规定：需要提交书面报告的应当以上级审批日期为准。月底没有完成的，该项工作不得分；由于客观原因推迟的，相关单位要提前写出书面请示，经主管副总批准，经营管理部备案，考评时根据推迟的实际情况及影响大小扣0.5~2分，同时纳入下月跟踪、验证。

（5）对关键工作、跨部门配合工作未列入绩效表中的考核当月绩效分0.5分/项。

（6）较大以上安全、质量事故、考核其他部门绩效工作时不严格按标准考核结果的，当月考核直接为"C"。

（7）经营管理部一般在每月中旬汇总各单位的绩效考核最终得分，并上报战略绩效管理委员会审批通过后公布。

（8）战略绩效考核主要分为三类：职能部门、业务部门、后勤部门。

1）集团职能部门评价关联表

表7－17 集团职能部门评价关联表

评价周期	绩效指标及权重	考核用途	绩效评价方式
季度计划 季度考评 年度考评	1. KPI＋GS：80% 2. 会议布置工作：10% 3. 高层评价：10% 4. 关注指标不设权重	绩效评价与工作改进	部门自评； 分管领导审核； 战略绩效管理委员会确定最终评价结果

2）业务部门考核关联表

表7－18 业务部门考核关联表

评价周期	绩效指标及权重	考核用途	绩效评价方式
季度计划 季度考评 年度考评	1. KPI＋GS：80% 2. 会议布置工作：10% 3. 高层评价：10% 4. 关注指标不设权重	绩效评价与工作改进	相关职能部门评价； 业务部门自评； 战略绩效管理委员会确定最终评价结果

注：1. 会议布置工作是指企管绩效会议上高层布置的临时工作及上月绩效会议上提出的改进措施、其他部门提出需要配合的工作、iBSC系统衡量指标及行动方案的填写、分析情况，未完成1分/项。

2. 通报表扬纳入高层评价。其围绕公司大目标，较好地完成指标、行动方案的通报表扬，直接加0.5～1.5分，其他过程性通报表扬不再进行加分。

通报表扬的单位分主要和次要单位，每次奖1.5～0.5分，每个部门累计得分最高不得超3分，超3分按照3分计算。每个通报表扬总分不超过3分，如涉及部门超过三个，则牵头部门为1分，其余由配合部门平均分配。

3）后勤部门（行政科、保卫科、职工食堂）考核，由工会主席直接考核，考核结果报经营管理部备案。

第十一条 绩效等级的确定

（1）根据绩效最终评价结果和部门得分进行分类排序，即运营部门、职能部门、后勤部门。运营部门（采购部、销售公司、一分厂、二分公司、三分厂、四分公司、新疆公司、复合肥分公司、物流部）强制分布绩效等级，前3名的部门为A级，后1名的部门为C级；职能部门（总经办、经营管理部、人力资源部、财务部、审计部、生产管理部、技术管理部、工程技术研究中心、招标办、战略规划部、信息化管理部、证券事务部）强制分布绩效等级，前4名的部门为A级，后1名的部门为C级。

（2）实行一票否决制度。出现重大安全、环保、质量事故，事故直接单位绩效等级为D级，负连带责任的单位绩效等级为C级；出现较大安全、质量、环保事故，事故单位绩效等级为C级。安全、环保、质量由生产管理部提出否决意见，市场质量由营销中心提出否决意见。出现一般事故或未遂事故的，当月不得为"A"。

第十二条　分厂、部室其他管理人员的绩效考核

（1）分厂、复合肥分公司、新疆公司、销售公司、采购部、财务部、技术管理部、物流部等单位要制订本单位的绩效考核实施细则，经委员会批准后实施。

（2）各单位负责人根据其部门人员完成工作情况，对本单位人员进行绩效评定，经部门负责人审核，主管副总批准后，报经营管理部备案。分厂的副厂长、车间主任、科长每月考评结果在公司绩效结果下发3日内，报经营管理部备案。

（3）分厂厂长、副厂长、部室经理、副经理绩效等同于部门绩效。

（4）部室、分厂科员、车间管理员及以上级别人员内部考评实行强制分布（四舍五入，超过0.5按一人计；部室部门人数<5人，分配结果实行累计制）。具体分布方法如表7-19所示。

表7-19　　　　　　　内部人员考评强制分布表

部门等级	内部人员强制分配比例（不含部门正副级别、分厂副厂长）			
	A	B	C	D
A	40%以下	60%	—	—
B	20%以下	70%	10%以上	—
C	5%以下	75%以下	15%以上	5%以上
D	无	50%以下	30%以上	20%以上

（5）生产操作人员的月度绩效考核，由各分厂根据各项基础管理内容制订考核方案，进行绩效管理。

（6）出现下列情况之一，被考核人绩效等级只能被评为 D：

1）考核期内因工作失职，严重影响部门关键业绩实现的责任人。

2）因违规解除劳动合同的员工。

3）在绩效考核中弄虚作假的。

4）员工个人违反公司制度，给公司造成重大经济损失或恶劣影响的。

5）其他经部门负责人认定需要降低绩效考核等级的。

第四章　战略绩效结果运用

（1）各单位的绩效考核结果与各单位年终奖金的分配挂钩，并作为公司民主评议的依据；领导干部的绩效考核结果与个人年度薪酬挂钩。

（2）公司领导根据绩效考核结果，与各单位及其领导干部进行绩效谈话，进行勉励、指导或训诫。

（3）薪档调整以上年 12 月 31 日薪级薪档为基准，1 月 1 日起薪。

在完成年度目标责任书的前提下，月度绩效结果累计 9A，部门负责人工资上涨 1 级；累计 10A，工资上涨 2 级；累计 6C 或 3D，工资下降 1 级；累计 9C，工资下降 2 级；累计 6D，降职使用。公司应当对其进行能力及素质评估，视情况对其职务进行调整，实施动态管理年限为 1 年。

在完成年度目标责任书的前提下，根据年度综合绩效得分对接年终奖：

$$年度综合绩效得分 = \sum （指标得分 \times 权重）$$

年度综合绩效得分与年终奖挂钩，具体见《年终绩效奖金管理办法》。

第五章　绩效申诉及其处理

第十三条　申诉提出

在绩效评价过程中，被考核单位如对考核评价有异议，有权在绩效反馈 3 个工作日内，填写绩效申诉表（附件 3）直接向战略绩效管理办公室申诉，逾期视为默认考核结果，不予受理。

第十四条　申诉处理

战略绩效管理办公室根据收集的绩效申诉表组织调查复核，确定最终绩效评分，并将最终绩效评分反馈给绩效申诉人。

第六章　附则

（1）本管理制度由战略绩效管理办公室负责解释。

（2）本管理制度的修订与完善由战略绩效管理办公室提出修订意见，报战略绩效管理委员会审定后生效。

（3）本管理办法自 2016 年 1 月 1 日起实行。

附件：

附件 1：《年度目标责任书》（略）

附件 2：月度绩效考核表（略）

附件 3：绩效申诉表（略）

8

"互联网+"时代下 OKR操作

OKR 的全称是 Objectives and Key Results，即目标与关键成果法，OKR 是一套定义和跟踪重点目标及其完成情况的管理工具和方法。Objectives 是目标，Key Results 是关键成果，KRs 是产出导向，而不是做事导向（所谓产出导向就是关注驱动 O 实现的几个关键事件的成果，而不是仅仅关注做事情的过程）。OKR 要求公司、部门、团队和员工不但要设置目标（O），而且要明确完成目标的具体行动（KRs）。

8.1 OKR 基本定义与最佳实践

把握 OKR 的定义要掌握以下两大方面的概念：

概念一：目标 Objective

（1）与公司战略直接关联。

（2）具有很大的挑战性的，有野心的。

概念二：关键工作成果 Key Results

（1）根据目标实现的驱动因素层层分解。

（2）对目标实现有直接驱动作用。

（3）用量化技术实现其可衡量。

OKR 工具的方法论最初由 Intel 首创的，而其在实践中真正地被发扬光大是在著名的 Google。Google 在成立不到一年时就引入了 OKR 工具，它在实践过程中发现 OKR 适用于公司、团队以及个人，是一种简便易行的绩效管理工具。它一直伴随着 Google 成长，直到今天 Google 仍旧将其作为内部绩效管理的一个主流工具。

Google 认为实施 OKR 的基本方法是：首先要设定"目标"（Objective），Objective 的设定必须达到明确、可衡量的标准，例如"我想把公司做得更好"就不符合明晰、可衡量的标准，而"让公司销售收入提升30%""让公司利润提高30%"则是符合明确与可衡量的标准；其次在清晰地设定并定义目标后，还需要围绕目标的实现进行必要的驱动因素分析，设定若干支持"目标"

（Objective）实现的、可以量化的"关键工作成果"（Key Results）。

Google 实施 OKR 是按照年度、季度周期来设定"目标"（Objective），年度目标统领全年，来自于 Google 公司战略愿景的最直接分解；季度目标则结合互联网时代瞬息万变的外部环境来进行调整，但一般在季度调整后目标就不能随意改变，每季度还需要根据季度目标驱动因素分析的结果设定 KRs。

此外从组织层级上看，Google 从公司、团队、主管到个人都有不同层级的 OKR。Google 认为 OKR 的总体数量要适度，如果 OKR 太多会导致员工的工作失去重点、缺乏聚焦。因此 Google 每个人每季度通常会制订 4 到 6 个 O，每个 O 又分别对应着不超过 4 个的 KRs。到了季度末，员工需要给自己的 KR 打分——这个打分过程只需花费几分钟时间，分数的范围在 0～1 分，而最理想的得分是在 0.6～0.7 分。如果达到 1 分，说明目标定得太低；如果低于 0.4 分，则说明工作方法可能存在问题。

Google 上至 CEO 下至每一位基层员工，所有人都有对内公开的 OKR，在 Google 内部信息平台上都能按权限检索到任何一位同事的当前 OKR 和以往的 OKR 实施情况。Google 认为 OKR 的公开化有助于员工了解同事的工作，OKR 不是决定员工晋升的一项指标，但是它们可以帮助员工关注自己取得的成绩。例如 Google 的一位员工在提出晋升申请时，首先需要看的就是自己过往的 OKR 成绩，这样能对自己为公司做过的贡献大小了然于胸。

8.2　OKR 的操作特点

与传统的绩效管理工具相比，OKR 工具在操作层面有着以下几个方面的特点。

8.2.1　OKR 特别强调适应互联网时代的外部环境变化

互联网时代的信息互联技术首先彻底打破了沟通壁垒，从而加快了外部市场、消费者需求等环境的演进与变化速度；同时外部环境变化频率的加速，不仅仅体现在市场信息互换上，还体现在沟通方式甚至科学技术上（例如信息技术与物理技术的融合）。外部环境的这一特性，要求互联网时代的战略绩效管理必须能够提高针对外部环境快速变化的适应能力，在战略目标与绩效指标设定上做好长、中、短期的平衡。OKR根据公司中长期战略分解年度目标（O），首先实现长期、中期目标的联动，同时为了确保年度目标（O）的实现，OKR可以结合外部环境的短期变化，以季度为单位调整季度目标（O）并讨论支持季度目标（O）实现关键工作成果（KRs）。

8.2.2 O必须是具有挑战性的，根据不同组织层级设计年季OKR

在OKR的操作规程中，无论是年度目标（O）还是季度目标（O），目标务必是具体的、可衡量的，具体到时间段、数量、金额等，最好是量化的、可以用计算公式计算的数字。

同时目标要是有野心的，有一些挑战的，有些让你不舒服的。如果能够顺理成章或没有太大挑战即可达成的目标是不能作为O的。这种可以具体的、可衡量的、有野心的、有挑战的目标可以分解在组织的各个层级，包括公司、部门、主管及基层员工级的OKR；如前所述目标（O）的设定一般是年度、季度分解，关键工作成果（KRs）则以每季度研讨设定。

8.2.3 60%的O来自底层，每个组织层级5个O，4个KR

OKR认为60%的O最初应当来源于底层：下面的人的声音应该被听到，这样大家的工作会更有动力。因此在制订战略目标，分解年度目标（O）、季度目标（O）的时候要集思广益，广泛收集员工的意见，在实践中还可以尝试召开OKR的底层员工座谈会。一旦60%的目标设定得到了底层员工的广泛理解、认可，在执行过程中也很容易实施。同时为确保目标的聚焦，OKR认为每个组织层级的O最多5个，每个O最多对应4个KRs。

8.2.4 KRs强调创新，一般不会保留在下个周期

KRs是实现目标（O）的关键驱动因素，以产出或成果为基础。同时KRs不是墨守成规的、不变的、重复性的工作任务，而是特别强调创新的每个季度重新定义、确认的KRs。在实际操作中，要根据季度目标（O）重新分析支持目标实现的KRs，上一季度的KRs即使没有完成也不能延期保留到下一季度实施，而是要抱着清零的心态重新根据下一季度目标（O）讨论关键驱动

因素，根据关键驱动因素推导不超过 4 个的 KRs。

8.3　OKR 实践操作原理

BSC、KPI、MBO、EVA、OKR 等工具并不是水火不容的，佐佳咨询一直强调博采众家之长以为我所用，在实践操作中将 BSC 与 OKR 操作有效结合起来。

8.3.1　OKR 操作步骤

第一步　开发公司战略地图与平衡计分卡

"互联网＋"时代外部环境的不确定性对公司战略管理能力提出更高的要求，因此实施 OKR 不能脱离公司战略，否则会使得企业陷入"走到哪是哪"的尴尬境地。实现目标（O）对公司战略的承接是 OKR 实施操作的一大难点之一。战略地图与平衡计分卡能够帮助 OKR 实施解决这一难题，我们可以在 OKR 操作之前进行公司战略解码，将公司战略转化为战略地图与平衡计分卡，明确战略期间公司年度的目标（O）。

第二步　分解部门级目标 O 并明确每个 O 的 KRs

运用价值树模型将战略地图与平衡计分卡中的目标与指标分解到各个部门，形成部门目标（O），讨论支持目标（O）实现的 KRS。每季度结合外部环境调整季度目标（O）并讨论适应外部环境的 KRS。

请注意，OKR 强调 O 与 KR 要来自底层员工并非是要脱离公司战略分解。也就是说在公司战略制订过程中就要充分地听从底层员工的意见，以调动员工参与战略决策的积极性。同时在分解过程中要让员工参与，让员工结合公司战略目标提出自己的目标（O）。

第三步　分解员工级目标 O 并明确每个 O 的 KRs

有人说 OKR 只要分解到部门级，其实佐佳咨询发现其操作也可以分解到员工岗位。与部门级一样的是员工级的目标（O）是具体的、可衡量的，KR 是为了完成目标（O）所进行的举措与行动。

第四步　定期回顾与评价

OKR 企业一般以每个季度、年度对各层级 OKR 进行正式的回顾和评价，

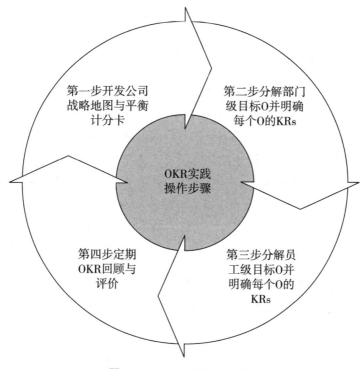

图 8 – 1　OKR 实践操作步骤

就 OKR 的互联网思维而言，回顾比评价更重要。因为通过回顾可以对目标（O）的实施过程进行监控，适时调整 KRs 以确保目标（O）的最终实现。

8.3.2　OKR 实施操作原则

OKR 操作需要遵循一些基本原则，一般来说，OKR 操作主要坚持以下 9 点基本原则：

（1）O 值设定须是具体的，可量化，具有一定挑战性的。

（2）最多 5 个 O，每个 O 最多 4 个 KRs；每个 O 的 KR 不超过 4 个，以产出或成果为基础，可衡量，且不是常规的（要求创新）。

（3）百分之六十的 O 最初来源于底层，下面员工的声音应该被听到，这样大家工作会更有动力。

（4）所有人都必须协同，OKR 的讨论事先应当是民主的，不能一开始出现任何命令形式。

（5）分数 0.6～0.7 是不错的表现，因此 0.6～0.7 是你的目标。如果分数低于0.4就该思考项目究竟是不是应该继续进行下去。要注意，0.4以下并不意味着失败，而是明确什么东西不重要及发现问题的方式。分数不是最重要的，除了是作为一个直接的引导作用。OKR不是绩效考核而是绩效监督与改进的工具！每个季度末对关键结果进行考核，完成60%～70%就算好，如果100%完成，说明你的目标设定过于简单。

（6）OKR一旦制订，就将进行公开以保证透明度和公平性。

（7）只有在KRs仍然很重要的情况下，才持续为它而努力。

（8）公司层面需要建立一个委员会，保证每个人都向目标行进（事实上OKRs实施过程中，你能够获得大家的认可和帮助，这是很有趣的事情）。

（9）每季度考核不是目标（O）而是考核工作成果KRs的完成情况，每季度的KRs如果没有完成不能保留到下一季度延期实施；季度目标（O）可以调整，但年度目标（O）的调整十分严格，不能随意变更。

从上面九点原则我们不难看出，OKR的思路是先制订目标（O），然后明确目标的驱动因素KRs，最后考核完成情况，这本质上和其他的战略绩效管理工具思路没有太大的不同。因为任何一种战略绩效管理，都是先有目标，对目标进行分解，量化KPI，寻找支持KPI的GS指标然后考核。但是OKR有一个最大特点是以季度为周期讨论目标（O）实现的支持因素KRS，有效地适应了"互联网＋"时代外部环境快速变化的特征。每季度的KRS都会根据外部环境变化及确保全年目标（O）展开，实现环境变化与目标稳定的平衡。

8.3.3 OKR实施操作的特点

1. OKR并不是与BSC、KPI等工具非此即彼，水火不容

任何一个公司，都可以运用BSC实现战略解码，一部分员工使用OKR，一部分员工使用KPI。但是我们应该看到，BSC、KPI思路是自上而下的，首先确定组织目标，然后对组织目标进行分解直到个人目标，继而对个人目标进行量化。而OKR的思路是一定程度上的自下而上，个人提出目标，然后汇总成公司的目标。因此操作中要做好自上而下、自下而上的结合。

2. OKR对员工能力素质提出更高的要求

在很多企业的日常工作中，绝大多数员工并不具备OKR所要求的主动、客观地提出自身目标的能力素质。因此BSC分解KPI式的自上而下管理，对绝大多数企业、常规性的普通岗位更有效。佐佳咨询在实践中发现，很多企业的推进 OKR 自下而上设定目标的愿望是美好的，但是实践价值并不太大，尤其是目标（O）的设定，有些企业让员工自己提出目标（O）结果令人失望甚至让人哭笑不得。OKR 让员工参与的思想却是好的，我们可以在战略制订、目标分解、KRS 制订等环节让员工充分参与进来；同时实践也表明 OKR 对于研发、IT 等强调创造性及项目运行制的部门似乎更加有效。

3. OKR 强调基层群策群力，重视员工主观能动性、创造性

OKR 体系下的目标，是由个人提出，然后由组织确定，这点与常规的 KPI 自上而下的方式不同。这种思想与德鲁克大师在 1954 年提出的目标管理法十分类似。德鲁克 1954 年提出一个"目标与自我控制管理"的观点。他认为，并不是有了工作才有了目标，而是有了目标才能确定每个人的工作。

案例 8 - 1　华润集团的群策群力

华润集团为激发底层员工创新能力，学习并引入了"群策群力"工具。该工具最早起源于 GE 公司，为了收集底层员工意见，发挥集体智慧的作用，GE 公司较早发明了"群策群力"工具。该管理工具的核心目的就是要在企业内部培育"群策群力"的创新环境，综合运用各种方法工具打通底层员工的创新通道，保持企业不断创新的能力。

华润集团"群策群力"工具的引进有以下几个方面的要点。

（1）营造创新环境并规范创新过程。首先华润集团强调创造基层员工"平等参与、讲真话、讲实话"的环境。"群策群力"工具是在"没大没小，没上没下"的讨论规则下，通过六顶帽子，团体列名，头脑风暴等手段，创造集体研讨和解决问题的环境。让员工通过"群策群力"地讨论彼此了解，增进感情；心往一处想，劲往一处使，共同寻找解决问题、设定目标的办法。

（2）"群策群力"工具使用十步法。华润集团"群策群力"发现问题解决问题的结构化过程，分成十个相互独立又有紧密内在联系的步骤，每个步骤都从"任务、要求、典型质疑、工具方法"四个维度进行衡量和描述。"群策群力"工具使用的十个步骤是：

1）找症状，明确问题并确定目标。

2）自由讨论原因。

3）聚焦重要原因。

4）把原因逻辑化、系统化。

5）把原因按轻重缓急排队。

6）把原因转换为子目标。

7）自由讨论解决方案。

8）对解决问题的过程进行反思。

9）评估并确定解决方案。

10）制订行动计划。

（3）群策群力解决问题的特点：

➢ "群策群力"结构化

将思维划为不同阶段、有独立思考的环节，以避免思维方式的相互干扰；赋予成员之间在发言上的"没大没小"的平等权力；提高时间的利用效率。

➢ 强制性

规定小组成员必须按照程序的要求积极参与，即使提出激烈的反对意见也不意味着对集体及其成员的否定；保证集体讨论始终处于激发状态；利于相对级别较低的个体对集体做出贡献（不是我要否定谁，规则如此）。

➢ 创新方法工具

集体研讨方法、因果分析网络图、紧急性重要性矩阵、方案评估工具、问题树、目标树、风险分析工具、SMART 原则……

华润集团"群策群力"工具的引入极大地激发了底层员工的创新能力，确保集团高层在公司战略规划、目标制订时能听到底层的声音，也有效地推动了底层员工对公司战略规划、目标制订的思考。

8.4 部门 OKR 设定

8.4.1 部门目标（O）确定

部门 OKR 设定首先要确定目标（O），目标（O）的确定又需要有以往的数据作为基础，不能"拍脑袋"来确定目标；如果没有数据，就需要我们开始积累。同时要确定这些数据的收集来源，如计算、统计。如果这个基础不一致，数据也就没有价值了。根据没有正确性的数据做决定也是没有正确性的。因此，必须要从组织上落实下来。由一个小组统一策划和设计公司目标的确定、监视、测量和改进。持之以恒，才有明显的成绩。

由于OKR强调基层员工的创造力，所以目标（O）的确定首先是让基本员工讨论自己的目标（O）、部门目标（O），再汇总公司目标（O），这是一个自下而上的过程；随后再进行自上而下的目标（O）的分解。

公司目标（O）的载体是战略地图与BSC，同样可采取群策群力的"目标（O）分解研讨会"的形式来进行，其意义在于充分保证上级（分管领导）和下级（部门经理）在分解部门与员工目标（O）时获得充分沟通的环境。目标（O）分解会议操作中，一定要引导各个部门的职能对这些"源头目标（O）"的驱动力来进行分解，不要把一些与部门职能毫不相关的，无任何驱动力的目标（O）分解到该部门去。要区分两种不同的驱动力，一种是结果责任，一种是驱动责任。以子公司销售部门为例，"2016年子公司实现30亿元利润"目标（O）为例，分解到销售部门就是"驱动责任"，销售部门无法100%驱动该指标，但是该目标（O）与销售部门又有最为直接的关联，销售部门是通过增加销售收入、控制销售费用来驱动该目标（O）实现的；"2016年子公司实现200亿元销售收入"分解到销售部门就是"结果责任"即销售部门要承担100%的责任。

公司目标（O）的分解需要工具来帮助实施操作，我们在前面章节介绍的价值树模型等KPI分解的工具同样可以在OKR操作中使用。如前章节所述，价值树模型实际上是将公司战略目标、主题与核心衡量指标分解到部门的一个工具，属于战略KPI考核体系进行指标分解的一个工具，我们将其整合在平衡计分卡体系中实施运用。它在价值树模型图上分别列出公司的战略目标（或战略主题），对应的关键绩效指标（即核心衡量指标）及驱动这些指标的关键驱动流程及对应的指标。

案例8-2 某整车制造公司目标（O）价值树模型分解实例

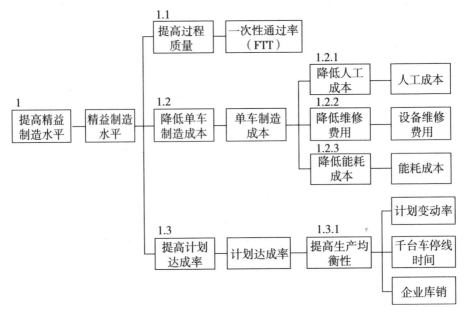

图8-2 "提高精益制造水平"目标（O）价值树分解示例

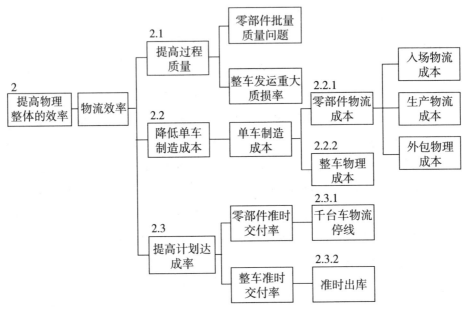

图8-3 "提高物流整体的效率"目标（O）价值树分解示例

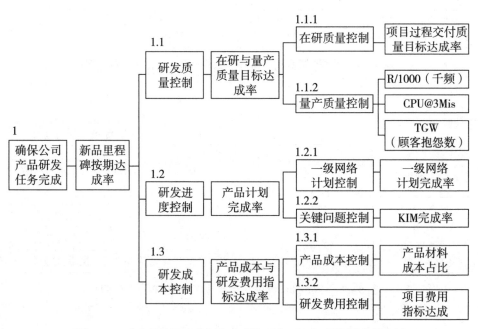

图8-4 "确保公司研发任务完成"目标（O）价值树分解示例

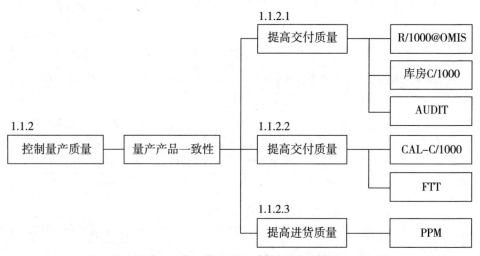

图8-5 "提高量产质量"目标（O）价值树分解示例

图 8 – 6　"提高质量改进体系"目标（O）价值树分解示例

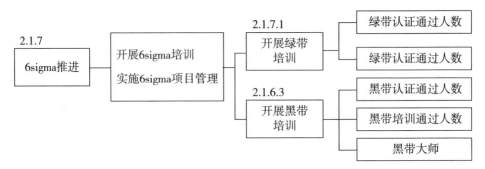

图 8 – 7　"6Sigma 推进"目标（O）价值树分解示例

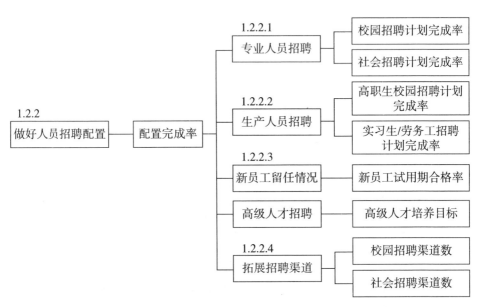

图 8 – 8　"做好人员招聘配置"目标（O）价值树分解示例

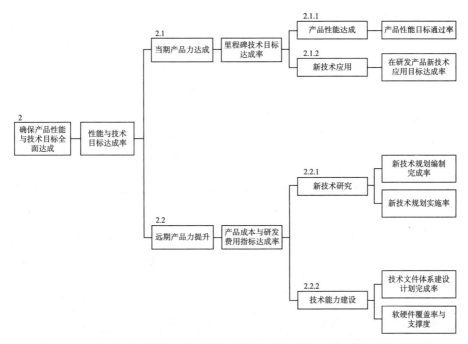

图8-9 "确保产品性能与技术目标全面达成"目标（O）价值树分解示例

部门目标（O）除了由底层员工自下而上，再自上而下地分解以外，还可以进行横向协同分析补充目标（O）。事实上作为一个部门，实现其内部的战略协同，满足的战略利益相关者莫过于两个：一是公司与上级；二是组织中的其他平级部门。从公司与上级的角度来看，部门运作的最终目的就是为了确保公司目标的实现，所以部门必须满足公司、上级的期望，实现内部纵向的战略协同，这可以通过分解公司指标体系来实现；而其他部门的期望（即横向协同）满足可以通过部门目标（O）的横向协同需求分析开展。

部门目标（O）的横向协同需求分析对实现公司良好部门协同有着十分重要的积极意义。部门目标（O）的横向协同需求分析是从其他部门对某部门的期望来设置目标（O）的。例如生产部门、研发部门、财务部门对营销部门的期望可能是：生产部门期望营销部门的销售预测更加准确，研发部门期望营销部门的有效信息反馈更加准确、及时；财务部门可能关注应收账款的周转速度，关注赊销账款的安全性等。当然这些期望必须是与公司战略目标相一致的。

在 OKR 的实践中，还可以从部门职责来推导补充目标（O），从部门职责补充分解部门目标（O）与 KPI 推导的工具一致，可以运用五因素分析法进行，即从时间、成本、风险、数量与质量五个方面推导指标。

为了确保公司全年目标（O）的完成，对于设定的目标（O），每个季度都要做回顾，回顾一般可以采用两种方式：一对一交流和全公司会议。

一对一的交流（one to one），即个人和他的管理者沟通。尤其是在一季度结束，另一季度开始时，要协商好关键结果是什么。因为不仅个人能说明自己想做什么，也是上级表达他想要你做什么，最好的情况是两者得到结合。

全公司的会议（staff meeting），以分成各业务板块的形式进行，各板块的分管副总经理参加并介绍自己板块的目标（O），最终大家一起评估，在保证全面目标（O）完成前提下修订季度目标（O）。

案例 8-3　某化妆品公司 OKR 实战部门目标（O）设定

某化妆品公司运用"群策群力"工具召开年度底层员工的全公司会议，会议坚持"没大没小"的讨论原则，滚动修订出公司战略地图与平衡计分卡。随后继续在全公司会议上运用价值树模型进行目标（O）分解。

化妆品公司销售部门分解出三个主要目标（O）即提高销售额、拓展销售渠道、有效组织货源。销售部门对三大目标又进行充分细化如下：

①目标一：提高销售额

➤拓展销售渠道，使渠道销售额提高 20%。

➤售后服务质量指标达到 90。

➤有效组织货源，缺货率为 0。

②目标二：拓展销售渠道

➤渠道利用率提升至 100%。

➤大客户数量提升 10%。

➤客户数量增加 30%。

③目标三：有效组织货源

➤按时完成订单，订单完成率 100%。

➤提高物流运输管理水平，货物按时送达 100%。

8.4.2　部门 KRs 确定

每季度修订部门目标（O）的时候需要讨论支持目标实现的 KRs，上一季度的 KRs 即使没有完成也不要顺延到本季度。价值树模型同样可以帮助我们寻找、确定季度目标（O）实现的 KRs。

价值树模型在 KRs 确定中的操作原理与问题树模型原理一致，是在 KRs 之间寻找对应的逻辑关系，在价值树模型图上分别列出公司的战略目标、对应的关键绩效 KRs（通过战略重点与目标转换得到的）及驱动这些 KRs 的关键驱动流程及对应的 KRs。例如汽车新品上市周期（指从研发立项至可投产）KRs 事实上由企业内部研发与测试两个流程驱动，规范的研发与测试流程是提高企业创新速度的关键成功要素。为此该两个流程指标研发周期、测试周期、样品交验合格等 KRs 都是驱动新品上市周期 KRs 的价值要素。因此，结合流程分析对于 KRs 价值分解，特别是内部运营 KRs 的分解有着十分重要的意义。

除了价值树模型以外，鱼骨图也可以帮助我们分解 KRs。鱼骨图由日本管理大师石川馨先生所发明，故又名石川图。鱼骨图是一种发现运营问题根本原因并寻求解决方案的工具，它也可以称为"因果图"，可运用于战略问题的解决方案寻找。其特点是简洁实用，深入直观。它看上去有些像鱼骨，问题或缺陷（即后果）标在"鱼头"外。在鱼身上长出鱼骨，上面按出现机会多寡列出产生问题的可能原因，有助于说明各个原因之间是如何相互影响的。

案例 8-4　运用鱼骨图分解 KRs

鱼骨图有三种类型：

（1）整理问题型鱼骨图（各要素与特性值间不存在原因关系，而是结构构成关系）。

（2）原因型鱼骨图（鱼头在右，特性值通常以"为什么……"来写）。

（3）对策型鱼骨图（鱼头在左，特性值通常以"如何提高/改善……"来写）。

➤主要作用

（1）鱼骨图可以协助企业清晰地界定所要创造的战略成果，以及促成该成果的绩效驱动因素，并把这些因素串成具有逻辑型的因果关系链，再完整地呈现出来。

（2）鱼骨图不但明确地揭示了企业的战略假设，描绘出清楚的执行过程，并揭示了企业应选择何种方式将无形资产转化为创造客户及财务层面的有形资产。更重要的是，它还能与平衡计分卡的衡量KRs结合而作为战略目标达成与否的监测依据。

➤主要操作步骤

表8-1   鱼骨图的操作步骤

步骤	操作说明
第一步查找要解决的问题	确定要解决的问题
第二步把问题写在鱼骨的头上	绘制鱼骨图
第三步问题搜集	使用头脑风暴法，召集同事共同讨论问题可能出现的原因，尽可能多地找出问题
第四步问题分组	把相同的问题分组，在鱼骨上标出
第五步意见征集	根据不同问题征求大家的意见，总结出正确的原因
第六步逐一研究提列的问题	拿出任何一个问题，研究为什么会产生这样的问题？5W1H
第七步深究要因	针对问题的答案再问为什么？这样至少深入五个层次（连续问五个问题）
第八步列出问题原因及解决办法	当深入到第五个层次后，认为无法继续进行时，列出这些问题的原因，而后列出至少20个解决方法

　　某大型汽车制造企业，随着市场竞争日益激烈，该公司一方面提高产品质量、调整销售渠道；另一方面狠抓内部管理，应用鱼骨图提取战略目标（O），进而提取 KRs 设计的实例。

　　首先，我们应用 BSC 从财务、客户、内部运营和学习与成长四个维度明确了企业的战略目标重点，然后利用鱼骨图战略分解法提取 KRs，以下是以"快速扩大销售规模"这个战略目标重点进行分解的实例，如图 8 - 10 所示。

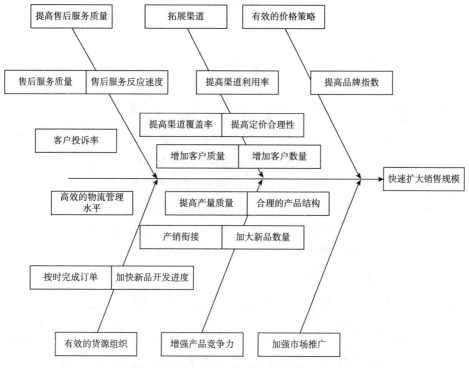

图 8 - 10　利用鱼骨图分解法分解分项目标（O）与 KRs

　　将鱼骨图中的关键成功因素整理成表格，继而提取出 KRs，如表 8 - 2 所示。

表 8 - 2   **KRs 分解表**

维度	战略目标（O）	关键驱动因素		KRs	完成时间
财务	快速扩大销售规模	提高销售收入	加强市场推广	促销力度 → 促销计划完成量	
				促销效果 → 明星产品销售额	
			增强产品竞争力	加大新品数量 → 新品销售计划完成量	
				产销衔接 → 产品周转率	
				合理的销售结构 → 各档产品销售比例	
				提高产品质量 → 开箱合格率	
				提高产品质量 → 失效率	
				提高产品质量 → 产品直通率	
			拓展渠道	增加客户数量 → 新客户个数	
				增加客户质量 → 大客户数量	
				提高渠道覆盖率 → 渠道覆盖率	
				提高渠道利用率 → 渠道利用率	
			有效价格策略	提升品牌指数 → 品牌指数	
				定价合理性 → 与行业的价格符合率	
		提高售后服务质量		客户投诉率	
		有效货源组织	加快新品开发进度 → 新产品开发完成率		
			按时完成订单 → 订单完成率		

完成部门 KRs 的讨论后，就可以填写部门 OKR 计划表，在季度结束时由员工自己对 OKR 考核表进行回顾、评估（如表 8 - 3 所示）。打分规则：

➤单项 KR 完成百分比即为其单项 KR 的得分。

➤单项 O 的得分需将 KR 得分乘以权重后相加得到。原则上，O 得分在 60 ~ 70 分表明项目运作良好，60 分以下为改进。

➤若单项 O 得分达到 100 分，则我们需要回顾最初制订 OKR 的时候该目标 O 设置是否符合基本要求，即很可能目标设置太低，太容易，不具有挑战性。

每个部门在每个季度初需要确定部门本季度的 OKR，在一个季度结束后需要根据部门这个季度的工作完成情况给 KRs 打分。而对于目标（O）公司每一年进行一次正式的绩效评估，主要是检查部门过去一年的目标（O）完成的绩效。

表 8 - 3 部门 OKR 计划表

序号	目标（O）	关键成果（KRs）	KR 权重	KR 分值	O 分值
1	本季度销售额每月实现 40% 增长	4 月，通过促销，销售库存产品 8000 份，实现增长 20 万元收入	20%		100
		5 月，新品销售旺季，拓展附近 300 家酒店市场，在确保销售收入基础上再提高 40 万元	30%		
		6 月，儿童节活动，推广新式产品，确保月销售额再增长 30 万元	30%		
		本季度推出会员积分模式，带动预存销售收入，季度结算增加 3 万元	20%		
2	本季度销售费用降低为上季度的 95%	4 月，通过促销费用控制在 ××× 万元			100
		略			
		略			
		略			
3	略	略			100
		略			

8.5 员工 OKR 设定

8.5.1 员工目标（O）的确定

对于员工目标（O），一般建议员工与部门领导共同协商设置目标（O）。一般将部门目标进行分解到各岗位，各岗位员工根据部门目标（O）设定自己的目标（O）。分解方法我们在前面已经描述。

无论是部门目标（O）还是员工目标（O），目标（O）确定中需要注意一些基本注意事项：

（1）目标（O）设定要做到少而精，目标（O）的数量需要控制，不能设置太多。太多了就导致年度无法有效地聚焦，一般情况下 OKR 操作建议目标（O）最多不要超过五个。

（2）每季度通过评价 KRs 来检验目标的完成情况。完成 60%～70% 就算好，如果 100% 完成，说明你的目标（O）设定过于简单。

（3）遵循"自下而上再自上而下"的程序。首先要"群策群力"，充分听取底层员工对目标（O）的意见，再滚动修订战略并确定年度目标（O）、季度目标（O）。

（4）目标务必是具体的、可衡量的。例如不能笼统地说"我想让我的网站更好"，而是要提出诸如"让网站速度加快 30%"或者"融入度提升15%"之类的具体目标；不能说"使 Gmail（谷歌邮箱）达到成功"而是"在 9 月上线 Gmail 并在 11 月有 100 万用户"。

（5）目标（O）要有野心、有挑战并让人不舒服。目标（O）设定不能是现在做成什么样就是什么样，一定要可实现并具有挑战性。这样你才会不断为你的目标而奋斗，而不会出现期限不到就完成目标的情况。员工通常每季度会制订 4 个到 6 个目标，目标太多也会令人焦头烂额。

（6）目标（O）必须充分沟通达成共识。没有达成共识的目标不能算作目标，目标的设定以达成共识为终点。

8.5.2 员工 KRs 确定

员工 KRs 就是对前面设定好的目标（O）的驱动过程描述，但需要注意的是，它必须是基于具体数值的（比如你想提升网站浏览量，但不能仅设成"大幅提升网页浏览量"，而应更具体一些，如"日均独立浏览量过 1600，相比之前提升 60%"）。

KR 是必须具备以下特点的行动：

（1）必须是能直接实现目标的。

（2）必须具有进取心、敢创新的，可以不是常规的。

（3）必须是以产出或者结果为基础的、可衡量的，设定评分标准。

（4）不能太多，一般每个目标的 KR 不超过 4 个。

（5）必须是和时间相联系的。

目标既要有年度 KRs，也要有季度 KRs。年度 KRs 统领全年，但并非固定不变，而是可以及时调整，调整要经过批准；季度 KRs 则是一旦确定就不能改变的。在这里切记可以调整的是 KRs，而不是目标。目标不能调整，措施和方法可以不断完善。同样 KRs 的设定也必须是管理者与员工直接充分沟通后的共识。

每个员工在每个季度初需要确定自己本季度的 OKR，在一个季度结束后需要根据自己这个季度的工作完成情况给 OKR 打分。每半年公司会进行一次 Performance Review（业绩评价），主要是回顾员工过去半年的绩效，并根据 Performance Review 的结果变更业务职级和薪酬。值得一提的是，所有的个人 Performance Review 的成就内容及级别都是全公司共享公开的。这个对于很多公司来说是不可想象的，因为这一方面可以做到更为公平和透明，另一方面也给每位同事提供了更好的学习和成长样本，激励大家在产品研发中向更高质量挑战和要求自己。

案例 8 - 5 OKR 实施举例

为方便读者更好理解，以某互联网营销企业为例，演示 OKR 具体制订及评价过程。

1. OKR 考核表

每季度初，由总经理发起，逐级向下制订 OKR 项目，并对每项 O 涉及的 KRs 进行权重，按照表 8 - 4 进行汇总，作为本季度 OKR 考评基础。

表 8 - 4　　　　　　　　　　总经理本季度 OKR 表

序号	目标（O）	关键成果（KRs）	KR 权重	O 分值
1	本季度总销售额达到 218 万元	1 月，达到 50 万元	20%	100
		2 月，达到 70 万元	30%	
		3 月，达到 98 万元	50%	

续　表

序号	目标（O）	关键成果（KRs）	KR 权重	O 分值
2	本季度官网得到不低于20000人的点击率	1~3月不低于20000人的促销广告点击率	30%	100
		2月，直接访问官网达到8000人	20%	
		"3·8"妇女节活动得到10000人的点击率	50%	
3	本季度确保推出2款主题化妆品	1月，推出2款节日主题产品	50%	100
		3月，确定销量前5位的化妆品，并在本月重点销售，总销售量达到60万元	50%	

注：每个 O 的分值是独立的，不进行总分合计

根据总经理的 OKR 计划表，下属销售经理和产品经理则可列计划表如下：

➤销售经理

表 8－5　　　　　　　　　销售经理本季度 OKR 表

序号	目标（O）	关键成果（KRs）	KR 权重	O 分值
1	本季度销售额每月实现40%的上涨	1月，通过柜台促销，销售库存抽空 A、B 品种化妆品2000份，实现增长28万元收入	20%	100
		2月，新品销售旺季，拓展县城以及较富裕乡镇销售点，争取开拓销售柜台50个	30%	
		3月，"3·8"妇女节活动，推广新式主题化妆品，确保月销售额再增长20万元	30%	
		本季度推出老顾客优惠活动，带动预存销售收入，季度结算增加4万元	20%	
2	本季度在10家网络媒体投放广告，确保不低于20000人的广告点击率	1月，广告投入10万元，新增3家网络媒体		100
		—		
		3月，在"3·8"妇女节加大网络投放量，在面向中青年妇女消费者网站增加5万元的广告费用投入		

➢ *产品经理*

表 8-6 产品经理本季度 OKR 表

序号	目标（O）	关键成果（KRs）	KR 权重	O 分值
1	本季度推出 5 款主题化妆品	1 月 20 日前，在现有化妆品品种基础上筛选优秀品种化妆品 5 款，并研发 5 款新品化妆品	40%	100
		2 月根据市场情况，优化 10 款化妆品品相并跟踪其销量，使其销量不低于 5 万元	30%	
		3 月底前确认最高销售量的 5 款化妆品作为畅销化妆品，销售达到 60 万元	30%	
2	本季度增加采购批量，优化采购流程，缩减成本 3 万元	—		100
		—		
		—		
		—		
		—		

经理以下的销售、采购等人员的 OKR 以上述销售/产品经理的 OKR 为基础进行设置，在此不赘述。

2. 考评表

每季度末，各参评人须将自己的 KRs 执行情况上报直属上级，由上级领导针对执行情况进行打分，并按照季度初设定的权重进行换算（满分 100 分），得出每个 O 值实际得分。

表 8-7 总经理的 OKR 考评表

序号	关键成果（KRs）	权重	KR 完成	KR 得分	O 得分
1	1 月，达到 50 万元	20%	4 月底 50 万元	80	66.5
	2 月，达到 70 万元	30%	5 月底 60 万元	57	
	3 月，达到 98 万元	50%	6 月底 80 万元	62.5	

续　表

序号	关键成果（KRs）	权重	KR 完成	KR 得分	O 得分
2	1～3 月不低于 20000 人的促销广告点击率	30%	促销广告点击率 3000 人	60	40.7
	2 月，直接访问官网达到 8000 人	20%	访问达到 6000 人	30	
	"3·8"妇女节活动得到 10000 人的点击率	50%	点击率 8000 人	32	
3	1 月推出 2 款节日主题产品	50%	推出备选 5 款化妆品	60	67.5
	3 月，确定销量前 5 位的化妆品，并在本月重点销售，总销售量达到 60 万元	50%	5 款化妆品销售量达到 50 万元	75	

市场部经理和产品部经理的 OKR 考评表填写方法与上述总经理的 OKR 考评表填写方法一致。

3. 总结回顾

每季度末进行 OKR 考评后，需认真进行本季度 OKR 执行情况的分析总结，单项 O 达到 60 分是不错的表现，如果分数低于 60，你就该思考，那个项目究竟是不是应该继续进行下去。

如上述例子中，从总经理仅有的 OKR 考评表信息来看，下属市场部和产品部经理应该是努力过的，因为销售额的确得到了一定的提升，同时也推出了一定数量的畅销产品，但其在网络市场的投放则不尽如人意，下一步他就该思考："到底还需要继续在网络市场项目上进行下去吗？或者是：要继续拓展网络市场是否还需要一些新的方式方法？"

因此，60 分以下并不意味着失败，而是明确什么东西不重要及发现问题的方式。分数永远不是最重要的，而是作为一个直接的引导作用。

上海佐佳企业管理咨询公司简介

佐佳咨询致力于帮助中国企业实现战略规划与运营执行的无缝隙链接，为企业提供战略执行、管控模式设计、管控流程与优化、组织与人力资源管理咨询，并将其与平衡计分卡相链接，确保企业战略落地以成就长远卓越的绩效。

佐佳咨询在2010年和2011年连续两年获得《经理人》杂志等多家媒体发起评选的"年度最受赞赏的管理咨询公司专业能力排行榜"战略执行咨询机构奖项。2014年中国社会科学院通过官网发布佐佳咨询为"中国十大管理咨询公司"之一。

佐佳咨询拥有一支高水平的管理咨询师团队，十分注重行业与专业研究，公司先后出版《公司战略规划案例·方法·工具》《管控流程与组织架构案例·方法·工具》《平衡计分卡与战略管理》《平衡计分卡与绩效管理》《薪酬设计七步法》《集团管控中国最佳实践》《集团人力资源管控》等十多部著作。公司在很多国内知名的媒体上发表过权威战略执行管理理念与评述，如《中国经营报》《每日经济新闻》《航空企业管理》《销售与管理》《商界》《人力资源管理》等。

截至目前，佐佳咨询的管理团队在中国服务的行业涉及汽车、机械、化工、保险、电力、连锁、医药、建筑等多个行业，拥有400多家客户，包括（但不局限于）中石油集团总部、中石油大庆油田、中国航空工业集团、中国华电集团、中粮集团、中国储备粮集团、一汽轿车股份、飞乐股份、上海电力集团、中国人民保险公司、国药控股、泸天化股份、中材科技股份、山东能源集团、一汽解放青岛汽车公司、青岛建设集团、山重建机、EFD（中国）集团、纽威阀门、青岛建设集团、恒力股份、苏钢集团、美宜佳便利连锁、浙江正德集团等数百家国有、外资与民营企业集团。

联系佐佳咨询

市场部经理：刘艺

电话：021 – 51688731、22817720、22817721

手机：13601744487

传真：021 – 51062926

网址：www. zuojiaco. com

邮箱：zuojia@ zuojiaco. com